荀子

【战国】荀　况　著

【唐】杨　倞　注

耿　芸　标校

上海古籍出版社

图书在版编目(CIP)数据

荀子／(唐)杨倞注；耿芸标校. —上海：上海
古籍出版社，2014.7（2016.5重印）
（国学典藏）
ISBN 978-7-5325-7251-9

Ⅰ.①荀… Ⅱ.①杨… ②耿… Ⅲ.①儒家②《荀子》
—注释 Ⅳ.①B222.62

中国版本图书馆 CIP 数据核字(2014)第 086452 号

国学典藏

荀 子

[唐]杨倞 注

耿芸 标校

上海世纪出版股份有限公司
上海古籍出版社 出版

（上海瑞金二路 272 号 邮政编码 200020）

（1）网址：www.guji.com.cn

（2）E-mail：guji1@guji.com.cn

（3）易文网网址：www.ewen.co

上海世纪出版股份有限公司发行中心发行经销

上海展强印刷有限公司印刷

开本 890×1240 1/32 印张 12.25 插页 5 字数 338,000

2014 年 7 月第 1 版 2016 年 5 月第 2 次印刷

印数：3,101 — 4,150

ISBN 978-7-5325-7251-9

B·860 定价：36.00 元

如有质量问题，请与承印公司联系

前　言

耿　芸

　　荀况（约前313—前238年），战国时赵国人，又称荀卿、孙卿，战国后期的杰出思想家。曾游学于齐，在稷下三为祭酒（学长）。曾向秦昭王、赵孝成王推行他的政治主张，未被采用。后至楚，任兰陵（今山东苍山县兰陵镇）令，并终老于兰陵。

　　荀况承儒学，"善为《易》、《诗》、《礼》、《春秋》"（刘向语），又不拘泥于儒学一门，他与孟子同为儒学宗师而倡言性恶，反对孟子的性善说，主张兼法后王，义利兼顾，并重王、霸之道。他博采诸子百家之精义，"非谏诤，傲灾祥"，建立起比较客观的政治学说，对古代的唯物论有所发展。战国后期显赫一时的大政治家、大思想家李斯、韩非及为《诗》作传的毛亨等人相传都出于他的门下。所以，他的学说在周秦之际曾为儒者冠冕，名重一时。今存儒家说《诗》、《礼》的著作，如韩《诗》、大小戴《礼记》等，都有采撷荀况著述的内容，汉代的《易》、《诗》、《春秋》之学亦皆源于荀门。司马迁为战国诸子立传，将他与孟子并称，他如田骈、慎到、公孙龙、尸佼、墨翟之属皆附于他们的传中。但由于孔孟之道在汉以后被尊为统治思想，所以，与他同时代的孟子倍受重视而他却被冷落了千余年，直到唐代才有人为他的著作作注。

　　荀况的著作，据司马迁的记载有"数万言"，西汉末年经刘向校理，"定著三十二篇"。到了唐代元和年间，有弘农人"登仕郎、守大

1

理评事"杨倞为荀书作注,并重新排比篇目,分为二十卷,为今传本《荀子》所自出。

现存《荀子》中,有些篇章径称"孙卿子",有些篇章前后不连贯,书末甚至还有荀门弟子为其学说所作的辩词,故后人考证其书当为荀门弟子辑录,与其他诸子著作相比,《荀子》没有佚失和真伪之争,是了解荀学的可贵的第一手资料。

此次整理,以清代卢文弨、谢墉等人重新校定的"二十二子"本杨倞注《荀子》为底本,删除注文中的清人校记,参考王先谦的《荀子集解》,对已有定说的脱误作了纠补改正,全书分段,除《大略篇》外,基本按"二十二子"本之旧。

本整理本初版于一九九二年,此次重印,除改正个别手民之误外,并对全书体例不一致处,进行了调整。

二〇一四年七月

目 录

卷第二十

附录

卷第一

劝学篇第一

　　君子曰：学不可以已。青，取之于蓝而青于蓝；冰，水为之而寒于水。①木直中绳，輮以为轮，其曲中规，虽有槁暴不复挺者，輮使之然也。②故木受绳则直，金就砺则利，君子博学而日参省乎己，则知明而行无过矣。③故不登高山，不知天之高也；不临深溪，不知地之厚也；不闻先王之遗言，不知学问之大也。④于越、夷貉之子，生而同声，长而异俗，教使之然也。⑤《诗》曰："嗟尔君子，无恒安息。靖共尔位，好是正直。神之听之，介尔景福。"⑥

① 以喻学则才过其本性也。

② 輮，屈。槁，枯。暴，干。挺，直也。《晏子春秋》作"不复赢矣"。

③ 参，三也。曾子曰："日三省吾身。"知读为智。行，下孟反。

④ "大"谓有益于人。

⑤ 于越，犹言於越。《吕氏春秋》"荆有次非，得宝剑于于越"，高诱曰："吴邑也。"貉，东北夷。"同声"谓啼声同。貉，莫革反。

⑥《诗·小雅·小明》之篇。靖，谋。介，助。景，大也。无恒安息，戒之不使怀安也。言能谋恭其位，好正直之道，则神听而助之福。引此诗以喻勤学也。

　　神莫大于化道，福莫长于无祸。①吾尝终日而思矣，不如须臾之所学也；吾尝跂而望矣，不如登高之博见也。②登高而招，臂非加长也，而见者远；顺风而呼，声非加疾也，而闻者彰。假舆马者，非利足也，而致千里；假舟楫者，非能水也，而绝江河。③君子生非异也，善假于物也。④南方有鸟焉，名曰蒙鸠，以羽为巢而编之以发，系之苇苕，风至苕折，卵破子死。巢非不完也，所系者然也。⑤西方有木焉，名曰射干，茎长四寸，生于高山之上而临百仞之渊。木茎非能长也，所立者然也。⑥蓬生麻中，不扶而直；兰槐之根是为芷，其渐之滫，君子不近，庶人不服。其质非不美也，所渐者然也。⑦故君子居必择乡，游必就士，所以防邪僻而近中正也。物类之起，必有所始；荣辱之来，必象其德。肉腐出虫，鱼枯生蠹；怠慢忘身，祸灾乃作。强自取柱，柔自取束；⑧邪秽在身，怨之所构。⑨施薪若一，火就燥也；⑩平地若一，水就湿也。草木畴生，禽兽群焉，物各从其类也。⑪是故质的张而弓矢至焉，林木茂而斧斤至焉，⑫树成荫而众鸟息焉，醯酸而蚋聚焉。⑬故言有召祸也，行有招辱也，君子慎其所立乎！⑭积土成山，风雨兴焉；积水成渊，蛟龙生焉；积善成德而神明自得，圣心备[1]焉。⑮故不积跬步，无以至千里；⑯不积小流，无以成江海。骐骥一跃，不能十步；驽马十驾，⑰功在不舍。锲而舍之，朽木不折；锲而不舍，金石可镂。⑱螾无爪牙之利、筋骨之强，上食埃土，下饮黄泉，用心一也。⑲蟹六跪而二螯，非蛇蟺之穴无可寄托者，用心躁也。⑳是故无冥冥之志者无昭昭之明，无惛惛之事者无赫赫之功。㉑行衢道者不至，事两君者不

---

[1]　备：原作"循"，据宋本改。

容。^⑳目不两视而明，耳不两听而聪。螣蛇无足而飞，^㉓梧鼠五技而穷。^㉔《诗》曰："尸鸠在桑，其子七兮。淑人君子，其仪一兮。其仪一兮，心如结兮。"故君子结于一也。^㉕

① 为学则自化道，故神莫大焉；修身则自无祸，故福莫长焉。

② 跂，举足也。

③ 能，善。绝，过。

④ 皆以喻修身在假于学。"生非异"言与众人同也。

⑤ 蒙鸠，鹪鹩也。苕，苇之秀也。今巧妇鸟之巢至精密，多系于苇竹之上是也。"蒙"当为"茸"。《方言》云："鹪鹩，自关而西谓之桑飞，或谓之茸雀。"或曰一名蒙鸠，亦以其愚也。言人不知学问，其所置身亦犹系苇之危也。《说苑》："客谓孟尝君曰：'鹪鹩巢于苇苕，箸之以发，可谓完坚矣。大风至则苕折卵破者，何也？所托者然也。'"

⑥《本草》药名有射干，一名乌扇，陶弘景云："花白茎长，如射人之执竿。"又引阮公诗云"射干临层城"，是生于高处也。据《本草》在草部中，又生南阳川谷，此云"西方有木"，未详。或曰"长四寸"即是草，云"木"误也。盖生南阳，亦生西方也。射音夜。

⑦ 兰槐，香草，其根是为芷也。《本草》"白芷一名白茝"，陶弘景云："即《离骚》所谓兰茝也。"盖苗名兰茝，根名芷也。兰槐当是兰茝别名，故云"兰槐之根是为芷"也。渐，渍也。染也。滫，溺也。言虽香草，浸渍于溺中则可恶也。渐，子廉反。滫，思酒反。

⑧ 凡物强则以为柱而任劳，柔则见束而约急，皆其自取也。

⑨ 构，结也。言亦所自取。

⑩ 布薪于地，均若一，火就燥而焚之矣。

⑪ 畴与俦同，类也。

⑫ 所谓召祸也。质，射侯。的，正鹄也。

⑬ 喻有德则慕之者众。

⑭ 祸福如此，不可不慎所立。"所立"即谓学也。

⑮ "神明自得"谓自通于神明。

⑯ 半步曰蹞。蹞与跬同。

⑰ 言驽马十度引车，则亦及骐骥之一跃。据下云"驽马十驾则亦及之"，此亦当同，疑脱一句。

⑱ 言立功在于不舍。舍与捨同。锲，刻也，苦结反。《春秋传》曰"阳虎借邑人之车，锲其轴"也。

⑲ 螾与蚓同，蚯蚓也。

⑳ 跪，足也。《韩子》以刖足为刖跪。螯，蟹首上如钺者。许叔重《说文》云："蟹，六足二螯也。"

㉑ 冥冥、惛惛，皆专默精诚之谓也。

㉒ 《尔雅》云"四达谓之衢"，孙炎云："衢，交道四出也。"或曰：衢道，两道也。不至，不能有所至。下篇有"杨朱哭衢涂"。今秦俗犹以两为衢，古之遗言欤？

㉓ 《尔雅》云"螣，螣蛇"，郭璞云："龙类，能兴云雾而游其中也。"

㉔ "梧鼠"当为"鼫鼠"，盖本误为"鼯"字，传写又误为"梧"耳。技，才能也。言技能虽多而不能如螣蛇专一，故穷。五技，谓能飞不能上屋，能缘不能穷木，能游不能度谷，能穴不能掩身，能走不能先人。

㉕ 《诗·曹风·尸鸠》之篇。毛云："尸鸠，鹊鞠也。尸鸠之养七子，旦从上而下，暮从下而上，平均如一。"善人君子，其执义亦当如尸鸠之一。执义一则用心坚固，故曰"心如结也"。

　　昔者瓠巴鼓瑟而流鱼出听，①伯牙鼓琴而六马仰秣。②故声无小而不闻，行无隐而不形。③玉在山而草木润，渊生珠而崖不枯。为善不积邪，安有不闻者乎！④学恶乎始，恶乎终？⑤曰：其数则始乎诵经，终乎读礼；⑥其义则始乎为士，终乎为圣人。⑦真积力久则入，⑧学至乎没而后止也。⑨故学数有终，若其义则不可须臾舍也。为之人也，舍之禽兽也。故《书》者，政事之纪也；⑩《诗》者，中声之所止也；⑪礼者，法之大分，群类之纲纪也，⑫故学至乎礼而止矣。夫是之谓道德之极。礼之敬文也，⑬乐之中和也，⑭《诗》、《书》之博也，⑮《春秋》之微也，⑯在天地之间者毕矣。君子之学也，入乎耳，箸乎心，布乎四体，形乎动静，⑰端而言，蝡而动，一可以为法则。⑱小人之学也，入乎耳，出乎口。⑲口耳之间则四寸耳，曷足以美七尺之躯哉。⑳古之学者为己，今之学者为人。君子之学也以美其身，小人之学也以为禽犊。㉑故不问而告谓之傲，㉒问一而告二谓之囋。㉓傲，非也；囋，非也；君子如向矣。㉔学莫便乎近其人。㉕礼、乐法而不说，㉖《诗》、《书》故而不切，㉗《春秋》约而不速。㉘方其人之习君子之说，则尊以遍矣，周于世矣。㉙故曰"学莫便乎近其人"。学之经莫速乎好其人，隆礼次之。㉚上不能好其人，下不能隆礼，安特将学杂识志，顺《诗》、《书》而已耳，则末世穷年不免为陋儒而已。㉛将原先王，本仁义，则礼正其经纬蹊径也。㉜若挈裘领，诎五指而顿之，顺者不可胜数也。㉝不道礼宪，以《诗》、《书》为之，㉞譬之犹以指测河也，以戈舂黍也，以锥飧壶也，不可以得之矣。故隆礼，虽未明，法士也；不隆礼，虽察辩，散儒也。㉟问楛者勿告也，㊱告楛者勿问也，说楛者勿听也，有争气者勿与辩也。故必由其道至然后接之，非其道则避之。㊲故礼恭而后可与言道之方，辞顺而后可与言道之理，色从而后可与言道之致。㊳故未可与言而言谓之傲，㊴可与言而不言谓之隐，不观气色而言谓之瞽。故君子不傲、不隐、不瞽，谨顺其身。⑩《诗》曰:"匪交匪舒,天子所予。"此之谓也。⑪

① 瓠巴,古之善鼓瑟者,不知何代人。流鱼,中流之鱼也,《列子》云:"瓠巴鼓琴,鸟舞鱼跃。"

② 伯牙,古之善鼓琴者,亦不知何代人。六马,天子路车之马也。《汉书》曰:"乾六车,坤六马。"《白虎通》曰:"天子之马六者,示有事于天地四方也。"张衡《西京赋》曰"天子驾雕轸,六骏驳",又曰"六玄虬之奕奕,齐腾骧而沛艾"。仰首而秣,听其声也。

③ "形"谓有形可见。

④ 崖,岸。枯,燥。

⑤ 假设问也。

⑥ 数,术也。"经"谓《诗》、《书》,"礼"谓典礼之属也。

⑦ "义"谓学之意,言在乎修身也。

⑧ 真,诚也。力,力行也。诚积力久则能入于学也。

⑨ 生则不可怠惰。

⑩ 《书》所以纪政事。此说六经之意。

⑪ "《诗》"谓乐章,所以节声音,至乎中而止,不使流淫也。《春秋传》曰:"中声以降,五降之后,不容弹矣。"

⑫ 礼所以为典法之大分,统类之纲纪。"类"谓礼法所无,触类而长者,犹律条之比附,《方言》云"齐谓法为类"也。

⑬ 礼有周旋揖让之敬、车服等级之文也。

⑭ "中和"谓使人得中和悦也。

⑮ "博"谓广记土风、鸟兽、草木及政事也。

⑯ "微"谓褒贬沮劝,微而显、志而晦之类也。

⑰ 所谓"古之学者为己"。"入乎耳,箸乎心"谓闻则志而不忘也。"布乎四体"谓有威仪润身也。"形乎动静"谓知所措履也。

⑱ 端读为喘。喘,微言也。蝡,微动也。一,皆也。或喘息微言,或蝡蠢微动,皆可以为法则。蝡,人允反。或曰:"端而言"谓端庄而言也。

⑲ 所谓"今之学者为人","道听涂说"也。

⑳ 韩侍郎云："'则'当为'财'，与才同。"

㉑ 禽犊，馈献之物也。

㉒ 傲，喧噪也。言与戏傲无异。或曰：读为嗷，口嗷嗷然也。嗷与敖通。

㉓ "嚽"即讚字也，谓以言强讚助之。今赞礼谓之讚，"嚽"古字，口与言多通。

㉔ 向与响同，如响应声。

㉕ 谓贤师也。

㉖ 有大法而不曲说也。

㉗《诗》、《书》但论先王故事而不委曲切近于人，故曰"学《诗》三百，使于四方，不能专对"也。

㉘ 文义隐约，褒贬难明，不能使人速晓其意也。

㉙ 当其人习说之时，则尊高而遍周于世事矣，六经则不能然矣。

㉚ 学之大经无速于好近贤人，若无其人，则隆礼为次之。

㉛ 安，语助，犹言抑也。或作"安"，或作"案"。《荀子》多用此字，《礼记·三年问》作"焉"。《战国策》："谓赵王曰：'秦与韩为上交，秦祸案移于梁矣；秦与梁为上交，秦祸案攘于赵矣。'"《吕氏春秋》："吴起谓商文曰：'今置质为臣，其主安重；释玺辞官，其主安轻。'"盖当时人通以"安"为语助，或方言耳。特犹言直也。"杂识志"谓杂志记之书，百家之说也。言既不能好其人，又不能隆礼，直学杂说，顺《诗》、《书》而已，岂免为陋儒乎？言不知通变也。

㉜ 所成、所出皆在于礼也。

㉝ 言礼亦为人之纲领。挈，举也。诎与屈同。顿，挈也。顺者不可胜数，言礼皆顺矣。

㉞ 道，言说也。宪，标表也。

㉟ "散"谓不自检束，《庄子》以不材木为散木也。

㊱ 楛与苦同，恶也。"问楛"谓所问非礼义也。凡器物坚好者谓之功，

滥恶者谓之楛。《国语》曰"辨其功苦",韦昭曰:"坚曰功,脆曰苦。"故《西京赋》曰:"鬻良杂苦",《史记》曰"器不苦窳"。或曰楛读为沽,《仪礼》有"沽功",郑玄曰:"沽,粗也。"

㊲ 道不至则不接。

㊳ 致,极也。此谓道至而后接之也。

㊴ 傲,亦戏傲也。《论语》曰:"言未及而言谓之躁。"

㊵ 瞽者不识人之颜色。

㊶《诗·小雅·采菽》之篇。"匪交"当为"彼交",言彼与人交接不敢舒缓,故受天子之赐予也。

　百发失一,不足谓善射;千里跬步不至,不足谓善御;①伦类不通,仁义不一,不足谓善学。②学也者,固学一之也。一出焉,一入焉,涂巷之人也。③其善者少,不善者多,桀、纣、盗跖也。④全之尽之,然后学者也。⑤君子知夫不全不粹之不足以为美也,故诵数以贯之,⑥思索以通之,⑦为其人以处之,⑧除其害者以持养之,使目非是无欲见也,使耳非是无欲闻也,使口非是无欲言也,使心非是无欲虑也。⑨及至其致好之也,目好之五色,耳好之五声,口好之五味,心利之有天下。⑩是故权利不能倾也,群众不能移也,天下不能荡也。⑪生乎由是,死乎由是,夫是之谓德操。⑫德操然后能定,能定然后能应。⑬能定、能应,夫是之谓成人。⑭天见其明,地见其光,君子贵其全也。⑮

　① 未能全尽。

　② 通伦类,谓虽礼法所未该,以其等伦比类而通之。谓一以贯之,触类而长也。一仁义,谓造次不离,他术不能乱也。

③ 或善或否。

④ 盗跖,柳下季之弟,聚徒九千人于太山之傍,侵诸侯,孔子说之而不入者也。

⑤ 学然后全尽。

⑥ 使习礼、乐、《诗》、《书》之数以贯穿之。

⑦ 思求其意也。

⑧ 为择贤人与之处也。

⑨ 是犹此也,谓学也。或曰"是"谓正道也。

⑩ 致,极也。谓不学,极恣其性,欲不可禁也,心利之有天下之富也。或曰:学成之后必受荣贵,故能尽其欲也。

⑪ 荡,动也。覆说为学。学则物不能倾移矣。

⑫ 死生必由于学,是乃德之操行。

⑬ 我能定,故能应物也。

⑭ 内自定而外应物,乃为成就之人也。

⑮ 见,显也。"明"谓日月,"光"谓水火金玉。天显其日月之明,而地显其水火金玉之光,君子则贵其德之全也。

修身篇第二

见善修然,必以自存也;①见不善愀然,必以自省也;②善在身介然,必以自好也;③不善在身也菑然,必以自恶也。④故非我而当者,吾师也;是我而当者,吾友也;谄谀我者,吾贼也。故君子隆师而亲友,以致恶其贼。⑤好善无厌,受谏而能诚，虽欲无进，得乎哉！小人反是，致乱而恶人之非己也，致不肖而欲人之贤己也，心如虎狼，行如禽兽，而又恶人之贼己也。谄谀者亲，谏争者疏，修正为笑，至忠为贼，虽欲无灭亡，得乎哉！⑥《诗》曰："噏噏呰呰，亦孔之哀。谋之其臧，则具是违；谋之不臧，则具是依。"此之谓也。⑦

① 修然，整饬貌。言见善必自整饬，使存于身也。

② 愀然，忧惧貌。自省其过也。

③ 介然，坚固貌。《易》曰："介如石焉。"自好，自乐其善也。

④ 菑读为灾。灾然，灾害在身之貌。

⑤ 致犹极也，下同。

⑥ 至忠反以为贼。

⑦《诗·小雅·小旻》之篇。毛云："噏噏然患其上，呰呰然不思称乎上。"郑云："臣不事君，乱之阶也，故甚可哀。"噏，许急反。呰音紫。

扁善之度，以治气养生则后彭祖，以修身自名则配尧、禹。①宜于时通，利以处穷，礼信是也。②凡用血气、志意、知虑，由礼则治通，不由礼则勃乱提僈；③食饮、衣服、居处、动静，由礼则和节，不由礼则触陷生疾；容貌、态度、进退、趋行，由礼则雅，不由礼则夷固僻违，庸众而野。④故人无礼则不生，事无礼则不成，国家无礼则不宁。《诗》曰："礼仪卒度，笑语卒获。"此之谓也。⑤

① 扁读为辨。《韩诗外传》曰"君子有辨善之度"，言君子有辨别善之法，即谓礼也。言若用礼治气养生，寿则不及于彭祖，若以修身自为名号，则寿配尧、禹不朽矣。言礼虽不能治气养生而长于修身自名，以此辨之则

善可知也。彭祖,尧臣,名铿,封于彭城,经虞、夏至商,寿七百岁也。

② 信,诚也。言所用修身及时通处穷,礼诚是也。《孟子》曰:"君子穷则独善其身,达则兼善天下。"

③ 提,舒缓也。《尔雅》"媞媞,安也",《诗》曰"好人提提",皆舒缓之义。

④ 夷,倨也。《论语》曰:"原壤夷俟。"固,陋也。庸,凡庸。众,众人。野,郊野之人。

⑤《诗·小雅·楚茨》之篇。卒,尽也。获,得也。

以善先人者谓之教,以善和人者谓之顺;①以不善先人者谓之谄,以不善和人者谓之谀。②是是、非非谓之知,③非是、是非谓之愚。④伤良曰谗,害良曰贼。是谓是、非谓非曰直。窃货曰盗,匿行曰诈,易言曰诞,趣舍无定谓之无常,⑤保利非义谓之至贼。⑥多闻曰博,少闻曰浅。多见曰闲,⑦少见曰陋。难进曰偍,⑧易忘曰漏。少而理曰治,多而乱曰秏。⑨

① "先"谓首唱也。和,胡卧反,下同。

② 谄之言陷也,谓以佞言陷之。谀与俞义同,故为不善和人也。

③ 能辨是为是、非为非,谓之智也。

④ 以非为是、以是为非,则谓之愚。

⑤ 不恒之人。

⑥ 保,安。

⑦ 闲,习也。能习其事则不迫遽也。

⑧ 偍与提、媞皆同,谓弛缓也。

⑨ "少"谓举其要,而有条理,谓之治。秏,虚竭也,凡物多而易尽曰秏。

治气养心之术,①血气刚强则柔之以调和,知虑渐深则一之以易良，②勇胆猛戾则辅之以道顺，③齐给便利则节之以动止，④狭隘褊小则廓之以广大，卑湿重迟贪利则抗之以高志，⑤庸众驽散则劫之以师友，⑥怠慢僄弃则炤之以祸灾，⑦愚款端悫则合之以礼乐、通之以思索。⑧凡治气养心之术，莫径由礼，莫要得师，莫神一好。⑨夫是之谓治气养心之术也。

① 言以礼修身是亦治气养心之术，不必如彭祖也。

② 渐，进也。或曰：渐，浸也，子廉反。《诗》曰："渐车帷裳。"言智虑深则近险诈，故一之以易良也。

③ 胆，有胆气。戾，忿恶也。此性多不顺，故以道顺辅之也。

④ 《尔雅》云："齐，疾也。"齐急、便利，皆捷速也，惧其太陵遽，故节之使安徐也。

⑤ "卑"谓谦下，"湿"亦谓自卑下如地之下湿然也。《方言》："湿，忧也。自关而西，凡志而不得、欲而不获、高而有坠、行而中止皆谓之湿。""卑湿"谓过谦恭而无礼者。重迟，宽缓也。夫过恭则无威仪，宽缓常不及机事，贪利则苟得，故皆抗之高志也。或曰："卑湿"亦谓迟缓也，言迟缓之人如有卑湿之疾，不能运动也。

⑥ 庸众，已解上。"驽"谓材下如驽马者也。散，不拘检者也。劫，夺去也。言以师友去其旧性也。

⑦ 僄，轻也，谓自轻其身也，音匹妙反。《方言》："楚谓相轻薄为僄。""炤之以祸灾"谓以祸灾照烛之使知惧也。炤与照同。

⑧ 款，诚款也。《说文》云："款，意有所欲也。"愚款端悫，多无润色，故合之以礼乐。此皆言修身之术在攻其所短也。

⑨ 径，捷速也。神，神明也。"一好"谓好善不怒恶也。

志意修则骄富贵矣，道义重则轻王公矣，内省则外物轻矣。传曰："君子役物，小人役于物。"此之谓矣。①身劳而心安，为之；利少而义多，为之。事乱君而通，不如事穷君而顺焉。②故良农不为水旱不耕，良贾不为折阅不市，③士君子不为贫穷怠乎道。

①　君子能役物，小人为物所役。凡言"传曰"，皆旧所传闻之言也。

②　穷君，小国迫胁之君也。言事大国暴乱之君违道而通，不如事小国之君顺行其道也。

③　折，损也。阅，卖也。谓损所阅卖之物价也。贾音古。

体恭敬而心忠信，术礼义而情爱人，①横行天下，虽困四夷，人莫不贵。②劳苦之事则争先，饶乐之事则能让，端悫诚信，拘守而详，③横行天下，虽困四夷，人莫不任。体倨固而心执诈，术顺墨而精杂污，④横行天下，虽达四方，人莫不贱。劳苦之事则偷儒转脱，⑤饶乐之事则佞兑而不曲，⑥辟违而不悫，⑦程役而不录，⑧横行天下，虽达四方，人莫不弃。

①　术，法也。

②　横行，不顺理而行也。困，穷也。言所至皆贵也。

③　"拘守"谓守而勿失。"详"谓审于事也。

④　倨，傲也。固，鄙固。"顺墨"当为"慎墨"。慎谓齐宣王时处士慎到也，其本黄老，归刑名，先申、韩，其意相似，多明不尚贤、不使能之道，著书四十一篇。墨翟，宋人，号墨子。墨子著书三十五篇，其术多务俭啬。"精"当为"情"。"杂污"谓非礼义之言也。

⑤　"偷"谓苟避于事，"儒"亦谓懦弱畏事，皆懒惰之义。或曰："偷"当为"输"，扬子云《方言》云"儒输，愚也"，郭璞注谓"惼撰也"。又云，"转脱"者谓

13

偷儒之人苟求免于事之义。

　⑥ 兑，悦也。言佞[1]悦于人以求饶乐之事。"不曲"谓直取之也。

　⑦ 乖僻违背，不能端悫诚信。辟读为僻。

　⑧ 程，功程。役，劳役。录，检束也。于功程及劳役之事急惰而不检束，言不能拘守而详也。

　　行而供冀，非渍淖也；①行而俯项，非击戾也；②偶视而先俯，非恐惧也。③然夫士欲独修其身，不以得罪于比俗之人也。

　① 供，恭也。"冀"当为"翼"。凡行自当恭敬，非谓渍于泥淖也，人在泥淖中则兢兢然。或曰：李巡注《尔雅》"冀州"曰"冀，近也"，恭近谓不敢放诞也。

　② "击戾"谓项曲戾不能仰者也，击戾犹言了戾也。

　③ 偶视，对视也。

　　夫骥一日而千里，驽马十驾则亦及之矣。将以穷无穷、逐无极与？其折骨绝筋，终身不可以相及也。将有所止之，则千里虽远，亦或迟或速、或先或后，胡为乎其不可以相及也？不识步道者，将以穷无穷、逐无极与？意亦有所止之与？①夫坚白、同异、有厚无厚之察，非不察也，②然而君子不辩，止之也；③倚魁之行，非不难也，然而君子不行，止之也。④故学曰："迟彼止而待我，我行而就之，⑤则亦或迟或速、或先或后，胡为乎其不可以同至也？"故蹞步而不休，跛鳖千里；累土而不辍，丘山崇成；厌其源、开其渎，江河可

---

[1] 佞：原作"按"，从王先谦说据日本影宋台州本改。

竭；⑥一进一退、一左一右，六骥不致。⑦彼人之才性之相县也，岂若跛鳖之与六骥足哉？然而跛鳖致之，六骥不致，是无它故焉，或为之或不为之耳。

① 步，行。

② 此言公孙龙、惠施之曲说异理不可为法也。"坚白"谓离坚白也，公孙《坚白论》曰："坚、白、石三，可乎？曰不可。二，可乎？曰可。"谓目视石但见白，不知其坚，则谓之白石；手触石则知其坚，而不知其白，则谓之坚石，是坚、白终不可合为一也。司马彪曰："'坚白'谓坚石非石，白马非马也。""同异"谓使异者同、同者异。或曰：即《庄子》所谓"大同而与小同异，此之谓小同异"，言同在天地之间，故谓之大同；物各有种类所同，故谓之小同，是大同与小同异也。此略举同异，故曰"此之谓小同异"。《庄子》又曰"万物毕同毕异，此之谓大同异"，言万物总谓之物，莫不皆同，是万物毕同；若分而别之，则人耳目鼻口百体、草木枝叶花实无不皆异，是物毕异也。此具举同异，故曰"此之谓大同异"。《庄子》又曰："无厚不可积也，其大千里。"无厚谓厚之极，不可为厚薄也；不可积言其委积至多，不可使复积也。凡无厚不可积，因于有厚可积，故得其大千里。千里者，举大之极也。

③ 止而不为。

④ 倚，奇也。奇读为奇偶之奇，《方言》云："秦晋之间，凡物体全而不具谓之倚。"魁，大也。"倚"、"魁"皆谓偏僻狂怪之行，《庄子》曰"南方有倚人曰黄缭"也。

⑤ "学曰"谓为学者传此言也。迟，待也，直吏反。

⑥ 厌，塞也，音一涉反。淲，水窦也。

⑦ 言不齐故不能致道路也。

道虽迩，不行不至；事虽小，不为不成。其为人也多暇日者，其出入不远矣。①好法而行，士也；②笃志而体，君子也；③齐明而不竭，圣人也。④

① "多暇日"谓怠惰。"出入"谓道路所至也。
② 好法而能行则谓之士。士，事也，谓能治其事也。
③ 厚其志而知大体者也。
④ "齐"谓无偏无颇也。不竭，不穷也。《书》曰："成汤克齐圣广渊。"

　　人无法，则伥伥然；①有法而无志其义，则渠渠然；②依乎法而又深其类，然后温温然。③

① 伥伥，无所适貌。言不知所措履，《礼记》曰："伥伥乎其何之。"
② 渠读为遽，古字渠、遽通。渠渠，不宽泰之貌。志，识也。不识其义，谓但拘守文字而已。
③ "深其类"谓深知统类。温温，有润泽之貌。举类君子所难，故屡言之也。

　　礼者所以正身也，师者所以正礼也。无礼何以正身？无师，吾安知礼之为是也？礼然而然，则是情安礼也；师云而云，则是知若师也。情安礼、知若师，则是圣人也。①故非礼是无法也，非师是无师也。②不是师法而好自用，譬之是犹以盲辨色、以聋辨声也，舍乱妄无为也。③故学也者，礼法也。夫师以身为正仪，而贵自安者也。④《诗》云："不识不知，顺帝之则。"此之谓也。⑤

① "情安礼"谓若天性所安，不以学也。行不违礼，言不违师则与圣人无异，言师法之效如此也。

② "无师"谓不以师为师。

③ 舍,除也。除乱妄之人,孰肯为此也?

④ 效师之礼法以为正仪,如性之所安,斯为贵也。"礼"或为"体"。

⑤《诗·大雅·皇矣》之篇。引此以喻师法暗合天道,如文王虽未知,已顺天之法则也。

　　端悫顺弟,则可谓善少者矣;①加好学逊敏焉,则有钧无上,可以为君子者矣。②偷儒惮事,无廉耻而嗜乎饮食,则可谓恶少者矣;③加惕悍而不顺,险贼而不弟焉,④则可谓不详少者矣,虽陷刑戮可也。⑤老老,而壮者归焉;⑥不穷穷,而通者积焉;⑦行乎冥冥而施乎无报,而贤不肖一焉。⑧人有此三行,虽有大过,天其不遂乎?⑨

① 弟与悌同。

② 既好学逊敏,又有钧平之心,而无上人之意,则可以为君子矣。或曰:"有钧无上"四字衍耳。

③ "偷儒惮事"皆谓懦弱、怠惰、畏劳苦之人也。

④ 韩侍郎云:"惕与荡同字,作心边易,谓放荡凶悍也。"

⑤ "详"当为"祥"。

⑥ "老老"谓以老为老而尊敬之也,《孟子》曰:"伯夷、太公二者天下之大老,是天下之父也。其父归之,其子焉往矣。"

⑦ 穷者则宽而容之,不迫蹙以苛政,谓惠恤鳏寡穷匮也。积,填委也。既然,则通者归亦多矣。覆巢毁卵则凤皇不至,竭泽涸鱼则蛟龙不游,义与此同。

⑧ "行乎冥冥"谓行事不务求人之知,"施乎无报"谓施不务报。如此,贤不肖同慕而归之。

⑨ 若不幸而有过,天亦祐之矣,此固不宜有大灾也。

君子之求利也略，其远害[1]也早，其避辱也惧，其行道理也勇。

君子贫穷而志广，富贵而体恭，安燕而血气不惰，劳倦而容貌不枯，怒不过夺，喜不过予。^①君子贫穷而志广，隆仁也；^②富贵而体恭，杀埶也；^③安燕而血气不惰，柬理也；^④劳勮而容貌不枯，好交也；^⑤怒不过夺、喜不过予，是法胜私也。^⑥《书》曰："无有作好，遵王之道；无有作恶，遵王之路。"此言君子之能以公义胜私欲也。^⑦

①　予，赐也。《周礼》"八柄"，三曰"予以驭其幸"。

②　仁爱之心厚，故所思者广。言务于远大济物也。

③　减权埶之威，故形体恭谨。杀，所介反。

④　"柬"与"简"同。言柬择其事理所宜而不务骄逸，故虽安燕而不至怠惰。

⑤　以和好交接于物，志意常泰也。

⑥　以公灭私，故赏罚得中也。

⑦　《书·洪范》之辞也。

---

[1]　害：原作"思"，据王念孙说改。

卷第二

不苟篇第三

　　君子行不贵苟难,说不贵苟察,①名不贵苟传,唯其当之
为贵。②负石而赴河,是行之难为者也,而申徒狄能之,③然
而君子不贵者,非礼义之中也。④山渊平、天地比,⑤齐、秦
袭,⑥入乎耳、出乎口,⑦钩有须,⑧卵有毛,⑨是说之难持者
也,而惠施、邓析能之,⑩然而君子不贵者,非礼义之中也。
盗跖吟口,名声若日月,与舜、禹俱传而不息,然而君子不贵
者,非礼义之中也。⑪故曰:君子行不贵苟难,说不贵苟察,
名不贵苟传,唯其当之为贵。《诗》曰:"物其有矣,唯其时
矣。"此之谓也。⑫

　　① 行,如字。察,聪察。
　　② "当"谓合礼义也。当,丁浪反。
　　③ 申徒狄恨道不行,发愤而负石自沉于河。《庄子音义》曰"殷时人"。
《韩诗外传》曰:"申徒狄将自投于河,崔嘉闻而止之,不从。"
　　④ 礼义之中,时止则止,时行则行,不必枯槁赴渊也。扬子云非屈原
曰:"君子遭时则大行,不遇则龙蛇,何必沉身?"
　　⑤ "比"谓齐等也。《庄子》曰"天与地卑,山与泽平",《音义》曰:"以平
地比天则地卑于天,若以宇宙之高则似天地皆卑。天地皆卑,则山与泽平
矣。"或曰:天无实形,地之上空虚者尽皆天也,是天地长亲比相随,无天高
地下之殊也。在高山则天亦高,在深泉则天亦下,故曰"天地比";地去天远

19

近皆相似，是"山泽平"也。

⑥　袭，合也。齐在东、秦在西，相去甚远，若以天地之大包之，则曾无隔异，亦可合为一国也。

⑦　未详所明之意。或曰：即山出口也，言山有耳口也。凡呼于一山，众山皆应，是山闻人声而应之，故曰"入乎耳、出乎口"。或曰：山能吐纳云雾，是有口也。

⑧　未详。自"齐秦袭，入乎耳、出乎口，钩有须"，皆浅学所未见。或曰："钩有须"即"丁子有尾"也。丁之曲者为钩，须与尾皆毛类，是同也。《庄子音义》云："夫万物无定形，形无定称，在上为首，在下为尾。世人谓右行曲波为尾，今丁、子二字，虽左行曲波，亦是尾也。"

⑨　司马彪曰："胎卵之生，必有毛羽。鸡伏鹄卵，卵不为鸡，则生类于鹄也。毛气成毛，羽气成羽，虽胎卵未生而毛羽之性已箸矣，故曰'卵有毛'也。"

⑩　皆异端曲说，故曰"难持"。惠施，梁相，与庄子同时，其书五车，其道舛驳。邓析，郑大夫。刘向云："邓析好刑名，操两可之说，设无穷之辞，数难子产为政，子产执而戮之。"按《左氏传》"郑驷歂杀邓析而用其竹刑"，而云"子产戮之"，恐误也。

⑪　吟口，吟咏长在人口也。《说苑》作"盗跖凶贪"。

⑫　《诗·小雅·鱼丽》之篇。言虽有物，亦须得其时，以喻当之为贵也。

　　君子易知而难狎，①易惧而难胁，②畏患而不避义死，欲利而不为所非，③交亲而不比，④言辩而不辞。⑤荡荡乎，其有以殊于世也。⑥

①　坦荡荡，故易知；不比党，故难狎。

②　小心而志不可夺也。

③　心以为非则舍之。

④ "亲"谓仁恩,"比"谓昵狎。

⑤ 辩足以明事,不至于骋辞。

⑥ 与俗人有异。

君子能亦好,不能亦好;小人能亦丑,不能亦丑。君子能则宽容易直以开道人,①不能则恭敬缚绌以畏事人;②小人能则倨傲僻违以骄溢人,③不能则妒嫉怨诽以倾覆人。故曰:君子能则人荣学焉,不能则人乐告之;小人能则人贱学焉,不能则人羞告之,是君子、小人之分也。④

① 道与导同。

② 缚与搏同,绌与黜同,谓自搏节贬损。

③ 溢,满。

④ 分,异也,如字。

君子宽而不僈,①廉而不刿,②辩而不争,察而不激,③寡立而不胜,坚强而不暴,④柔从而不流,恭敬谨慎而容,⑤夫是之谓至文。⑥《诗》曰:"温温恭人,惟德之基。"此之谓矣。⑦

① 僈与慢同,怠惰也。

② 廉,棱也。《说文》云:"刿,利伤也。"但有廉隅,不至于刃伤也。

③ 但明察而不激切也。

④ 虽寡立而不能胜,虽坚强而不凶暴。

⑤ 不至于孤介也。

⑥ 言德备。

⑦《诗·大雅·抑》之篇。温温,宽柔貌。

君子崇人之德,扬人之美,非谄谀也;正义直指,举人之过,非毁疵也;①言己之光美,拟于舜、禹,参于天地,非夸诞也;与时屈伸,柔从若蒲苇,非慑怯也;②刚强猛毅,靡所不信,非骄暴也。③以义变应,知当曲直故也。④《诗》曰:"左之左之,君子宜之;右之右之,君子有之。"此言君子能以义屈信变应故也。⑤

① 疵,病也。或曰:读为訾。
② 蒲苇所以为席,可卷者也。
③ 信读为伸,下同,古字通用。
④ 以义随变而应,其所知当于曲直也。
⑤《诗·小雅·裳裳者华》之篇。以能应变,故左右无不得宜也。

君子,小人之反也。①君子大心则天而道,小心则畏义而节;②知则明通而类,③愚则端悫而法;④见由则恭而止,⑤见闭则敬而齐;⑥喜则和而治,忧则静而理;[1]⑦通则文而明,⑧穷则约而详。⑨小人则不然,大心则慢而暴,小心则淫而倾;⑩知则攫盗而渐,⑪愚则毒贼而乱;⑫见由则兑而倨,⑬见闭则怨而险;⑭喜则轻而翾,⑮忧则挫而慑;通则骄而偏,⑯穷则弃而儑。⑰传曰:"君子两进,小人两废。"此之谓也。

[1] 和而治、静而理:原作"和而理"、"静而违",据刘台拱说改。

① 与小人相反。

② "天而道"谓合于天而顺道。

③ "类"谓知统类。

④ "愚"谓无机智也，"法"谓守法度也。

⑤ 由，用也。"止"谓不放纵也。或曰：止，礼也。言恭而有礼也。

⑥ 谓闭塞，道不行也。"敬而齐"谓自齐整而不怨也。

⑦ 皆当其理。

⑧ 有文而彰明也。

⑨ 隐约而详明其道也。

⑩ 以邪诡事人也。

⑪ 渐，进也。谓贪利不知止也。

⑫ 毒，害也。愚而无畏忌也。

⑬ 兑，说也。言喜于徼幸而倨傲也。

⑭ 怨上而险贼也。

⑮ "轻"谓轻佻失据。翾，小飞也，言小人之喜轻佻如小鸟之翾然，音许缘反。或曰：与懁同，《说文》云："懁，急也。"

⑯ 偏，颇也。

⑰ 弃，自弃也。"儢"当为"湿"，《方言》云："湿，忧也。"字书无"儢"字，《韩诗外传》作"弃而累也"。

　　君子治治，非治乱也。曷谓邪？曰：礼义之谓治，非礼义之谓乱也。故君子者，治礼义者也，非治非礼义者也。然则国乱将弗治与？曰：国乱而治之者，非案乱而治之之谓也，去乱而被之以治；①人污而修之者，②非案污而修之之谓也，去污而易之以修。故去乱而非治乱也，去污而非修污也。治之为名，犹曰君子为治而不为乱、为修而不为污也。③

① 案,据也。据旧乱而治之也。荀子"安"、"案"多为语助,与此不同也。

② 人有污秽之行,将修为善。

③ 治之名号如此。

君子絜其身[1]而同焉者合矣,①善其言而类焉者应矣。②故马鸣而马应之,非知也,其埶然也。③故新浴者振其衣,新沐者弹其冠,人之情也。④其谁能以己之漼漼,受人之掝掝者哉!⑤

① 絜,修整也,谓不烦杂。

② 出其言善,千里之外应之。

③ 知音智。

④ 言洁其身者惧外物之污也,犹贤者必不受不善人之污者也。

⑤ 漼漼,明察之貌。漼,尽。谓穷尽明于事。《易》曰:"穷理尽性。""掝"当为"惑"。掝掝,惛也。《楚词》曰:"安能以身之察察,受物之惛惛者乎?"漼,子诮反。

君子养心莫善于诚,①致诚则无它事矣,②唯仁之为守,唯义之为行。③诚心守仁则形,形则神,神则能化矣;④诚心行义则理,理则明,明则能变矣。⑤变化代兴,谓之天德。⑥天不言而人推高焉,地不言而人推厚焉,四时不言而百姓期焉。⑦夫此有常,以至其诚者也。⑧君子至德,嘿然而喻,未施而亲,不怒而威。⑨夫此顺命,以慎其独者也。⑩善之为道者,

----

[1] 身:原作"辩",据王先谦说改。

不诚则不独，⑪不独则不形，⑫不形则虽作于心、见于色、出于言，民犹若未从也，虽从必疑。⑬天地为大矣，不诚则不能化万物；圣人为知矣，不诚则不能化万民；父子为亲矣，不诚则疏；君上为尊矣，不诚则卑。⑭夫诚者，君子之所守也，而政事之本也。唯所居以其类至，⑮操之则得之，舍之则失之。⑯操而得之则轻，⑰轻则独行，⑱独行而不舍则济矣。⑲济而材尽，长迁而不反其初，则化矣。⑳

① 无奸诈则心常安也。

② 致，极也。极其诚则外物不能害。

③ 致其诚在仁义。

④ 诚心守于仁爱，则必形见于外，则下尊之如神，能化育之矣。"化"谓迁善也。

⑤ 义行则事有条理，明而易，人不敢欺，故能变改其恶也。

⑥ 既能变化，则德同于天。驯致于善谓之化，改其旧质谓之变。言始于化、终于变也，犹天道阴阳运行则为化，春生冬落则为变也。

⑦ "期"谓知其时候。

⑧ 至，极也。天地四时所以有常如此者，由极其诚所致。

⑨ 君子有至德，所以嘿然不言而人自喻其意也。

⑩ 人所以顺命如此者，由慎其独所致也。"慎其独"谓戒慎乎其所不睹，恐惧乎其所不闻。至诚不欺，故人亦不违之也。

⑪ 无至诚则不能慎其独也。

⑫ 不能慎其独，故其德亦不能形见于外。

⑬ 若，如也。无至诚，故虽出令民犹如未从者，虽强使之从亦必疑之也。

⑭ "卑"谓不为在下所尊。

⑮ 所居，所止也。唯其所止至诚，则以类自至。谓天地诚则能化万物，

圣人诚则能化万民,父子诚则亲,君上诚则尊也。

⑯ 操,持。

⑰ 持至诚也而得之,则易举也。《诗》曰:"德辎如毛。"

⑱ 举至诚而不难,则慎独之事自行矣。

⑲ 至诚在乎不已。

⑳ 既济则材性自尽。长迁不反其初,谓中道不废也。

　　君子位尊而志恭,心小而道大,所听视者近而所闻见者远。是何邪?则操术然也。①故千人万人之情,一人之情是也;②天地始者,今日是也;百王之道,后王是也。③君子审后王之道而论于百王之前,若端拜而议。④推礼义之统,分是非之分,⑤总天下之要,治海内之众,若使一人,故操弥约而事弥大。⑥五寸之矩,尽天下之方也。⑦故君子不下堂而海内之情举积此者,则操术然也。⑧

① 谓以近知远,以今知古,所持之术如此也。

② 人情不相远。

③ 后王,当今之王。言后王之道与百王不殊,行尧、舜则是亦尧、舜也。

④ 端,玄端,朝服也。"端拜"犹言端拱。言君子审后王所宜施行之道,而以百王之前比之,若服玄端,拜揖而议。言其从容不劳也。时人多言后世浇醨,难以为治,故荀卿明之。

⑤ 上"分"如字,下扶问反。分之使当其分。

⑥ 约,少也。得其宗主也。

⑦ 矩,正方之器也。

⑧ 举,皆也。

有通士者,有公士者,有直士者,有悫士者,有小人者。上则能尊君,下则能爱民,物至而应,事起而辨,若是则可谓通士矣。^①不下比以暗上,不上同以疾下,^②分争于中,不以私害之,若是则可谓公士矣。^③身之所长,上虽不知,不以悖君;^④身之所短,上虽不知,不以取赏;^⑤长短不饰,以情自竭,若是则可谓直士矣。^⑥庸言必信之,庸行必慎之。^⑦畏法流俗而不敢以其所独甚,^⑧若是则可谓悫士矣。^⑨言无常信,行无常贞,唯利所在,无所不倾,^⑩若是则可谓小人矣。

① 物有至则能应之,事有疑则能辨之。通者,不滞之谓也。
② 暗上,掩上之明也。疾与嫉同。
③ 谓于事之中有分争者不以私害之,则可谓公正之士也。
④ 不怨君而违悖也。
⑤ 受禄不诬。
⑥ 不矜其长,不掩其短,但任直道而竭尽其情也。
⑦ 庸,常也。谓言常信,行常慎。
⑧ 法,效也。畏效流移之俗,又不敢以其所独善而甚过人,谓不敢独为君子也。
⑨ 端悫不贰。
⑩ 利之所在,皆倾意求之。

公生明,偏生暗,端悫生通,诈伪生塞,^①诚信生神,^②夸诞生惑。^③此六生者,君子慎之,而禹、桀所以分也。^④

① 多穷塞也。
② 诚信至则通于神明,《中庸》曰:"至诚如神。"

③ 矜夸妄诞则贪惑于物也。

④ 所以分贤愚也。

　欲恶取舍之权：①见其可欲也，则必前后虑其可恶也者；见其可利也，则必前后虑其可害也者；而兼权之，孰计之，②然后定其欲恶取舍，如是则常不失陷矣。凡人之患，偏伤之也。③见其可欲也则不虑其可恶也者，见其可利也则不顾其可害也者，是以动则必陷，为则必辱，是偏伤之患也。

① 举下事也。

② 权，所以平轻重者。孰，甚也，犹成孰也。

③ “偏”谓见其一隅。

　人之所恶者，吾亦恶之。①夫富贵者则类傲之，②夫贫贱者则求柔之，③是非仁人之情也，是奸人将以盗名于晻世者也，险莫大焉。④故曰：盗名不如盗货。田仲、史鳅不如盗也。⑤

① 贤人欲恶之，不必异于众人也。

② 富贵之类，不论是非皆傲之也。

③ 见贫贱者皆柔屈就之也。

④ 奸人盗富贵、贫贱之名于昏暗之世。晻与暗同。

⑤ 田仲，齐人，处於陵，不食兄禄，辞富贵，为人灌园，号曰於陵仲子。史鳅，卫大夫，字子鱼，卖直也。

荣辱篇第四

　　桥[1]泄者，人之殃也；①恭俭者，僻五兵也。②虽有戈矛之刺，不如恭俭之利也。③故与人善言暖于布帛，伤人之言深于矛戟。故薄薄之地不得履之，非地不安也，危足无所履者，凡在言也。④巨涂则让，小涂则殆，虽欲不谨，若云不使。⑤

　　① 泄与媟同，嫚也。"殃"或为"袂"。

　　② "僻"当为"屏"，却也。《说文》有"僻"字，僻，窦也，与此义不同。僻，防正反。

　　③ 言入人深。

　　④ "薄薄"谓旁薄广大之貌。危足，侧足也。凡，皆也。所以广大之地侧足无所容者，皆由以言害身也。

　　⑤ 殆，近也。凡行前远而后近，故近者亦后之义。谓行于道涂，大道并行则让之，小道可单行则后之，若能用意如此，虽欲为不谨敬，若有物制而不使之者。《儒行》曰："道涂不争险易之利。"

　　怏怏而亡者，怒也；①察察而残者，忮也；②博而穷者，訾也；③清之而俞浊者，口也；④謷之而俞瘠者，交也；⑤辩而不说者，争也；⑥直立而不见知者，胜也；⑦廉而不见贵者，刿也；⑧勇而不见惮者，贪也；⑨信而不见敬者，好剸行也。⑩此小人之所务而君子之所不为也。

---

[1]　原校："桥，元刻作'挢'。"

① 肆其快意而亡,由于忿怒也。

② 至明察而见伤残者,由于有忮害之心也。

③ 言词辩博而见穷蹙者,由于好毁訾也。

④ 欲求其清而俞浊者,在口说之过,谓言过其实也。或曰:絜其身则自清也,但能口说,斯俞浊也。俞读为愈。

⑤ 所交接非其道,则必有患难,虽食刍豢而更瘠也,故上篇云“劳勩而容貌不枯,好交也”。

⑥ 不说,不为人所称说。或读为悦。

⑦ “直立”谓己直人曲,“胜”谓好胜人也。

⑧ 刿,伤也。刻己太过,不得中道,故不见贵也。

⑨ 贪利则委曲求人,故虽勇而不见惮。

⑩ 剸与专同。专行谓不度是非,好复言如白公者也。

斗者,忘其身者也,忘其亲者也,忘其君者也。行其少顷之怒而丧终身之躯,然且为之,是忘其身也;室家立残,亲戚不免乎刑戮,然且为之,是忘其亲也;①君上之所恶也,刑法之所大禁也,然且为之,是忘其君也。忧忘其身,②内忘其亲,上忘其君,是刑法之所不舍也,圣王之所不畜也。乳彘触虎,乳狗不远游,不忘其亲也。人也,忧忘其身,内忘其亲,上忘其君,则是人也而曾狗彘之不若也。凡斗者,必自以为是而以人为非也。己诚是也,人诚非也,则是己君子而人小人也。以君子与小人相贼害也,忧以忘其身,内以忘其亲,上以忘其君,岂不过甚矣哉!是人也,所谓以狐父之戈锸牛矢也。③将以为智邪,则愚莫大焉;将以为利邪,则害莫大焉;将以为荣邪,则辱莫大焉;将以为安邪,则危莫大焉。人之有斗,何哉?我欲属之狂惑疾病邪则不可,圣王又诛之；④我欲属之鸟鼠禽兽邪则不可，其形体又人而好恶多同。⑤人之有斗，何哉？我甚丑之。⑥

① 盖当时禁斗杀人之法戮及亲戚。《尸子》曰："非人君之用兵也，以为民伤斗，则以亲戚徇一言而不顾之也。"

② 遭忧患刑戮而不能保其身，是忧忘其身也。或曰：当为"下忘其身"，误为"夏"，又"夏"转误为"忧"字耳。

③ 时人旧有此语，喻以贵而用于贱也。狐父，地名。《史记》"伍被曰'吴王兵败于狐父'"，徐广曰："梁砀之间也，盖其地出名戈。"其说未闻。《管子》曰"蚩尤为雍狐之戟、狐父之戈"，岂近此邪？镅，刺也，之欲反。故良剑谓之属镂，亦取其利也。或读瓛为斫。

④ 属，托也，之欲反。

⑤ 视其形体则又人也，其好恶多与贤人同，但好斗为异耳。

⑥ 其祸如此，何为斗也？

有猗㐌之勇者，有贾盗之勇者，①有小人之勇者，有士君子之勇者。②争饮食，无廉耻，不知是非，不辟死伤，不畏众强，恈恈然唯利饮食之见，是猗㐌之勇也。③为事利，④争货财，无辞让，果敢而振，猛贪而戾，恈恈然唯利之见，是贾盗之勇也。⑤轻死而暴，是小人之勇也。义之所在，不倾于权，不顾其利，举国而与之不为改视，重死持义而不桡，是士君子之勇也。⑥

① 猗㐌勇于求食，贾盗勇于求财。贾音古。

② 小人勇于暴，士君子勇于义。言人有此数勇也。

③ 辟读为避。恈恈，爱欲之貌。《方言》云："牟，爱也。宋鲁之间曰牟。"

④ 为事及利也。为,于伪反。

⑤ 振,动也。戾,乖背也。《春秋公羊传》曰"葵丘之会,桓公振而矜之",何休云:"亢阳之貌也。"

⑥ 虽重爱其死而执节持义,不桡曲以苟生也。《儒行》曰:"爱其死以有待也。"

　　鯈䱃者,浮阳之鱼也,①胠于沙而思水,则无逮矣。②挂于患而欲谨,则无益矣。③自知者不怨人,知命者不怨天。怨人者穷,④怨天者无志。⑤失之己,反之人,岂不迂乎哉!⑥

① 鯈䱃,鱼名。"浮阳"谓此鱼好浮于水上就阳也。今字书无"䱃"字,盖当为"鲅"。《说文》云即"鳣鲔鲅鲅"字,盖鯈鱼一名鯈鲅。庄子与惠子游于濠梁之上,鯈鱼出游,是亦浮阳之义。或曰:浮阳,勃海县名也。鯈音稠。鲅,布末反。

② 胠与祛同。扬子云《方言》云:"祛,去也。齐赵之总语。"去于沙,谓失水去在沙上也。《庄子》有《胠箧》篇,亦取去之义也。

③ 人亦犹鱼也。

④ 徒怨愤于人不自修者,则穷迫无所出。

⑤ 有志之士但自修身,遇与不遇皆归于命,故不怨天。

⑥ 迂,失也。反,责人也。

　　荣辱之大分,安危利害之常体。先义而后利者荣,先利而后义者辱;荣者常通,辱者常穷;通者常制人,穷者常制于人,①是荣辱之大分也。②材悫者常安利,荡悍者常危害;③安利者常乐易,危害者常忧险;④乐易者常寿长,忧险者常夭折,是安危利害之常体也。⑤

① 受制于人。

② 其中虽未必皆然，然其大分如此矣。

③ "材悫"谓材性原悫也。荡悍，已解于《修身》篇。

④ 乐易，欢乐平易也，《诗》所谓"恺悌"者也。

⑤ 亦大率如此。

　　夫天生蒸民，有所以取之。①志意致修，德行致厚，智虑致明，是天子之所以取天下也；②政令法，举措时，听断公，③上则能顺天子之命，下则能保百姓，是诸侯之所以取国家也；志行修，临官治，上则能顺上，下则能保其职，是士大夫之所以取田邑也；循法则、度量、刑辟、图籍，④不知其义，谨守其数，慎不敢损益也，⑤父子相传，以持王公，⑥是故三代虽亡，治法犹存，是官人百吏之所以取禄秩也；孝弟原悫，軥录疾力，以敦比其事业而不敢怠傲，是庶人之所以取暖衣饱食、长生久视，以免于刑戮也；⑦饰邪说，文奸言，为倚事，⑧陶诞突盗，⑨惕悍憍暴，⑩以偷生反侧于乱世之间，是奸人之所以取危辱死刑也。其虑之不深，其择之不谨，其定取舍楛僈，是其所以危也。⑪材性知能，君子、小人一也。好荣恶辱，好利恶害，是君子、小人之所同也，若其所以求之之道则异矣。小人也者，疾为诞而欲人之信己也，疾为诈而欲人之亲己也，禽兽之行而欲人之善己也。虑之难知也，行之难安也，持之难立也，⑫成则必不得其所好，必遇其所恶焉。⑬故君子者，信矣而亦欲人之信己也，忠矣而亦欲人之亲己也，修正治辨矣而亦欲人之善己也。虑之易知也，行之易安也，持之易立也，成则必得其所好，必不遇其所恶焉，是故穷则不隐,通则大明,⑭身死而名弥白。⑮小人莫不延颈举踵而愿曰:"知虑材性,固有以贤人矣。"⑯夫不知其与己无以异也,则君子注错之当,而小人注错之过也。⑰故孰察小人之知能,足以知其有余,可以为君子之所为也。譬之越人安越,楚人安楚,君子安雅,⑱是非知能材性然也,是注错习俗之节异也。⑲仁义德行,常安之术也,然而未必不危也;污僈突盗,常危之术也,然而未必不安也。⑳故君子道其常,而小人道其怪。㉑

① 言天生众民,其君臣上下职业皆有取之道,非其道所以败之也。

② 致,极也。言如此是乃天子之所以取天下之道也。

③ "举措时"谓兴力役不夺农时也。

④ 度,尺丈。量,斗斛。刑法之书,《左氏传》曰:"先王议事以制,不为刑辟。""图"谓模写土地之形,"籍"谓书其户口之数也。

⑤ 若制所然。

⑥ 世传法则,所以保持王公,言王公赖之以为治者也。

⑦ 鞠与拘同。拘录,谓自检束也。"疾力"谓速力而作也。敦,厚也。比,亲也。言不敢怠惰也。

⑧ 倚,已解上。倚事,怪异之事。

⑨ "陶"当为梼杌之"梼",顽嚚之貌。突,凌突不顺也。或曰:"陶"当为"逃",隐匿其情也。

⑩ "惕"与"荡"同。

⑪ 小人所以危亡,由于计虑之失也。楛,恶也,谓不坚固也。

⑫ "虑之难知"谓人难测其奸诈,"行之难安"言易颠覆也,"持之难立"谓难扶持之也。

⑬ 虽使奸诈得成,亦必有祸无福。

⑭ "不隐"谓人不能隐蔽。

⑮ 白,彰明也。

⑯ 愿犹慕也。"贤人"谓贤过于人也。

⑰ "注错"谓所注意错履也,亦与措置义同也。

⑱ 雅,正也。正而有美德者谓之雅,《诗》曰:"弁彼鹥斯,归飞提提。"鹥斯,雅乌也。

⑲ "习俗"谓所习风俗。节,限制之也。

⑳ "僈"当为"漫",漫亦污也。水冒物谓之漫,《庄子》云:"北人无择曰:'舜以其辱行污漫我。'"漫,莫半反。《庄子》又曰"澶漫为乐",崔云:"淫衍也。"李云:"纵逸也。"一曰:漫,欺诳之也。

㉑ 道,语也。"怪"[1]谓非常之事,取以自比也。

凡人有所一同,饥而欲食,寒而欲暖,劳而欲息,好利而恶害,是人之所生而有也,是无待而然者也,是禹、桀之所同也;目辨白黑美恶,耳辨音声清浊,口辨酸咸甘苦,鼻辨芬芳腥臊,骨体肤理辨寒暑疾养,①是又人之所常生而有也,是无待而然者也,是禹、桀之所同也;可以为尧、禹,可以为桀、跖,可以为工匠,可以为农贾,在执注错习俗之所积耳,②是又人之所生而有也,是无待而然者也,是禹、桀之所同也。为尧、禹则常安荣,为桀、跖则常危辱;为尧、禹则常愉佚,为工匠、农贾则常烦劳。然而人力为此而寡为彼,何也?曰陋也。③尧、禹者,非生而具者也,夫起于变故,成乎修[2]为,待尽而后备者也。④人之生固小人,无师无法则唯利之见耳。人之生固小人,又以遇乱世、得乱俗,是以小重小也,以乱得

---

[1] "也怪"二字:原无,据卢文弨说补。

[2] "修"下原有"修之",据俞樾说删。

乱也。君子非得埶以临之，则无由得开内焉。⑤今是人之口腹，安知礼义？安知辞让？安知廉耻隅积？⑥亦呻吟而噍，乡乡而饱已矣。⑦人无师无法，则其心正其口腹也。⑧今使人生而未尝睹刍豢稻粱也，惟菽藿糟糠之为睹，则以至足为在此也。俄而粲然有秉刍豢稻粱而至者，则瞲然视之曰"此何怪也"。⑨彼臭之而无嗛于鼻，⑩尝之而甘于口，食之而安于体，则莫不弃此而取彼矣。今以夫先王之道，仁义之统，以相群居，以相持养，以相藩饰，以相安固邪？⑪以夫桀、跖之道，是其为相县也，几直夫刍豢稻粱之县糟糠尔哉！⑫然而人力为此而寡为彼，何也？曰陋也。陋也者，天下之公患也，⑬人之大殃大害也。故曰：仁者好告示人。告之示之，靡之儇之，⑭鈆之重之，⑭则夫塞者俄且通也，陋者俄且僩也，愚者俄且知也。⑮是若不行，则汤、武在上曷益，桀、纣在上曷损？⑯汤、武存则天下从而治，桀、纣存则天下从而乱。如是者，岂非人之情固可与如此、可与如彼也哉！

① 肤理，肌肤之文理。养与痒同。

② 在所积习。

③ 言人不为彼尧、禹而为此桀、跖，由于性之固陋也。

④ 变故，患难事故也。言尧、禹起于忧患，成于修饰，由于待尽物理，然后乃能备之。《孟子》曰，"天将降大任于是人也，必先苦其心志，劳其筋骨，穷饿其体肤，空乏其身，行拂乱其所为，所以动心忍性，增益其所不能"也。"智生于忧患，而死于安乐"。为，于伪反。

⑤ 开小人之心而内善道也。

⑥ 言口腹无所知。隅，一隅，谓其分也。积，积习。

⑦ 呻吟，噍貌，如盐反。噍，嚼也，才笑反。乡乡，趋饮食貌，许亮反。

⑧ 人不学,则心正如口腹之欲也。

⑨ 粲然,精絜貌。牛羊曰刍,犬豕曰豢。豢,圈也,以谷食于圈中。瞯然,惊视貌,与獝同,《礼记》曰"故鸟不獝",许聿反。

⑩ 臭,许又反。"嗛"当为"慊",厌也,苦廉反,或下兼反。

⑪ 持养,保养也。藩饰,藩蔽文饰也。

⑫ 言以先王之道与桀、跖相悬,岂止糟糠比刍豢哉?几读为岂,下同。

⑬ 公共有此患也。

⑭ 靡,顺从也。儇,疾也,火缘反。"靡之儇之"犹言缓之急之也。鈆与沿同,循也,抚循之、申重之也。

⑮ 倜与掮同,猛也。《方言》云:"晋魏之间谓猛为掮。"陋者俄且倜,言鄙陋之人俄且矜庄,有威仪也。《诗》曰"瑟兮倜兮",郑云:"倜,宽大也。"下板反。

⑯ 若不行告示之道,则汤、武何益于天下,桀、纣何损于百姓?所以贵汤、武,贱桀、纣,以行与不行耳。

人之情,食欲有刍豢,衣欲有文绣,行欲有舆马,又欲夫余财蓄积之富也,①然而穷年累世不知不足,是人之情也。②今人之生也,方知蓄鸡狗猪彘,又蓄牛羊,然而食不敢有酒肉;余刀布,有囷窌,③然而衣不敢有丝帛;约者有筐箧之藏,然而行不敢有舆马。④是何也?非不欲也,几不长虑顾后而恐无以继之故也。于是又节用御欲、⑤收敛蓄藏以继之也,是于己长虑顾后,几不甚善矣哉!⑥今夫偷生浅知之属,曾此而不知也,⑦粮食大侈,不顾其后,俄则屈安穷矣,⑧是其所以不免于冻饿,操瓢囊为沟壑中瘠者也,⑨况夫先王之道,仁义之统,《诗》、《书》、礼、乐之分乎?⑩彼固天下之大虑也,将为天下生民之属长虑顾后而保万世也,其沕长矣,其温厚矣，其功盛姚远矣，⑪非孰修为之君子，莫之能知也。⑫故曰：短绠不可以汲深井之泉，知不几者不可与及圣人之言。⑬夫《诗》、《书》、礼、乐之分，固非庸人之所知也。故曰：一之而可再也，⑭有之而可久也，⑮广之而可通也，⑯虑之而可安也，⑰反鈆察之而俞可好也，⑱以治情则利，⑲以为名则荣，以群则和，以独则足，⑳乐意者其是邪？㉑夫贵为天子，富有天下，是人情之所同欲也。然则从人之欲则埶不能容，物不能赡也。故先王案为之制礼义以分之，㉒使有贵贱之等、长幼之差、知贤愚能不能之分，皆使人载其事而各得其宜，㉓然后使悫禄多少、厚薄之称，㉔是夫群居和一之道也。故仁人在上则农以力尽田、贾以察尽财、百工以巧尽械器，㉕士大夫以上至于公侯，莫不以仁厚知能尽官职，夫是之谓至平。㉖故或禄天下而不自以为多，㉗或监门、御旅、抱关、击柝而不自以为寡，㉘故曰："斩而齐，枉而顺，不同而一。"夫是之谓人伦。㉙《诗》曰："受小共大共，为下国骏蒙。"此之谓也。㉚

① 皆人之所贵也。

② "不知不足"当为"不知足"，剩"不"字。或曰：不足犹不得也。

③ 刀、布皆钱也，刀取其利，布取其广。困，廪也。圜曰困，方曰廪。窌，窖也。地藏曰窖。窌，匹貌反。

④ 约，俭啬也。筐箧，藏布帛者也。言又富于余刀布也。

⑤ 御，制也。或作"禦"。禦，止也。

⑥ 几亦读为岂。

⑦ 偷者苟且也。

⑧ 大读为太。屈，竭也。安，语助也。犹言屈然穷矣。安，已解上也。

⑨ 乞食羸瘦于沟壑者。言不知久远生业，故至于此也。

⑩ 为生业尚不能知,况能知其远大者? 分,制也,扶问反。

⑪ 沇,古"流"字。温犹足也。言先王之道于生人,其为温足也亦厚矣。姚与遥同。言功业之盛甚长远也。

⑫ 孰,甚也。甚修饰作为之君子也。

⑬ 绠,索也。几,近也。谓不近于习也。

⑭ 既知一,则务知二。

⑮ 不可中道而废。

⑯ 知礼乐广博,则于事可通。

⑰ 思虑礼乐则无危惧。

⑱ 鈆与沿同,循也。既知礼乐之后,却循察之,愈可好而不厌。俞音愈。

⑲ 利,益也。《礼记》曰:"圣人之所以治人七情,修十义,舍礼何以治之?"

⑳ 知《诗》、《书》、礼、乐,群居则和同,独处则自足也。

㉑ 乐意莫过于此。

㉒ 以礼义分别上下也。

㉓ 载,行也,任之也。

㉔ 愿,实也。谓实其禄,使当其才。称,尺证反。

㉕ "尽"谓精于事,"察"谓明其盈虚。《说文》云:"有盛为械,无盛为器。"

㉖ 各当其分,虽贵贱不同,然谓之至平也。

㉗ 谓为天子,以天下为禄也。

㉘ 监门,主门也。御读为迓。迓旅,逆旅也。抱关,门卒也。击柝,击木所以警夜者。皆知其分,故虽贱而不以为寡也。

㉙ 旧有此语,引以喻贵贱虽不同,不以齐一,然而要归于治也。"斩而齐"谓强斩之使齐,若《汉书》之"一切"者。枉而顺,虽枉曲不直,然而归于顺也。"不同而一"谓殊途同归也。夫如此,是人之伦理也。

㉚ 《诗·殷颂·长发》之篇。共,执也。骏,大也。蒙读为厖,厚也。今《诗》作"骏厖"。言汤执小玉大玉,大厚于下国。言下皆赖其德也。

卷第三

非相篇第五①

相人，古之人无有也，学者不道也。②古者有姑布子卿，③今之世梁有唐举，④相人之形状颜色而知其吉凶妖祥，世俗称之。古之人无有也，学者不道也。⑤故相形不如论心，论心不如择术。⑥形不胜心，心不胜术。术正而心顺之，则形相虽恶而心术善，无害为君子也；形相虽善而心术恶，无害为小人也。君子之谓吉，小人之谓凶。故长短、小大、善恶形相，非吉凶也。古之人无有也，学者不道也。盖帝尧长，帝舜短；文王长，周公短；仲尼长，子弓短。⑦昔者卫灵公有臣曰公孙吕，身长七尺，面长三尺，⑧焉广三寸，鼻目耳具，而名动天下。⑨楚之孙叔敖，期思之鄙人也，⑩突秃长左，轩较之下，而以楚霸。⑪叶公子高微小短瘠，行若将不胜其衣，⑫然白公之乱也，令尹子西、司马子期皆死焉，⑬叶公子高入据楚，诛白公，定楚国，如反手尔，仁义功名善于后世。故事不揣长，不揳大，不权轻重，亦将志乎尔。⑭长短、小大、美恶形相岂论也哉！且徐偃王之状，目可瞻马；⑮仲尼之状，面如蒙倛；⑯周公之状，身如断菑；⑰皋陶之状，色如削瓜；⑱闳夭之状，面无见肤；⑲傅说之状，身如植鳍；⑳伊尹之状，面无须麋；㉑禹跳，汤偏，㉒尧、舜参牟子。㉓从者将论志意，比类文学邪？直将差长短、辨美恶，而相欺傲邪？㉔古者，桀、纣长巨姣美，天下之杰也；筋力越劲，百人之敌也。㉕然而身死国亡，为天下大僇，后世言恶则必稽焉。㉖是非容貌之患也，闻见之不众，论议之卑尔。㉗今世俗之乱君、乡曲之儇子，㉘莫不美丽姚冶、奇衣妇饰，血气态度拟于女子，㉙妇人莫不愿得以为夫，处女莫不愿得以为士，㉚弃其亲家而欲奔之者比肩并起。然而中君羞以为臣，中父羞以为子，中兄羞以为弟，中人羞以为友，㉛俄则束乎有司而戮乎大市，㉜莫不呼天啼哭，苦伤其今而后悔其始。㉝是非容貌之患也，闻见之不众而论议之卑尔，然则从者将孰可也？㉞

① 相，视也，视其骨状以知吉凶贵贱也。妄诞者多以此惑世，时人或矜其状貌而忽于务实，故荀卿作此篇非之。《汉书》形法家有《相人》二十四卷。

② 道，说。

③ 姑布姓，子卿名，相赵襄子者。或本无“姑”字。

④ 相李兑、蔡泽者。

⑤ 再三言者，深非之也。

⑥ 术，道术也。

⑦ 子弓，盖仲弓也。言子者，著其为师也。《汉书·儒林传》：馯臂字子弓，江东人，受《易》者也。然馯臂传《易》之外更无所闻，荀卿论说常与仲尼相配，必非馯臂也。馯音寒。

⑧ 句。

⑨ 面长三尺、广三寸，言其狭而长甚也。鼻目耳虽皆具而相去疏远，所以为异。“名动天下”言天下皆知其贤。或曰：狭长如此，不近人情，恐文句误脱也。

⑩ 杜元凯云：期思，楚邑名，今弋阳期思县。鄙人，郊野之人也。

⑪"突"谓短发可凌突人者,故《庄子》说赵剑士蓬头突鬓。长左,左脚长也。"轩较之下,而以楚霸",言修文德,不劳甲兵远征伐也。《说文》云:"轩,曲辀也。"郑注《考工记》云:"较,两輢上出式者。"《诗》曰:"倚重较兮。"

⑫叶公,楚大夫沈尹戌之子,食邑于叶,名诸梁,字子高。楚僭称王,其大夫称公,白公亦是也。微,细也。叶音摄。

⑬白公,楚太子建之子、平王之孙。子西,楚平王长庶子公子申。子期,亦平王子公子结。

⑭揳与絜同,约也。谓约计其大小也。絜,户结反。《庄子》:"匠石见栎社树,絜之百围。"权,称也。轻重,体之轻重也。言不论形状长短、大小、肥瘠,唯在志意修饬耳。

⑮徐,国名,僭称王。其状偃仰而不能俯,故谓之偃王。周穆王使楚诛之。"瞻马"言不能俯视细物,远望才见马。《尸子》曰"徐偃王有筋而无骨"也。

⑯倛,方相也。其首蒙茸然,故曰蒙倛。《子虚赋》曰:"蒙公先驱。"韩侍郎云:"四目为方相,两目为倛。"倛音欺。《慎子》曰:"毛嫱、西施,天下之至姣也,衣之以皮倛,则见之者皆走也。"

⑰《尔雅》云:"木立死曰椔。"椔与菑同。

⑱如削皮之瓜,青绿色。

⑲闳夭,文王臣,在十乱之中。言多鬒髯蔽其肤也。

⑳植,立也。如鱼之立也。

㉑麋与眉同。

㉒《尸子》曰:"禹之劳,十年不窥其家,手不爪,胫不生毛。偏枯之病,步不相过,人曰禹步。"郑注《尚书大传》:"汤半体枯。"《吕氏春秋》曰:"禹通水浚川,颜色黎黑,步不相过。"

㉓牟与眸同。"参牟子"谓有二瞳之相参也。《史记》曰:"舜目重瞳。"重瞳,盖尧亦然。《尸子》曰:"舜两眸子,是谓重明,作事成法,出言成章。"当时传闻,今书传亦难尽详究所出也。

㉔从者,荀卿门人。问将论志意、文学邪,但以好丑相欺傲也?

○25 姣，好也。倍万人曰杰。越，过人也。劲，勇也。

○26 僇与戮同。稽，考也。后世言恶，必考桀、纣为证也。

○27 亦非以容貌害身。言美恶皆非所患，但以闻见不广，论议不高，故致祸耳。

○28 《方言》云："儇，疾也，慧也。"与"喜而翾"义同，轻薄巧慧之子也。儇，火玄反。

○29 《说文》曰："姚，美好貌。"冶，妖。奇衣，珍异之衣。"妇饰"谓如妇人之饰，言轻细也。"拟于女子"言柔弱便辟也。

○30 士者，未娶妻之称。《易》曰："老妇得其士夫。"

○31 不必上智皆知恶也。

○32 犯刑法为有司所束缚也。

○33 苦伤今之刑戮，悔其始之所为。

○34 问从者形相与志意孰为益乎？

人有三不祥，幼而不肯事长，贱而不肯事贵，不肖而不肯事贤，是人之三不祥也。○1 人有三必穷，为上则不能爱下，为下则好非其上，是人之一必穷也；乡则不若，偝则谩之，是人之二必穷也；○2 知行浅薄，曲直有以县矣，然而仁人不能推，知士不能明，是人之三必穷也。○3 人有此三数行者，以为上则必危，为下则必灭。《诗》曰："雨雪瀌瀌，宴然聿消。莫肯下隧，式居娄骄。"此之谓也。○4

○1 言必有祸灾也。

○2 乡读为向。若，如也。谩，欺毁也，莫干反。

○3 曲直犹能不也。言智虑德行至浅薄，其能不与人又相县远，不能推让明白之。言不知己之不及也。知音智。行，下孟反。县读为悬。

○4 《诗·小雅·角弓》之篇。今《诗》作"见睍曰消"，作"宴然"，盖声之误耳。晛，日气也。隧读为随。屡读为娄。娄，敛也。言雨雪瀌瀌然，见日气而自消，喻欲为善则恶自消矣。幽王曾莫肯下随于人，用此居处敛其骄慢之过也。

人之所以为人者何已也？①曰：以其有辨也。②饥而欲食，寒而欲暖，劳而欲息，好利而恶害，是人之所生而有也，是无待而然者也，③是禹、桀之所同也。然则人之所以为人者，非特以二足而无毛也，以其有辨也。今夫狌狌形笑亦二足而毛也，④然而君子啜其羹、食其胾。⑤故人之所以为人者，非特以其二足而无毛也，以其有辨也。夫禽兽有父子而无父子之亲，有牝牡而无男女之别，故人道莫不有辨。辨莫大于分，⑥分莫大于礼，⑦礼莫大于圣王。⑧圣王有百，吾孰法焉？⑨故曰：文久而息节，族久而绝，⑩守法数之有司极礼而褫。⑪故曰：欲观圣王之迹，则于其粲然者矣，后王是也。⑫彼后王者，天下之君也。舍后王而道上古，譬之是犹舍己之君而事人之君也。故曰：欲观千岁则数今日，欲知亿万则审一二，欲知上世则审周道，欲知周道则审其人所贵君子。⑬故曰："以近知远，以一知万，以微知明。"此之谓也。

① 已与以同。问何以谓之人而贵于禽兽也。

② 辨，别也。

③ 不待学而知也。

④ 狌狌，兽似人而能言，出交趾。"形笑"者，能言笑也。

⑤ 胾，脔也。禽兽无辨，故贱而食之。胾，侧吏反。

⑥ 有上下、亲疏之分也。

⑦ 分生于有礼也。

⑧ 圣王，制礼者。言其人存，其政举。

⑨ 问圣王至多，谁可为法也。

⑩ 文，礼文。节，制度也。言礼文久则制度灭息，节奏久则废也。

⑪ 褫，解也。有司世世相承，守礼之法数，至于极久，亦下脱也。《易》曰："或锡之鞶带，终朝三褫之。"言此者，以喻久远难详，不如随时兴治。褫，直吏反。

⑫ 后王，近时之王也。粲然，明白之貌。言近世明王之法，则是圣王之迹也。夫礼法所兴，以救当世之急，故随时设教，不必拘于旧闻，而时人以为君必用尧、舜之道，臣必行禹、稷之术，然后可，斯惑也。孔子曰："殷因于夏礼，所损益可知也。"故荀卿深陈以后王为法，审其所贵君子焉。司马迁曰："法后王者，以其近己而俗相类，议卑而易行也。"

⑬ 谓己之君也。"审"谓详观其道也。

夫妄人曰："古今异情，其所以[1]治乱者异道，而众人惑焉。"彼众人者，愚而无说，陋而无度者也。①其所见焉犹可欺也，而况于千世之传也！②妄人者，门庭之间犹可诬欺也，而况于千世之上乎！圣人何以不欺？曰：圣人者，以己度者也。③故以人度人，以情度情，④以类度类，⑤以说度功，⑥以道观尽，⑦古今一度也。⑧类不悖，虽久同理，⑨故乡乎邪曲而不迷，观乎杂物而不惑，以此度之。⑩五帝之外无传人，⑪非无贤人也，久故也；五帝之中无传政，非无善政也，久故也；⑫禹、汤有传政而不若周之察也，非无善政也，久故也。传者久则论略，近则论详。略则举大，详则举小。⑬愚者闻其略而不知其详，闻其小[2]而不知其大也。⑭是以文久而灭节，族

---

[1] 其所以：原作"以其"，据王念孙说改。
[2] 小：原作"详"，据上文及王念孙说改。

久而绝。

① 言其愚陋而不能辨说测度。度,大各反,下同。

② 传,传闻也。

③ 以己意度古人之意,故人不能欺,亦不欺人也。

④ 以今之人情度古之人情,既云欲恶皆同,岂其治乱有异?

⑤ 类,种类,谓若牛马也。

⑥ 以言说度其功业也。

⑦ 以道观尽物之理。《儒效》篇曰"涂之百姓积善而全尽,谓之圣人"也。

⑧ 古今不殊,尽可以此度彼,安在其古今异情乎?

⑨ 言种类不乖悖,虽久而理同。今之牛马与古不殊,何至人而独异哉?

⑩ 以测度之道明之,故向于邪曲不正之道而不迷,杂物炫燿而不惑。乡读为向。

⑪ "外"谓已前也。"无传人"谓其人事迹后世无传者。

⑫ 中,间也。五帝,少昊、颛顼、高辛、唐、虞也。

⑬ "略"谓举其大纲。详,周备也。

⑭ 惟圣贤乃能以略知详,以小知大也。

凡言不合先王,不顺礼义,谓之奸言。虽辩,君子不听。①法先王,顺礼义,党学者,②然而不好言、不乐言,则必非诚士也。③故君子之于言也,志好之,行安之,乐言之,故君子必辩。④凡人莫不好言其所善,而君子为甚。⑤故赠人以言,重于金石珠玉;观人以言,美于黼黻文章;⑥听人以^[1]言,乐于钟鼓琴瑟。⑦故君子之于言无厌,⑧鄙夫反是,

---

[1] 以:原作"之",据上文及王念孙说改。

好其实不恤其文，⑨是以终身不免埤污佣俗。⑩故《易》曰："括囊，无咎无誉。"腐儒之谓也。⑪

① 公孙龙、惠施、邓析之属。

② 党，亲比也。

③ 言，讲说也。"诚士"谓至诚好善之士。

④ "辩"谓能谈说也。

⑤ "所善"谓己所好尚也。

⑥ "观人以言"谓使人观其言。黼黻文章皆色之美者，白与黑谓之黼，黑与青谓之黻，青与赤谓之文，赤与白谓之章。

⑦ 使人听其言。

⑧ 无厌倦也。

⑨ 但好其质而不知文饰，若墨子之属也。

⑩ 埤、污，皆下也，谓鄙陋也。埤与庳同。猪水处谓之污，亦地之下者也。庳音婢。污，一孤反。

⑪ 腐儒，如朽腐之物，无所用也。引《易》以喻不谈说者。

凡说之难，以至高遇至卑，以至治接至乱。①未可直至也，远举则病缪，近世则病佣。②善者于是间也，亦必远举而不缪，近世而不佣，与时迁徙，与世偃仰，缓急嬴绌，③府然若渠匽、檃栝之于己也，④曲得所谓焉，然而不折伤。⑤故君子之度己则以绳，接人则用抴。⑥度己以绳，故足以为天下法则矣；接人用抴，故能宽容，因求以成天下之大事矣。⑦故君子贤而能容罢，⑧知而能容愚，博而能容浅，粹而能容杂，夫是之谓兼术。⑨《诗》曰："徐方既同，天子之功。"此之谓也。⑩

① 以先王之至高、至治之道，说末世至卑、至乱之君，所以为难也。说音税。

② "未可直至"言必在援引古今也。远举上世之事则患缪妄，下举近世之事则患佣鄙也。

③ 嬴，余也。"嬴绌"犹言伸屈也。

④ 府与俯同，就物之貌，或读为附。渠匽所以制水，檃栝所以制木，君子制人亦犹此也。

⑤ 言谈说委曲皆得其意之所谓，然而不折伤其道也。

⑥ 抴，牵引也。度己犹正己也。君子正己则以绳墨，接人则牵引而致之，言正己而驯致人也。或曰："抴"当为"枻"，枻，楫也。言如以楫櫂进舟船也。度，大各反。枻，以世反。韩侍郎云："枻者，檠枻也，正弓弩之器也。"

⑦ 成事在众。

⑧ 罢，弱不任事者，音疲。

⑨ 粹，专一也。兼术，兼容之法。

⑩ 《诗·大雅·常武》之篇。言君子容物，亦犹天子之同徐方也。

谈说之术，矜庄以莅之，端诚以处之，坚强以持之，譬称以喻之，分别以明之[1]，欣驩芬芗以送之，宝之珍之，贵之神之，如是则说常无不受。①虽不说人，人莫不贵，②夫是之谓为能贵其所贵。③传曰："唯君子为能贵其所贵。"此之谓也。

① 言谈说之法如此，人乃信之。"芬芗"言至芳絜也。"神之"谓自神异其说，不敢慢也。说并音税。称，尺证反。芗与香同。

② 不说犹贵，况其说之。

③ 不使人贱之也。

***

[1] 譬称以喻之，分别以明之：原作"分别以喻之，譬称以明之"，据王念孙说改。

　　君子必辩。凡人莫不好言其所善,^①而君子为甚焉。是以小人辩言险而君子辩言仁也。^②言而非仁之中也,则其言不若其默也,其辩不若其呐也;^③言而仁之中也,则好言者上矣,不好言者下也。故仁言大矣,起于上所以道于下,正令是也;^④起于下所以忠于上,谋救是也。^⑤故君子之行仁也无厌。^⑥志好之,行安之,乐言之,故言^⑦君子必辩。小辩不如见端,^⑧见端不如见本分。^⑨小辩而察,见端而明,本分而理,圣人、士君子之分具矣。^⑩有小人之辩者,有士君子之辩者,有圣人之辩者。不先虑,不早谋,发之而当,成文而类,^⑪居错迁徙,应变不穷,^⑫是圣人之辩者也;先虑之,早谋之,斯须之言而足听,^⑬文而致实,博而党正,是士君子之辩者也;^⑭听其言则辞辩而无统,^⑮用其身则多诈而无功,上不足以顺明王,下不足以和齐百姓,然而口舌之均,噡唯则节,^⑯足以为奇伟偃却之属,^⑰夫是之谓奸人之雄。圣王起,所以先诛也,然后盗贼次之。盗贼得变,此不得变也。^⑱

① "所善"谓所好也。

② "仁"谓忠爱之道。

③ 呐与讷同。或引《礼记》"其言呐呐然",非。

④ 道与导同。"正"或为"政"。

⑤ "谋救"谓嘉谋匡救。此言谈说之益不可以已也如是。

⑥ 无厌倦时。

⑦ 所以好言说,由此三者也。行,如字。

⑧ 端,首。

⑨ 分,上下、贵贱之分。"小辩"谓辩说小事则不如见端首,见端首则不如见本分。言辩说止于知本分而已。

⑩ 此言能辩说，然后圣贤之分具。

⑪ 言暗与理会，成文理而不失其类。谓不乖悖也。

⑫ 错，置也。居错，安居也。错，千故反。

⑬ 斯须发言，已可听也。

⑭ "文"谓辩说之词也。致，至也。党与谠同，谓直言也。凡辩则失于虚诈，博则失于流荡，故致实党正为重也。

⑮ 无根本也。

⑯ 盖谓骋其口舌之辩也。"噡唯则节"四字未详，或剩少错误耳。

⑰ 奇伟，夸大也。偃却，犹偃仰，即偃蹇也。言奸雄口辩，适足以自夸大偃蹇而已。

⑱ "变"谓教之使自新也。

非十二子篇第六

假今之世，①饰邪说，文奸言，以枭乱天下，②欺惑愚众，喌宇嵬琐，③使天下混然不知是非治乱之所存者有人矣。④纵情性，安恣睢，禽兽行[1]，⑤不足以合文通治，⑥然而其持之有故，其言之成理，足以欺惑愚众，⑦是它嚣、魏牟也。⑧忍情性，綦谿利跂，⑨苟以分异人为高，⑩不足以合大众、明大分，⑪然而其持之有故，其言之成理，足以欺惑愚众，是陈仲、史䲡也。⑫不知壹天下、建国家之权称，⑬上功用、大俭约而

---

[1] "行"上原有"之"，从王念孙说删。

僈差等，⑭曾不足以容辨异、县君臣，⑮然而其持之有故，其言之成理，足以欺惑愚众，是墨翟、宋钘也。⑯尚法而无法，下修而好作，⑰上则取听于上，下则取从于俗，⑱终日言成文典，及纠察之，则倜然无所归宿，⑲不可以经国定分，⑳然而其持之有故，其言之成理，足以欺惑愚众，是慎到、田骈也。㉑不法先王，不是礼义，㉒而好治怪说，玩琦辞，㉓甚察而不惠，㉔辩而无用，多事而寡功，不可以为治纲纪，然而其持之有故，其言之成理，足以欺惑愚众，是惠施、邓析也。略法先王而不知其统，㉕犹然而材剧志大，闻见杂博。㉖案往旧造说，谓之五行，㉗甚僻违而无类，幽隐而无说，闭约而无解。㉘案饰其辞而祇敬之曰："此真先君子之言也。"㉙子思唱之，孟轲和之，㉚世俗之沟犹瞀儒，嚾嚾然不知其所非也，㉛遂受而传之，以为仲尼、子游为兹厚于后世，㉜是则子思、孟轲之罪也。若夫总方略、齐言行，壹统类而群天下之英杰，而告之以大古、教之以至顺，㉝奥窔之间、簟席之上，敛然圣王之文章具焉，佛然平世之俗起焉，㉞则六说者不能入也，十二子者不能亲也，无置锥之地而王公不能与之争名，在一大夫之位则一君不能独畜、一国不能独容，㉟成名况乎，诸侯莫不愿以为臣，㊱是圣人之不得埶者也，仲尼、子弓是也。一天下，财万物，㊲长养人民，兼利天下，通达之属莫不从服，㊳六说者立息，十二子者迁化，㊴则圣人之得埶者，舜、禹是也。今夫仁人也将何务哉？上则法舜、禹之制，下则法仲尼、子弓之义，以务息十二子之说，如是则天下之害除，仁人之事毕，圣王之迹著矣。

① 假如今之世也。或曰假，借也。"今之世"谓战国昏乱之世。治世则奸言无所容，故十二子借乱世以惑众也。

② 枭与浇同。

③ 裔与谲同，诡诈也，又余律反。宇，未详。或曰：宇，大也，放荡恢大也。"嵬"谓为狂险之行者也。"琐"者谓为奸细之行者也。《说文》云："嵬，高不平也。"今此言嵬者，其行狂险亦犹山之高不平也。《周礼·大司乐》云"大傀栽则去乐"，郑云："傀，犹怪也。"《晏子春秋》曰："不以上为本，不以民为忧，内不恤其家，外不顾其游，夸言傀行，自勤于饥寒，命之曰狂辟之民，明王之所禁也。"嵬当与傀义同，音五每反，又牛彼反。

④ 混然，无分别之貌。存，在也。

⑤ 恣睢，矜放之貌。言任情性所为而不知礼义，则与禽兽无异，故曰"禽兽行"。睢，许季反。

⑥ 不足合于古之文义，通于治道。

⑦ 妄称古之人亦有如此者，故曰"持之有故"；又其言论能成文理，故曰"言之成理"，足以欺惑愚人、众人矣。

⑧ 它嚣，未详何代人。《世本》楚平王孙有田公它成，岂同族乎？《韩诗外传》作"范魏牟"。牟，魏公子，封于中山。《汉书·艺文志》道家有《公子牟》四篇，班固曰："先庄子，庄子称之。"今《庄子》有公子牟，称庄子之言以折公孙龙，据即与庄子同时也。又《列子》称公子牟解公孙龙之言。公孙龙，平原君之客。而张湛以为文侯子，据年代非也。《说苑》曰："公子牟东行，穰侯送之。"未知何者为定也。

⑨ "忍"谓违矫其性也。綦谿未详，盖与跂义同也。利与离同。离跂，违俗自絜之貌，谓离于物而跂足也。《庄子》曰："杨、墨乃始离跂，自以为得。"离，力智反。跂，丘氏反。

⑩ 苟求分异，不同于人，以为高行也。

⑪ 既求分异，则不足合大众；苟立小节，故不足明大分。"大分"谓忠孝之大义也。

⑫ 已解上。

⑬ 不知齐一天下，建立国家之权称，言不知轻重。称，尺证反。

⑭ 功用，功力也。大读曰太。言以功力为上而过俭约也。僈，轻也。轻僈差等，谓欲使君臣上下同劳苦也。

⑮ 上下同等，则其中不容分别而县隔君臣也。

⑯ 宋钘，宋人，与孟子、尹文子、彭蒙、慎到同时。《孟子》作"宋牼"，牼与钘同，音口茎反。

⑰ 尚，上也。言所著书虽以法为上而自无法，以修立为下而好作为。言自相矛盾也。

⑱ 言苟顺上下意也。

⑲ 纣与循同。偶然，疏远貌。宿，止也。虽言成文典，若反覆纣察则疏远无所指归也。

⑳ 取听于上，取从于俗，故法度不立也。

㉑ 田骈，齐人，游稷下，著书十五篇。其学本黄、老，大归名法。慎到，已解上。

㉒ 不以礼义为是。

㉓ 玩与翫同。琦读为奇异之"奇"。

㉔ 惠，顺。

㉕ 言其大略虽法先王，而不知体统。"统"谓纪纲也。

㉖ 犹然，舒迟貌。《礼记》曰："君子盖犹犹尔。"剧，繁多也。

㉗ 案前古之事而自造其说，谓之五行。五行，五常，仁、义、礼、智、信是也。

㉘ 约，结也。解，说也。僻违无类，谓乖僻违戾而不知善类也。幽隐无说、闭约无解，谓其言幽隐闭结而不能自解说，谓但言尧、舜之道而不知其兴作方略也。荀卿常言法后王治当世，而孟轲、子思以为必行尧、舜、文、武之道然后为治，不知随时设教，救当世之弊，故言僻违无类。《孟子》曰："管仲、曾西之所不为。"解，佳买反。

㉙ 言自敬其辞说。先君子，孔子也。

㉚ 子思，孔子之孙，名伋，字子思；孟轲，邹人，字子舆，皆著书七篇。

㉛ 沟读为恟。恟，愚也。犹，犹豫也，不定之貌。瞀，暗也。《汉书·五行志》作"区瞀"，与此义同。嚾嚾，喧嚣之貌，谓争辩也。恟音寇。犹音柚。

㉜ 仲尼、子游为此言垂德厚于后世也。

㉝ 总，领也。"统"谓纲纪，"类"谓比类。大谓之统，分别谓之类。群，会合也。大读曰太。

㉞ 西南隅谓之奥，东南隅谓之窔。言不出堂室之内也。敛然，聚集之貌。佛读为勃。勃然，兴起貌。窔，一吊反。

㉟ 言王者之佐虽在下位，非诸侯所能畜、一国所能容。或曰：时君不知其贤，无一君一国能畜者，故仲尼所至轻去也。

㊱ 况，比也。言其所成之名，比况于人莫与为偶，故诸侯莫不愿得以为臣。或曰：既成名之后则王者之辅佐也，况诸侯莫不愿得以为臣乎？未知其贤，则无国能容也。或曰：况犹益也，《国语》："骊姬曰：'众况厚之。'"

㊲ 财与裁同。

㊳ "通达之属"谓舟车所至、人力所通者也。

㊴ 迁而从化。

　　信信，信也；疑疑，亦信也。①贵贤，仁也；贱不肖，亦仁也。言而当，知也；默而当，亦知也。故知默犹知言也。②故多言而类，圣人也；少言而法，君子也；③多少无法而流湎然，虽辩，小人也。④故劳力而不当民务，谓之奸事；⑤劳知而不律先王，谓之奸心；⑥辩说譬谕、齐给便利而不顺礼义，谓之奸说。⑦此三奸者，圣王之所禁也。知而险，贼而神，⑧为诈而巧，⑨言无用而辩，⑩辩不惠而察，⑪治之大殃也。行辟而坚，⑫饰非而好，⑬玩奸而泽，⑭言辩而逆，古之大禁也。⑮知而无法，⑯勇而无惮，⑰察辩而操僻淫，⑱大而用之，⑲好奸而与众，⑳利足而迷，㉑负石而坠，㉒是天下之所弃也。

① 信可信者，疑可疑者，意虽不同，皆归于信也。

②《论语》曰："知之为知之，不知为不知，是知也。"当，丁浪反。

③ 言虽多而不流湎，皆类于礼义，是圣人制作者也。"少言而法"，谓不敢自造言说，所言皆守典法也。

④ 湎，沉也。流者不复返，沉者不复出也。

⑤ 民务，四民之务。

⑥ 律，法。

⑦ 齐，疾也。给，急也。"便利"亦谓言辞敏捷也。

⑧ 用智于险，又贼害不测如神也。

⑨ 巧于为诈。

⑩ 言辩而无用也。

⑪ 惠，顺也。辞辩不顺，道理不聪察也。

⑫ 辟读为僻。

⑬ 好饰非也。

⑭ 玩与翫同。习奸而使有润泽也。

⑮ 逆者乖于常理。

⑯ 骋其异见也。知，如字。

⑰ 轻死。

⑱ 为察察之辩而操持僻淫之事。操，七刀反。

⑲ 以前数事为大而用之也。

⑳ 好奸而与众人共之，谓使人同之也。

㉑ 苟求利足而迷惑不顾祸患也。

㉒ 谓申徒狄负石投河。言好名以至此也，亦利足而迷者之类也。

兼服天下之心：高上尊贵不以骄人，①聪明圣知不以穷人，齐给速通不争先人，刚毅勇敢不以伤人。不知则问，不能则学，虽能必让，然后为德。②遇君则修臣下之义，遇乡则修长幼之义,③遇长则修子弟之义,遇友则修礼节辞让之义,遇贱而少者则修告导宽容之义。无不爱也,无不敬也,无与人争也,恢然如天地之苞万物。如是则贤者贵之,不肖者亲之。如是而不服者,则可谓讹怪狡猾之人矣,④虽则子弟之中,刑及之而宜。⑤《诗》云:"匪上帝不时,殷不用旧。虽无老成人,尚有典刑。曾是莫听,大命以倾。"此之谓也。⑥

① 在贵位不骄人。

② 然后为圣贤之德也。

③ 在乡党之中也。

④ 讹与妖同。

⑤ 妖怪狡猾之人,虽在家人子弟之中,亦宜刑戮及之,况公法乎?

⑥《诗·大雅·荡》之篇。郑云:"老成人,伊尹、伊陟、臣扈之属也。典刑,常事,故法也。"

古之所谓士仕者,厚敦者也,合群者也,①乐富贵者也,②乐分施者也,③远罪过者也,④务事理者也,⑤羞独富者也;⑥今之所谓士仕者,污漫者也,贼乱者也,⑦恣睢者也,⑧贪利者也,触抵者也,⑨无礼义而唯权埶之嗜者也。古之所谓处士者,德盛者也,能静者也,⑩修正者也,知命者也,箸是者也;⑪今之所谓处士者,无能而云能者也,⑫无知而云知者也,利心无足而佯无欲者也,⑬行伪险秽而强高言谨悫者也,以不俗为俗、⑭离纵而跂訾者也。⑮

①"士仕"谓士之入仕。"合"谓和合。群,众也。

②乐其道也。

③施，或所宜反。

④远，于愿反。

⑤务使事有条理。

⑥使家给人足也。

⑦污漫，已解在《荣辱》篇。

⑧恣睢，已解于上。

⑨恃权埶而忤人。

⑩处士，不仕者也。《易》曰："或出或处。""能静"谓安时处顺也。

⑪明箸其时是之事，不使人疑其奸诈也。

⑫云能，自言其能也。《慎子》曰："劲而害能则乱也，云能而害无能则乱也。"盖战国时以"言能"为"云能"，当时之语也。

⑬好利不知足而诈为无欲者也。

⑭以不合俗人自为其俗也。

⑮訾读为恣。"离纵"谓离于俗而放纵，"跂恣"谓跂足违俗而恣其志意，皆违俗自高之貌。或曰："纵"当为"缒"，传写误耳。缒与纚同，步也。离缒谓离于俗而步去，跂訾亦谓跂足自高而訾毁于人。离，力智反。跂，丘氏反。缒，所绮反。

士君子之所不能为：君子能为可贵，不能使人必贵己；①能为可信，不能使人必信己；能为可用，不能使人必用己。②故君子耻不修，不耻见污；③耻不信，不耻不见信；耻不能，不耻不见用。是以不诱于誉，不恐于诽，④率道而行，端然正己，不为物倾侧，夫是之谓诚君子。⑤《诗》云："温温恭人，维德之基。"此之谓也。⑥

①"可贵"谓道德也。

②“可用”谓才能也。

③见污，为人所污秽也。

④虚誉不能诱，诽谤不能动。

⑤诚，实也，谓无虚伪也。

⑥已解在《不苟》篇。

　　士君子之容：其冠进，其衣逢，其容良，①俨然，壮然，祺然，蕼然，恢恢然，广广然，昭昭然，荡荡然，是父兄之容也；②其冠进，其衣逢，其容悫，③俭然，恀然，辅然，端然，訾然，洞然，缀缀然，瞀瞀然，是子弟之容也。④吾语汝学者之嵬容：⑤其冠絻，其缨禁缓，其容简连，⑥填填然，狄狄然，莫莫然，瞡瞡然，瞿瞿然，尽尽然，盱盱然。⑦酒食声色之中则瞒瞒然、瞑瞑然，⑧礼节之中则疾疾然、訾訾然，⑨劳苦事业之中则儢儢然，离离然，偷儒而罔，无廉耻而忍謑诟，是学者之嵬也。⑩弟佗其冠，神禫其辞，⑪禹行而舜趋，是子张氏之贱儒也；⑫正其衣冠，齐其颜色，嗛然而终日不言，是子夏氏之贱儒也；⑬偷儒惮事，无廉耻而耆饮食，必曰君子固不用力，是子游氏之贱儒也。⑭彼君子则不然，佚而不惰，劳而不僈，⑮宗原应变，曲得其宜，如是然后圣人也。⑯

①“进”谓冠在前也。逢，大也，谓逢掖也。“良”谓乐易也。

②俨然，矜庄之貌。壮然，不可犯之貌，或当为“庄”。祺然、蕼然，未详。或曰：祺，祥也、吉也，谓安泰不忧惧之貌。“蕼”当为“肆”，谓宽舒之貌。恢恢、广广，皆容众之貌。昭昭，明显之貌。荡荡，恢夷之貌。

③谨敬。

④俭然，自卑谦之貌。恀然，恃尊长之貌。《尔雅》曰“恀，恃也”，郭云：

"江东呼母为侈,音纸。"辅然,相亲附之貌。端然,不倾倚之貌。訾然,未详。或曰:与孳同,柔弱之貌。洞然,恭敬之貌,《礼记》曰"洞洞乎其敬也"。缀缀然,不乖离之貌,谓相连缀也。瞀瞀然,不敢正视之貌。

⑤ 说学者为嵬行之形状。嵬,已解于上。

⑥ "絻"当为"俛",谓太向前而低俯也。缨,冠之系也。禁缓,未详。或曰:读为衿,衿,带也。言其缨大如带而缓也。简连,傲慢不前之貌。衿,其禁反。连读如"往蹇来连"之"连"。

⑦ 填填然,满足之貌。狄读为趯,跳跃之貌。莫读为貊,貊,静也,不言之貌。或动而跳跃,或静而不言,皆谓举止无恒也。瞁瞁,未详。或曰:瞁与规同,规规,小见之貌。瞿瞿,瞠视之貌。尽尽,极视尽物之貌。盱盱,张目之貌。皆谓视瞻不平,或大察也。盱,许于反。

⑧ 瞒瞒,闭目之貌。瞑瞑,视不审之貌。谓好悦之甚,佯若不视也。瞒,莫干反。瞑,母丁反。

⑨ 谓憎疾毁訾也。

⑩ "事业"谓作业也。僶僶,不勉强之貌。离离,不亲事之貌。陆法言云:"僶,心不力也,音吕。""偷儒"谓苟避事之劳苦也。"罔"谓罔冒不畏人之言也。謰诇,詈辱也。此一章皆明视其状貌而辨善恶也。今之所解,或取声韵假借,或推传写错误,因随所见而通之也。

⑪ 弟佗其冠,未详。"神禪"当为"冲淡",谓其言淡薄也。

⑫ 但宗圣人之威仪而已矣。

⑬ 嗛与慊同,快也,谓自得之貌。"终日不言"谓务于沉默。《史记》乐毅与燕惠王书曰:"先王以为嗛于志也。"

⑭ 偷儒,已解上。耆与嗜同。此皆言先儒性有所偏,愚者效而慕之,故有此敝也。

⑮ 虽逸而不懈惰,虽劳而不弛慢。

⑯ 宗原,根本也。言根本及应变皆曲得其宜也。

仲尼篇第七

仲尼之门[1]，五尺之竖子言羞称乎五伯，是何也？曰：
然，彼诚可羞称也。齐桓，五伯之盛者也，①前事则杀兄而争
国；②内行则姑姊妹之不嫁者七人，闺门之内般乐奢汰，③以
齐之分奉之而不足；④外事则诈邾袭莒，并国三十五。⑤其事
行也若是其险污淫汰也，⑥固曷足称乎大君子之门哉！若是
而不亡乃霸，何也？曰：於乎！夫齐桓公有天下之大节焉，
夫孰能亡之？⑦倓然见管仲之能足以托国也，是天下之大知
也；⑧安忘其怒，出忘其雠，遂立以为仲父，是天下之大决
也；⑨立以为仲父而贵戚莫之敢妒也，⑩与之高、国之位而本
朝之臣莫之敢恶也，⑪与之书社三百而富人莫之敢距也，⑫
贵贱长少秩秩焉莫不从桓公而贵敬之，是天下之大节也。⑬
诸侯有一节如是则莫之能亡也，桓公兼此数节者而尽有之，
夫又何可亡也？其霸也宜哉，非幸也，数也。⑭然而仲尼之
门[2]五尺之竖子言羞称乎五伯，是何也？曰：然，彼非本政
教也，非致隆高也，⑮非綦文理也，⑯非服人之心也。⑰乡方
略，审劳佚，⑱畜积修斗而能颠倒其敌者也。⑲诈心以胜矣。
彼以让饰争，依乎仁而蹈利者也，⑳小人之杰也，彼固曷足称
乎大君子之门哉！㉑彼王者则不然，致贤而能以救不肖，致强
而能以宽弱，战必能殆之而羞与之斗，㉒委然成文以示之天

---

[1]　“门”下原有“人”，据王念孙说删。
[2]　同上。

下，㉓而暴国安自化矣，有灾缪者然后诛之。㉔故圣王之诛也，綦省矣。㉕文王诛四，㉖武王诛二，㉗周公卒业，㉘至于成王则安以无诛矣。㉙故道岂不行矣哉！㉚文王载百里地而天下一，㉛桀、纣舍之，厚于有天下之埶而不得以匹夫老。㉜故善用之则百里之国足以独立矣，不善用之则楚六千里而为雠人役。㉝故人主不务得道而广有其埶，是其所以危也。

① 言盛者犹如此，况其下乎？伯读为霸。或曰：伯，长也，为诸侯之长，《春秋传》曰"王命内史叔兴父策命晋侯为侯伯"也。

② 兄，子纠也。

③ 般亦乐也。汏，侈也，音太，下同。

④ 分，半也，用赋税之半也。《公羊传》曰："师丧分焉。"

⑤ 诈邾，未闻。"袭莒"谓桓公与管仲谋伐莒，未发，为东郭牙先知之是也。"并国三十五"谓灭谭、灭遂、灭项之类，其馀所未尽闻也。

⑥ 事险而行污也。行，下孟反。

⑦ 於乎读为呜呼，叹美之声。"大节"谓大节义也。

⑧ 佚，安也，安然不疑也。"大知"谓知人之大也。佚，地坎反。

⑨ 安犹内也，出犹外也。言内忘忿恚之怒，外忘射钩之雠。仲者夷吾之字，父者事之如父，故号为仲父。"大决"谓断决之大也。

⑩ 不敢妒其亲密。

⑪ 高子、国子世为齐上卿，今以其位与之。"本朝之臣"谓旧臣也。《春秋传》："管仲曰：'有天子之二守国、高在。'"

⑫ "书社"谓以社之户口书于版图，《周礼》"二十五家为社"。距与拒同，敌也。言齐之富人莫有敢敌管仲者也。

⑬ 秩秩，顺序之貌。

⑭ 其术数可霸，非为幸遇也。

⑮ 致，至极也。

⑯ 非极有文章条理也。

⑰ 非以义服之也。

⑱ 乡读为向,趋也。"审劳佚"谓审知使人之劳佚也。

⑲ 畜积仓廪,修战斗之术,而能倾覆其敌也。

⑳ 为让所以饰争,非真让也。行仁所以蹈利,非真仁也。

㉑ 前章言五霸救时,故褒美之;此章明王者之政,故言其失。《孟子》曰:"五霸者,三王之罪人也。"

㉒ 必以义服,不力服也。

㉓ 委然,俯就之貌。言俯就人,使成文理,以示天下。

㉔ 有灾怪繆戾者然后诛之,非颠倒其敌也。

㉕ 省,少也,所景反。

㉖ "四"谓密也、阮也、共也、崇也。《诗》曰:"密人不恭,敢距大邦,侵阮徂共。"《春秋传》曰:"文王闻崇德乱而伐之,因垒而降。"《史记》亦说文王征伐,与此小异。诛者,讨伐杀戮之通名。

㉗《史记》云:"武王斩纣与妲己。"《尸子》曰:"武王亲射恶来之口,亲斫殷纣之颈,手污于血,不温而食。当此之时,犹猛兽者也。"

㉘ 周公终王业,亦时有小征伐,谓三监、淮夷、商奄也。

㉙ 言其化行刑措也。

㉚ 以此言之,道岂不行,人自不行耳,故又以下事明之。

㉛ 所载之地不过百里而天下一,以有道也。

㉜ 桀、纣舍道,虽有天下厚重之埶,而不得如庶人寿终。

㉝ "善用"谓善用道也。雠人,秦也。楚怀王死于秦,其子襄王又为秦所制而役使之也。

　　持宠处位终身不厌之术:① 主尊贵之则恭敬而僔,② 主信爱之则谨慎而嗛,③ 主专任之则拘守而详,④ 主安近之则慎比而不邪,⑤ 主疏远之则全一而不倍,⑥ 主损绌之则恐惧而不怨。贵而不为夸，⑦信而不忘处谦，⑧任重而不敢专。财利至则言善而不及也，必将尽辞让之义然后受，⑨福事至则和而理，祸事至则静而理。⑩富则施广，贫则用节，可贵可贱也，可富可贫也，可杀而不可使为奸也。⑪是持宠处位终身不厌之术也，虽在贫穷徒处之埶亦取象于是矣，夫是之谓吉人。⑫《诗》曰："媚兹一人，应侯顺德。永言孝思，昭哉嗣服。"此之谓也。⑬

① 论人臣处位可终身行之之术。

② 傅与搏同，卑退也。

③ 嗛与歉同，不足也。言不敢自满也，《春秋榖梁传》曰："一谷不升谓之嗛。"

④ 谨守职事，详明法度。

⑤ 谨慎亲比于上，而不回邪诡佞。

⑥ 不以疏远而怀离贰之心。

⑦ 夸，奢侈也。

⑧ 谦读为嫌。得信于主，不处嫌疑间，使人疑其作威福也。

⑨ "善而不及"，而，如也。言己之善寡，如不合当此财利也。

⑩ "理"谓不失其道。"和而理"谓不充屈，"静而理"谓不陨获也。

⑪ 君虽宠荣屈辱之，终不可使为奸也。

⑫ 徒处，徒行，或曰：独处也。虽贫贱，其所立志亦取法于此也。

⑬《诗·大雅·下武》之篇。"一人"谓君也。应，当。侯，维。服，事也。郑云："媚，爱。兹，此也。可爱乎武王，能当此顺德，谓能成其祖考之功也。""服，事也。明哉武王之嗣，行祖考之事，谓伐纣定天下也。"引此者，明臣事君亦犹武王之继祖考也。

　　求善处大重，理任大事，①擅宠于万乘之国，必无后患之术：莫若好同之，②援贤博施，除怨而无妨害人。③能耐任之则慎行此道也，④能而不耐任，⑤且恐失宠，则莫若早同之，推贤让能而安随其后。如是有宠则必荣，失宠则必无罪，是事君者之宝而必无后患之术也。⑥故知者之举事也，满则虑嗛，⑦平则虑险，安则虑危，曲重其豫，犹恐及其旤，是以百举而不陷也。⑧孔子曰："巧而好度必节，勇而好同必胜，知而好谦必贤。"此之谓也。⑨愚者反是，处重擅权则好专事而妒贤能，抑有功而挤有罪，志骄盈而轻旧怨，⑩以夆啬而不行施道乎上，为重招权于下以妨害人。虽欲无危，得乎哉？⑪是以位尊则必危，任重则必废，擅宠则必辱，可立而待也，可炊而僆也。⑫是何也？则堕之者众而持之者寡矣。⑬

① "大重"谓大位也。

② 好贤人与之同者也。

③ 除怨，不念旧恶。

④ 耐，忍也。慎读为顺。言人有贤能者，虽不欲用，必忍而用之，则顺己所行之道。耐，乃代反。

⑤ 有能者不忍急用之。

⑥ 或曰：《荀子》非王道之书，其言驳杂，今此又言以术事君。曰：不然。夫荀卿生于衰世，意在济时，故或论王道，或论霸道，或论强国，在时君所择，同归于治者也。若高言尧、舜则道必不合，何以拯斯民于涂炭乎？故反经合义，曲成其道，若得行其志，治平之后则亦尧、舜之道也。又荀卿门人多仕于大国，故戒以保身推贤之术，与《大雅》"既明且哲"岂云异哉？

⑦ 嗛，不足也。当其盈满，则思其后不足之时而先防之。

⑧ 委曲重多而备豫之，犹恐其及旤。旤与祸同。

⑨ 巧者多作淫靡，故好法度者必得其节。勇者多陵物，故好与人同者

必胜之也。

⑩ 挤,排也,言重伤之也。"轻旧怨"谓轻报旧怨。

⑪ 施道,施惠之道。欲重其威福,故招权使归于己。

⑫ 炊与吹同。"僬"当为"僵",言可以气吹之而僵仆。僬音竟。

⑬ 堕,许规反。

　天下之行术,①以事君则必通,以为仁则必圣,立隆而勿贰也。②然后恭敬以先之,忠信以统之,慎谨以行之,端悫以守之,顿穷则从之,疾力以申重之。③君虽不知,无怨疾之心;功虽甚大,无伐德之色;省求多功,爱敬不勌。如是则常无不顺矣,④以事君则必通,以为仁则必圣夫。是之谓天下之行术。

　① 可以行于天下之术。

　② "仁"谓仁人。圣亦通也。以事君则必通达,以为仁则必有圣知之名者,在于所立敦厚而专一也。此谓可行天下之术也。

　③ 以敦厚不贰为本,然后辅之以恭敬之属。"顿"谓困踬也。疾力,勤力也。困厄之时,则尤加勤力而不敢怠惰。申重犹再三也。

　④ 省,少也。少所求即多立功劳。省,所景反。

　少事长,贱事贵,不肖事贤,是天下之通义也。有人也,埶不在人上而羞为人下,是奸人之心也。志不免乎奸心,行不免乎奸道,而求有君子、圣人之名,辟之是犹伏而咶天、救经而引其足也。①说必不行矣,俞务而俞远。②故君子时诎则诎、时伸则伸也。③

① 辟读为譬。咶与舐同。经，缢也。伏而舐天，愈益远也；救经而引其足，愈益急也。经音径。

② 俞读为愈。

③ 埶在上则为上，在下则为下，必当其分，安有埶不在上而羞为下之心哉？

卷第四

儒效篇第八①

　　大儒之效：武王崩，成王幼，周公屏成王而及武王以属天下，恶天下之倍周也。②履天下之籍，③听天下之断，偃然如固有之，而天下不称贪焉；④杀管叔，虚殷国，而天下不称戾焉；⑤兼制天下，立七十一国，姬姓独居五十三人，而天下不称偏焉。⑥教诲开导成王，使谕于道，而能揜迹于文、武。⑦周公归周，⑧反籍于成王，而天下不辍事周，然而周公北面而朝之。⑨天子也者，不可以少当也，⑩不可以假摄为也。⑪能则天下归之，不能则天下去之，是以周公屏成王而及武王以属天下，恶天下之离周也。成王冠，成人，周公归周反籍焉，明不灭主之义也。周公无天下矣，乡有天下，今无天下，非擅也；⑫成王乡无天下，今有天下，非夺也，变埶次序节然也。⑬故以枝代主而非越也，⑭以弟诛兄而非暴也，⑮君臣易位而非不顺也。⑯因天下之和，遂文、武之业，明枝主之义，仰昜变化，天下厌然犹一也。⑰非圣人莫之能为，夫是之谓大儒之效。

　　① 效，功也。
　　② 屏，蔽。及，继。属，续也。属，之欲反。
　　③ “籍”谓天下之图籍也。

67

④ 偃然犹安然。"固有之"谓如固合有此位也。

⑤ 虚读为墟。戾，暴也。虚殷国，谓杀武庚，迁殷顽民于洛邑，朝歌为墟也。

⑥《左氏传》成鱄对魏献子曰"昔武王克商，光有天下，其兄弟之国者十有五人，姬姓之国者四十人，皆举亲也"，与此数略同，言四十人盖举成数。又曰："昔周公吊二叔之不咸，故封建亲戚以蕃周室。管、蔡、郕、霍、鲁、卫、毛、聃、郜、雍、曹、滕、毕、原、酆、郇，文之昭也。邘、晋、应、韩，武之穆也。凡、蒋、邢、茅、胙、祭，周公之胤也。"余国名，浅学难尽详究。

⑦ "开导"谓开通导达。挋，袭也。

⑧ 周公所封畿内之国亦名周，《春秋》周公黑肩盖其后也。言周公自归其国也。

⑨ 待其固安之后北面为臣，明摄政非为己也。

⑩ 不可少顷当此位也。

⑪ 周公所以少顷假摄天子之位，盖权宜以安周室也。

⑫ 乡读为向，下同。擅与禅同，言非禅让与成王也。

⑬ 节，期也。权变次序之期如此也。

⑭ 枝，枝子。周公，武王之弟，故曰"枝"。主，成王也。

⑮ 谓杀管叔。管叔，周公之兄也。

⑯ 时不得不然，故易位非为不顺。

⑰ 仰易，反易也。厌然，顺从之貌，一涉反。

　　秦昭王问孙卿子曰："儒无益于人之国？"①孙卿子曰："儒者法先王，隆礼义，谨乎臣子而致贵其上者也。②人主用之，则埶在本朝而宜；③不用，则退编百姓而悫，必为顺下矣。④虽穷困冻馁，必不以邪道为贪；无置锥之地而明于持社稷之大义；呜呼而莫之能应，然而通乎财万物、养百姓之经纪。⑤埶在人上则王公之材也，⑥在人下则社稷之臣，国君之

宝也，虽隐于穷阎漏屋，人莫不贵之，道诚存也。⑦仲尼将为
司寇，⑧沈犹氏不敢朝饮其羊，公慎氏出其妻，慎溃氏逾境而
徙，⑨鲁之粥牛马者不豫贾，必蚤正以待之也。⑩居于阙党，
阙党之子弟罔不分[1]，有亲者取多，⑪孝弟以化之也。⑫儒者
在本朝则美政，在下位则美俗。儒之为人下如是矣。"王曰：
"然则其为人上何如？"孙卿曰："其为人上也广大矣。志意定
乎内，礼节修乎朝，法则、度量正乎官，忠、信、爱、利形乎下，⑬
行一不义、杀一无罪而得天下，不为也。此君义信乎人矣，通
于四海则天下应之如讙。⑭是何也？则贵名白而天下治也。⑮
故近者歌讴而乐之，远者竭蹷而趋之。⑯四海之内若一家，通
达之属莫不从服。夫是之谓人师。⑰《诗》曰：'自西自东，自南
自北，无思不服。'此之谓也。⑱夫其为人下也如彼，其为人上
也如此，何谓其无益于人之国也！"昭王曰："善。"

①　汉宣帝名询，刘向编《录》故以荀卿为孙卿也。

②　"谨乎臣子"谓使不敢为非。致，极也。

③　言儒者得权执在本朝，则事皆合宜也。

④　必不为勃乱也。

⑤　呜呼，叹辞也。财与裁同。虽叹其莫己知，无应之者，而亦不怠惰困
弃，常通于裁万物、养百姓之纲纪也。

⑥　在人之上，谓为人君也。

⑦　穷阎，穷僻之处。阎，里门也。漏屋，敝屋漏雨者也。

⑧　鲁司寇也。

⑨　皆鲁人。《家语》曰："沈犹氏常朝饮其羊以诈市人，公慎氏妻淫不

[1]　"分"上原有"必"，从王先谦说删。

制,慎溃氏奢侈逾法,鲁之粥六畜者饰之以储贾。"

⑩ 豫贾,定为高价也。粥牛马者不敢高价,言仲尼必先正其身以待物,故得从化如此。贾读为价。

⑪ "居"谓孔子闲居。阙党之子弟罔不分均有无,于分均之中,有父母者取其多也。

⑫ 由孔子以孝弟化之。

⑬ 官,百官。形,见也。

⑭ 以君义通于四海,故应之如讙。讙,喧也。言声齐应之也。

⑮ "贵名"谓儒名可贵。白,明显。

⑯ 竭蹶,颠倒也。远者颠倒趋之,如不及然。

⑰ "通达之属"谓舟车所至、人力所通之处也。师,长也。言儒者之功如此,故可以为人之师长也。

⑱《诗·大雅·文王有声》之篇。引此以明天下皆归之也。

先王之道,仁之[1]隆也,比中而行之。①曷谓中?曰:礼义是也。道者,非天之道,非地之道,人之所道也,君子之所道也[2]。②君子之所谓贤者,非能遍能人之所能之谓也;君子之所谓知者,非能遍知人之所知之谓也;君子之所谓辩者,非能遍辩人之所辩之谓也;君子之所谓察者,非能遍察人之所察之谓也,有所正矣。③相高下,视硗肥,序五种,君子不如农人;④通财货,相美恶,辩贵贱,君子不如贾人;⑤设规矩,陈绳墨,便备用,君子不如工人;⑥不恤是非然不然之情,以相荐撙,以相耻怍,君子不若惠施、邓析。⑦若夫谪德而定次,⑧量能而授官,使贤不肖皆得其位,能不能皆得其官,⑨

---

[1] 之:原作"人",据王念孙说改。
[2] 君子之所道也:原校者删,今据王念孙说恢复。

万物得其宜，事变得其应，慎、墨不得进其谈，惠施、邓析不敢窜其察，⑩言必当理，事必当务，是然后君子之所长也。凡事行，有益于理者立之，⑪无益于理者废之，夫是之谓中事；凡知说，有益于理者为之，无益于理者舍之，夫是之谓中说。行事失中谓之奸事，知说失中谓之奸道。奸事、奸道，治世之所弃而乱世之所从服也。若夫充虚之相施易也，⑫坚白、同异之分隔也，⑬是聪耳之所不能听也，明目之所不能见也，辩士之所不能言也，虽有圣人之知，未能偻指也。⑭不知无害为君子，知之无损为小人；工匠不知无害为巧，君子不知无害为治。⑮王公好之则乱法，百姓好之则乱事，⑯而狂惑戆陋之人乃始率其群徒，辩其谈说，明其辟称，老身长子不知恶也。⑰夫是之谓上愚，⑱曾不如相鸡狗之可以为名也。⑲《诗》曰："为鬼为蜮，则不可得。有靦面目，视人罔极。作此好歌，以极反侧。"此之谓也。⑳

① "先王之道"谓儒学，仁人之所崇高也。以其比类中道而行之，不为诡异之说，不高不下，使贤不肖皆可及也。

② 重说先王之道非阴阳、山川、怪异之事，是人所行之道也。

③ 苟得其正，不必遍能。或曰："正"当为"止"，言止于礼义也。

④ 相，视也。高下，原隰也。墝，薄田也。五种，黍、稷、豆、麦、麻。"序"谓不失次序，各当土宜也。

⑤ 视货物之美恶，辨其贵贱也。贾与估同。

⑥ "便备用"谓精巧便于备用。

⑦ 荐，藉也。谓相蹈藉、搏抑，皆谓相陵驾也。怍，惭也。

⑧ 谪与商同，古字。商度其德而定位次，本或亦多作"谪"。谪与决同，谓断决其德，故下亦有"谪德而序位"之语。

⑨ 任使各当其才。

⑩ 寙，隐匿也。言二子之察，无所逃匿，君子皆识也。

⑪ 行，下孟反。

⑫ 充，实也。施读曰移。移易谓使实者虚、虚者实也。

⑬ 以坚白、同异之言相分别隔易。同异，已解上也。

⑭ 偻，疾也。言虽圣人亦不可疾速指陈。偻，力主反。《公羊传》曰"夫人不偻"，何休曰："偻，疾也，齐人言也。"

⑮ 君子，卿大夫也。

⑯ "事"谓作业。

⑰ 戆，愚也。辟音譬。称，尺证反。身老子长，言终身不知恶之也。

⑱ 有偏僻之见，非昧然无知，然亦不免于愚，故曰"上愚"。

⑲ 有惠施、邓析之名，尚不如相鸡狗之名也。

⑳ 《诗·小雅·何人斯》之篇。毛云："蜮，短狐也。觍，姡也。"郑云："使汝为鬼为蜮也，则汝诚不可得见也。姡然有面目，汝乃人也。人相视无有极时，终必与汝相见也。"引此以喻狂惑之人也。

　　我欲贱而贵、愚而智、贫而富，可乎？曰：其唯学乎。彼学者，行之曰士也。①敦慕焉君子也，②知之圣人也。③上为圣人，下为士君子，孰禁我哉！④乡也，混然涂之人也，俄而并乎尧、禹，岂不贱而贵矣哉！⑤乡也，效门室之辨，混然曾不能决也，⑥俄而原仁义、分是非，图回天下于掌上而辩白黑，岂不愚而知矣哉！⑦乡也，胥靡之人，俄而治天下之大器举在此，岂不贫而富矣哉！⑧今有人于此，屑然藏千溢之宝，虽行资而食，人谓之富矣。⑨彼宝也者，衣之不可衣也，⑩食之不可食也，卖之不可偻售也，⑪然而人谓之富，何也？岂不大富之器诚在此也？⑫是杆杆亦富人已，岂不贫而富矣哉！⑬故君子无爵而贵,无禄而富,不言而信,不怒而威,穷处而荣,独居而乐,岂不至尊至富、至重至严之情举积此哉![⑭]故曰:贵名不可以比周争也,不可以夸诞有也,不可以埶重胁也,必将诚此然后就也。[⑮]争之则失,让之则至,遵道则积,夸诞则虚。[⑯]故君子务修其内而让之于外,务积德于身而处之以遵道,如是则贵名起之如日月,天下应之如雷霆。[⑰]故曰:君子隐而显,微而明,辞让而胜。《诗》曰:"鹤鸣于九皋,声闻于天。"此之谓也。[⑱]鄙夫反是,比周而誉俞少,鄙争而名俞辱,烦劳以求安利,其身俞危。[⑲]《诗》曰:"民之无良,相怨一方。受爵不让,至于己斯亡。"此之谓也。[⑳]故能小而事大,辟之是犹力之少而任重也,舍粹折无适也。[㉑]身不肖而诬贤,是犹伛伸而好升高也,指其顶者愈众。[㉒]故明主谲德而序位,所以为不乱也;忠臣诚能然后敢受职,所以为不穷也。分不乱于上,能不穷于下,治辩之极也。[㉓]《诗》曰:"平平左右,亦是率从。"是言上下之交不相乱也。[㉔]

① 彼为儒学者,能行则为士也。士者,修立之称。

② 敦厚慕之。

③ "知之"谓通于学也。于事皆通,则与圣人无异也。

④ 为学之后,则谁能禁我使不为圣人、士君子也。

⑤ 混然,无所知之貌。并,比也。乡音向。涂与途同。

⑥ 效,白。辨,别也。向者,明白门室之别异,犹不能决,言所知浅也。

⑦ 原,本也。谓知仁义之本。图,谋也。回,转也。言图谋运转天下之事如在掌上也。

⑧ 胥靡,刑徒人也。胥,相。靡,系也。谓锁相联相系,《汉书》所谓"银铛"者也。举,皆也。颜师古曰:"联系使相随而服役之,犹今因徒以锒连枷也。"

⑨ 屑然，杂碎众多之貌。行赍，行乞也。赍，土得反。

⑩ 下衣，于既反。言已为衣则不可衣箸。

⑪ 偻，疾。

⑫ 喻学者虽未得衣食，亦犹藏千金之宝也。

⑬ 杅杅，即于于也，自足之貌。《庄子》曰"听居居，视于于"也。

⑭ 举，皆也。此，此儒学也。其情皆在此，故人尊贵敬之。

⑮ 贵名，人所贵儒学之名。此，身也。

⑯ 遵道则自委积，夸诞则尤益空虚也。

⑰ 众应之声如雷。

⑱《诗·小雅·鹤鸣》之篇。毛云："皋，泽也。言身隐而名著也。"郑云："皋，泽中水溢出所为坎，自外数至九，喻深远也。"

⑲ 俞读为愈。

⑳《诗》，《小雅·角弓》之篇。引此以明不责己而怨人。

㉑ 舍，除也。粹读为碎。除碎折之外，无所之适，言必碎折。

㉒ 伛，偻也。伸读为身，字之误也。伛身之人而强升高，则头顶尤低屈，故指而笑之者愈众。

㉓ "不乱"谓皆当其序。"不穷"谓通于其职列也。言儒为治辩之极也。

㉔《诗·小雅·采菽》之篇。毛云："平平，辩治也。""交"谓上下相交接也。

　　以从俗为善，以货财为宝，以养生为己至道，是民德也。①行法至坚，不以私欲乱所闻，如是则可谓劲士矣。行法至坚，好修正其所闻，以桥饰其情性，②其言多当矣而未谕也，其行多当矣而未安也，其知虑多当矣而未周密也，③上则能大其所隆，下则能开道不己若者，如是则可谓笃厚君子矣。修百王之法若辨白黑，应当时之变若数一二，④行礼要节而安之若生四枝，⑤要时立功之巧若诏四时，⑥平正和民之善,亿万之众而博若一人,如是则可谓贤人矣。⑦井井兮其有理也,⑧严严兮其能敬己也,⑨分分兮其有终始也,⑩猒猒兮其能长久也,⑪乐乐兮其执道不殆也,⑫炤炤兮其用知之明也,⑬修修兮其用统类之行也,⑭绥绥兮其有文章也,⑮熙熙兮其乐人之臧也,⑯隐隐兮其恐人之不当也,⑰如是则可谓圣人矣。此其道出乎一。曷谓一?曰:执神而固。⑱曷谓神?曰:尽善挟洽之谓神,万物莫足以倾之之谓固,⑲神固之谓圣人。圣人也者,道之管也。天下之道管是矣,百王之道一是矣,⑳故《诗》、《书》、礼、乐之归是矣。《诗》言是其志也,㉑《书》言是其事也,礼言是其行也,乐言是其和也,《春秋》言是其微也。㉒故《风》之所以为不逐者,取是以节之也;㉓《小雅》之所以为小雅者,取是而文之也;㉔《大雅》之所以为大雅者,取是而光之也;《颂》之所以为至者,取是而通之也,㉕天下之道毕是矣。乡是者臧,倍是者亡。乡是如不臧、倍是如不亡者,自古及今未尝有也。㉖

① "养生为己至道"谓庄生之徒。"民德"言不知礼义也。

② "行法"谓行有法度。行,下孟反。桥与矫同。

③ "未谕"谓未尽晓其义。"未安"谓未得如天性安行之也。"周密"谓尽善也。

④ 如数一二之易。

⑤ 要,邀也。节,节文也。言安于礼节若身之生四枝,不以造作为也。要,一遥反,下"要时"同。

⑥ 邀时立功之巧,谓不失机权,若天告四时使成万物也。

⑦ 虽博杂众多,如理一人之少也。

⑧ 井井,良易之貌。理,有条理也。

⑨ 严严,有威重之貌。能敬己,不可干以非礼也。"严"或为"俨"。

⑩ 事各当其分,即无杂乱,故能有终始。分,扶问反。

⑪ 猒,足也。乱生于不足,故知足然后能长久也。

⑫ 殆,危也。

⑬ 炤炤,明见之貌。炤与照同。

⑭ 修修,整齐之貌。统类,纲纪也。言事不乖悖也。

⑮ 绥绥,安泰之貌。"绥"或为葳蕤之"蕤"。

⑯ 熙熙,和乐之貌。

⑰ 隐隐,忧戚貌。恐人之行事不当理。此已上皆论大儒之德也。

⑱ 执持精神坚固。

⑲ 挟读为浃。浃,周洽也。

⑳ 管,枢要也。是,是儒学。

㉑ 是儒之志。

㉒ "微"谓儒之微旨。一字为褒贬,微其文、隐其义之类是也。

㉓ 风,《国风》。逐,流荡也。《国风》所以不随荒暴之君而流荡者,取圣人之儒道以节之也。《诗序》曰:"变风发乎情,止乎礼义。发乎情,人之性也;止乎礼义,先王之泽也。"

㉔ 雅,正也。文,饰也。

㉕ "至"谓盛德之极。

㉖ 是皆谓儒也。乡读曰向。

　　客有道曰:"孔子曰:'周公其盛乎!①身贵而愈恭,家富而愈俭,胜敌而愈戒。'"②应之曰:"是殆非周公之行,非孔子之言也。武王崩,成王幼,周公屏成王而及武王,履天子[1]之籍,负扆而坐,③诸侯趋走堂下。当是时也,夫又谁

---

[1]　子:原作"下",据王先谦说改。

为恭矣哉！兼制天下，立七十一国，姬姓独居五十三人焉，周之子孙苟不狂惑者，莫不为天下之显诸侯，孰谓周公俭哉！武王之诛纣也，行之日以兵忌，^④东面而迎太岁，^⑤至汜而泛，至怀而坏，^⑥至共头而山隧。^⑦霍叔惧，曰：'出三日而五灾至，无乃不可乎？'^⑧周公曰：'刳比干而囚箕子，飞廉、恶来知政，夫又恶有不可焉？'^⑨遂选马而进，^⑩朝食于戚，暮宿于百泉，^⑪厌旦于牧之野，^⑫鼓之而纣卒易乡，^⑬遂乘殷人而诛纣。^⑭盖杀者非周人，因殷人也。^⑮故无首虏之获，无蹈难之赏，^⑯反而定三革，偃五兵，^⑰合天下，立声乐，^⑱于是《武》、《象》起而《韶》、《护》废矣。^⑲四海之内，莫不变心易虑以化顺之，故外阖不闭，^⑳跨天下而无蕲。^㉑当是时也，夫又谁为戒矣哉！"^㉒

① 言其德盛。

② 戒，备也。言胜敌而益戒备。荀卿之时，有客说孔子之言如此。

③ 户牖之间谓之扆也。

④ 武王发兵以兵家所忌之日。

⑤ "迎"谓逆太岁。《尸子》曰："武王伐纣，鱼辛谏曰：'岁在北方，不北征。'武王不从。"

⑥ 汜，水名。怀，地名。《书》曰"覃、怀底绩"，孔安国曰："覃、怀，近河地名。"谓至汜而适遇水泛涨，至怀又河水泛溢也。《吕氏春秋》曰："武王伐纣，天雨日夜不休。"汜音祀。

⑦ 共，河内县名。共头，盖共县之山名。"隧"谓山石崩摧也。隧读为坠。共音恭。

⑧ 霍叔，武王弟也。出，行也。周居丰、镐，军出三日，未当至共，盖文王三分天下有其二，境土已近于洛矣。或曰：至汜之后三日也。

⑨ 比干,纣贤臣。箕子,纣诸父。箕,国名,子爵也。飞廉、恶来皆纣之嬖臣,飞廉善走,恶来有力也。

⑩ 选,简择也。

⑪ 杜元凯云:"戚,卫邑,在顿丘卫县西。"百泉,盖近朝歌地名,《左氏传》曰:"晋人败范氏于百泉。"

⑫ 厌,掩也。夜掩于旦,谓未明已前也。厌,于甲反。

⑬ 倒戈而攻后也。乡读曰向。

⑭ 乘其倒戈之势。

⑮ 非周人杀之,因殷倒戈之势自杀之。

⑯ 周人无立功受赏者。

⑰ 定,息;偃,仆也,皆不用之义。三革,犀也、兕也、牛也。《考工记》曰:"函人为甲,犀甲七属,兕甲六属,合甲五属。"《穀梁传》曰"天子救日,置五麾,陈五兵",范宁云:"五兵,矛、戟、钺、楯、弓矢。"《国语》说齐桓"定三革,偃五刃",韦昭云:"三革,甲、胄、盾。五刃,刀、剑、矛、戟、矢也。"

⑱ "合天下"谓合会天下诸侯归一统也。

⑲《武》、《象》,周武王克殷之后乐名。《武》亦《周颂》篇名,《诗序》曰:"《武》,奏《大武》也。"《礼记》曰:"下管象,朱干玉戚,冕而舞《大武》。"《韶》、《护》,殷乐名。《左氏传》曰"吴季札见舞《韶》、《护》者,盖殷时兼用舜乐,武王废之也。"

⑳ 阖,门扇也。

㉑ 跨,越也。蕲,求也。越天下而无求,言自足也。亦人皆与之,不待求也。

㉒ 太平如此,复谁备戒。

造父者,天下之善御者也,无舆马则无所见其能;①羿者,天下之善射者也,无弓矢则无所见其巧;②大儒者,善调一天下者也,无百里之地则无所见其功。舆固马选矣,而不能以至远一日而千里，则非造父也；弓调矢直矣，而不能以射远中微，则非羿也；③用百里之地，而不能以调一天下、制强暴，则非大儒也。彼大儒者，虽隐于穷阎漏屋，无置锥之地，而王公不能与之争名；在一大夫之位，则一君不能独畜、一国不能独容，成名况乎，诸侯莫不愿得以为臣；④用百里之地，而千里之国莫能与之争胜。笞棰暴国，齐一天下，而莫能倾也，是大儒之徵也；⑤其言有类，其行有礼，⑥其举事无悔，其持险应变曲当，⑦与时迁徙，与世偃仰，⑧千举万变，其道一也，是大儒之稽也。⑨其穷也，俗儒笑之；其通也，英杰化之，嵬琐逃之，⑩邪说畏之，众人愧之。⑪通则一天下，穷则独立贵名，⑫天不能死，地不能埋，桀、跖之世不能污，非大儒莫之能立，仲尼、子弓是也。故有俗人者，有俗儒者，有雅儒者，有大儒者。⑬不学问，无正义，以富利为隆，是俗人者也。逢衣浅带，解果其冠，⑭略法先王而足乱世术，⑮缪学杂举，不知法后王而一制度，不知隆礼义而杀《诗》、《书》；⑯其衣冠行伪已同于世俗矣，然而不知恶者；⑰其言议谈说已无以异于墨子矣，然而明不能别；呼先王以欺愚者而求衣食焉，⑱得委积足以揜其口则扬扬如也；⑲随其长子，事其便辟，举其上客，億然若终身之虏而不敢有他志，是俗儒者也。⑳法后王，一制度，隆礼义而杀《诗》、《书》，其言行已有大法矣，然而明不能齐[1]法教之所不及、㉑闻见之所未至，则知不能类也，㉒知之曰知之，不知曰不知，内不自以诬，外不自以欺，㉓以是

[1] 俞樾云：杨注断“明不能齐”为句，此失其读也。齐读为济，“然而”以下十八字作一句读。

尊贤畏法而不敢怠傲,是雅儒者也。㉔法先王,统礼义,一制度,以浅持博,以古持今,以一持万,㉕苟仁义之类也,虽在鸟兽之中,若别白黑,㉖倚物怪变,所未尝闻也,所未尝见也,卒然起一方则举统类而应之,无所儗㤲,㉗张法而度之,则晻然若合符节,是大儒者也。㉘故人主用俗人则万乘之国亡,㉙用俗儒则万乘之国存,㉚用雅儒则千乘之国安,用大儒则百里之地久,㉛而后三年,天下为一、诸侯为臣,㉜用万乘之国则举错而定,一朝而伯。㉝

① 造父,周穆王之御者。

② 羿,有穷之君,逐夏太康而遂篡位者。

③ 善射者既能及远,又中微细之物也。

④ 已解《非十二子》篇。

⑤ 倾,危也。徵,验也。

⑥ 类,善也。谓比类于善,不为狂妄之言。

⑦ 险,危也。其持危应变,皆曲得其宜。当,丁浪反。

⑧ 随时设教。

⑨ "其道一"谓皆归于治也。故禹、汤、文、武事迹不同,其于为治一也。稽,考也。考,成也。

⑩ 倍千人曰英,倍万人曰杰。言英杰之士则慕而化之,狂怪之人则畏而逃去之也。

⑪ 众人初皆非其所为,成功之后故自愧也。"愧"或为"贵"。

⑫ 儒名。

⑬ 辨儒者之异也。

⑭ 逢,大也。浅带,博带也。《韩诗外传》作"逢衣博带"。言带博则约束衣服者浅,故曰"浅带"。解果,未详。或曰:解果,狭隘也。左思《魏都赋》曰:"风俗以韰惈为娖。"韰音下界反。惈音果。娖音获,静好也。或曰:

《说苑》："淳于髡谓齐王曰：臣笑邻圃之祠田，以一壶酒、三鲋鱼，祝曰：'蟹螺者宜禾，污邪者百车。'"蟹螺，盖高地也，今冠盖亦比之。谓强为儒服而无其实也。

⑮ 略，粗也。粗法先王之遗言，不知大体，故足以乱世法。《韩诗外传》作"略法先王而不足于乱世"。

⑯ 后王，后世之王。夫随当时之政而立制度，是一也。若妄引上古，不合于时，制度乱矣。故仲尼修《春秋》，尽用周法。《韩诗外传》作"不知法先王也"。

⑰ 衣冠，即上所云逢衣浅带之比。"行伪"谓行伪而坚。行，下孟反。

⑱ "呼"谓称举。

⑲ 扬扬，得意之貌。

⑳ "长子"谓君之世子也。"便辟"谓左右小臣亲信者也。便，婢延反。辟读为躄。"举其上客"谓褒美其上客，冀得其助也。傰，字书无所见，盖环绕囚拘之貌。《庄子》曰："睆然在缰缴之中矣。"

㉑ 虽有大体，其所见之明犹未能齐言行，使无纤介之差。

㉒ 有所不知则不能取比类而通之也。《礼记》"虽先王未之有，可以义起"，是能类者矣。

㉓ 不自欺人。

㉔ 有雅德之儒也。

㉕ "以浅持博"谓见其浅则可以执持博也。"先王"当为"后王"，"以古持今"当为"以今持古"，皆传写误也。

㉖ 善类在鸟兽之中犹别，况在人矣。

㉗ 倚，奇也。《韩诗外传》作"奇物怪变"。卒，千忽反。儗读为疑。愫与作同。奇物怪变卒然而起，人所难处者，大儒知其统类，故举以应之，无所疑滞惭作也。

㉘ 既无所疑作，故开张其法以测度之，则晻然如合符节，言不差错也。度，大各反。晻与暗同。符节，相合之物也。《周礼》"门关用符节"，盖以全竹为之，剖之为两，各执其一，合之以为验也。

㉙ 不义而好利,故亡也。

㉚ 仅存。

㉛ 小国多患难,用大儒然后可以长久也。

㉜ 长久之业既成,又三年修德化,则可以一天下、臣诸侯。盖殷汤、周文皆化行之后三年而王也。

㉝ 错读为措。伯读为霸。言一朝而霸也。

不闻不若闻之,闻之不若见之,见之不若知之,知之不若行之。学至于行之而止矣。行之明也,①明之为圣人。②圣人也者,本仁义,当是非,齐言行,不失豪厘,无它道焉,已乎行之矣。③故闻之而不见,虽博必谬;④见之而不知,虽识必妄;⑤知之而不行,虽敦必困。⑥不闻不见则虽当,非仁也,⑦其道百举而百陷也。⑧故人无师无法而知则必为盗,勇则必为贼,云能则必为乱,⑨察则必为怪,⑩辩则必为诞。人有师有法而知则速通,勇则速威,云能则速成,察则速尽,辩则速论。⑪故有师法者人之大宝也,无师法者人之大殃也。人无师法则隆性矣,有师法则隆积矣,⑫而师法者所得乎情,非所受乎性,不足以独立而治。⑬性也者,吾所不能为也,然而可化也;⑭情也者,非吾所有也,然而可为也。⑮注错习俗,所以化性也;⑯并一而不二,所以成积也。⑰习俗移志,安久移质。⑱并一而不二则通于神明,参于天地矣。故积土为山,积水而为海,旦暮积谓之岁。至高谓之天,至下谓之地,宇中六指谓之极,⑲涂之人百姓积善而全尽谓之圣人。彼求之而后得,为之而后成,积之而后高,尽之而后圣。故圣人也者,人之所积也。⑳人积耨耕而为农夫,积斫削而为工匠,积反货而为商贾，㉑积礼义而为君子。工匠之子莫不继事，而都国之民安习其服。㉒居楚而楚，居越而越，居夏而夏，㉓是非天性也，积靡使然也。㉔故人知谨注错，慎习俗，大积靡，则为君子矣；㉕纵性情而不足问学则为小人矣。为君子则常安荣矣，为小人则常危辱矣。凡人莫不欲安荣而恶危辱，故唯君子为能得其所好，小人则日徼其所恶。㉖《诗》曰："维此良人，弗求弗迪；维彼忍心，是顾是复。民之贪乱，宁为荼毒。"此之谓也。㉗

① 行之则通明于事也。

② 通明于事则为圣人。

③ 当，丁浪反。已，止也。言圣人无他，在止于行其所学也。

④ 虽博闻，必有谬误也。

⑤ 见而不知，虽能记识，必昧于指意。谓若制氏然也。

⑥ 苟不能行，虽所知多厚，必至困踬也。

⑦ 虽偶有所当，非仁人君子之通明者也。

⑧ 言偶中之道，百举而百陷，无一可免也。

⑨ 云能，自言其能。

⑩ 惠施、邓析之比。

⑪ "察则速尽"，谓有聪[1]察之性，则能速尽物理。"速论"谓能速论是非也。

⑫ 隆，厚也。积，习也。厚性谓恣其本性之欲。厚于积习谓化为善也。

⑬ "情"谓喜怒爱恶，外物所感者也。言师法之于人，得于外情，非天性所受，故性不足独立而治，必在因外情而化之。或曰："情"当为"积"。所得乎积习，非受于天性，既非天性，则不可独立而治，必在化之也。

---

[1] 聪：原作"听"，从王先谦说改。

⑭ 言天性非吾自能为也,必在化而为之也。

⑮ 言情非吾天性所有,然可以外物诱而为之。或曰:"情"亦当为"积"。积习与天然有殊,故曰"非吾所有"。虽非所有,然而可为之也。

⑯ 注错,犹措置也。错,千故反。

⑰ 并读为併。"一"谓师法,"二"谓异端。

⑱ 习以为俗则移其志,安之既久则移本质。

⑲ 六指,上下四方也。尽六指之远则为六极,言积近以成远。

⑳ 言其德行委积。

㉑ 反读为贩。

㉒ 安习其土风之衣服。

㉓ 夏,中夏。

㉔ 靡,顺也。顺其积习,故能然。

㉕ "大积靡"谓以顺积习为也。

㉖ 徼与邀同,招也,一尧反。

㉗《诗・大雅・桑柔》之篇。迪,进也。言厉王有此善人,不求而进用之,忍害为恶之人,反顾念而重复之,故天下之民贪乱,安然为荼毒之行,由王使之然也。

人论:①志不免于曲私而冀人之以己为公也,行不免于污漫而冀人之以己为修也,②其愚陋沟瞀而冀人之以己为知也,是众人也。③志忍私然后能公,行忍情性然后能修,④知而好问然后能才,⑤公、修而才,可谓小儒矣。⑥志安公,行安修,知通统类,如是则可谓大儒矣。大儒者,天子三公也;⑦小儒者,诸侯大夫士也;众人者,工农商贾也。礼者,人主之所以为群臣寸尺寻丈检式也,人伦尽矣。⑧

① 论人之善恶。论,卢困反。

② 污，秽也。漫，欺诳也。漫，莫叛反。

③ 沟音寇，愚也。沟瞀，无知也。"众人"谓众庶也。

④ "忍"谓矫其性。行，下孟反。

⑤ 其智虑不及，常好问，然后能有才艺。

⑥ 皆矫其不及，故为小儒也。

⑦ 其才堪王者之佐也。

⑧ 检，束也。式，法也，度也。寸尺寻丈，所以知长短也。检束，所以制放侠。大儒可为天子三公，小儒可为诸侯大夫，礼可以总统群臣，人主之柄也。"伦"当为"论"。或曰：伦，等也。言人道差尽于礼也。

君子言有坛宇，行有防表，道有一隆。①言道德之求，不下于安存；②言志意之求，不下于士；③言道德之求，不二后王。④道过三代谓之荡，⑤法二后王谓之不雅。⑥高之下之，小之臣之，不外是矣，⑦是君子之所以骋志意于坛宇宫庭也。⑧故诸侯问政，不及安存则不告也；匹夫问学，不及为士则不教也；百家之说，不及后王则不听也。⑨夫是之谓君子言有坛宇，行有防表也。

① 累土为坛。宇，屋边也。防，堤防。表，标也。"言有坛宇"谓有所尊高也。"行有防表"谓有标准也。"一隆"谓厚于一，不以异端乱之也。

② 此"道德"或当为"政治"，以下有"道德之求"故误重写耳。故下云"诸侯问政不及安存则不告也"，谓人以政治来求，则以安存国家已上之事语之也。

③ 以修其志意来求，则语为士已上之事。

④ 道德，教化也。人以教化来求，则言当时之切所宜施行之事。不二后王，师古而不以远古也。舍后王而言远古，是二也。

⑤ 道过三代已前，事已久远，则为浩荡难信也。

⑥ 雅，正也。其治法不论当时之事而广说远古，则为不正也。

⑦ "臣"当为"巨"。虽高下小大，不出此坛宇防表也。

⑧ 宫谓之室。庭，门屏之内也。君子虽骋志意论说，不出此坛宇宫庭之内也。是时百家异说，多妄引前古以乱当世，故荀卿屡有此言也。

⑨ 百家杂说不及后王之道，妄起异端，则君子不听之也。

卷第五

王制篇第九

请问为政。曰：贤能不待次而举，[1]罢不能不待须而废，[2]元恶不待教而诛，[3]中庸民不待政而化。[4]分未定也则有昭缪。[5]虽王公士大夫之子孙，不能属于礼义则归之庶人；虽庶人之子孙也，积文学，正身行，能属于礼义则归之卿相士大夫。[6]故奸言、奸说、奸事、奸能、遁逃反侧之民，职而教之，须而待之，[7]勉之以庆赏，惩之以刑罚，安职则畜，不安职则弃。[8]五疾，上收而养之，材而事之，[9]官施而衣食之，兼覆无遗。[10]才行反时者死无赦。夫是之谓天德，王者之政也。[11]

[1] 不以官之次序，若傅说起版筑为相也。

[2] 须，须臾也。

[3] 不教而杀谓之虐。唯元恶，不教诛之也。

[4] 中庸民易与为善，故教则化之，不待政成之后也。

[5] 缪读为穆，父昭子穆。言为政当分未定之时则为之分别，使贤者居上，不肖居下，如昭穆之分别然，不问其世族。

[6] 属，系也，之欲反。

[7] 反侧，不安之民也。"职而教之"谓使各当教其本事也。"须而待之"谓须暇之而待其迁善也。

[8] 畜，养也。"弃"谓投四裔之比也。

[9] 五疾，瘖、聋、跛躃、断者、侏儒。各当其材使之，谓若矇瞽修声、聋聩

87

司火之属。

⑩ 官为之施设所职而与之衣食。

⑪ 天德,天覆之德。

听政之大分:以善至者待之以礼,以不善至者待之以刑。两者分别,则贤不肖不杂,是非不乱。贤不肖不杂则英杰至,是非不乱则国家治。若是名声日闻,天下愿,令行禁止,王者之事毕矣。①凡听,②威严猛厉而不好假道人,③则下畏恐而不亲,周闭而不竭,④若是则大事殆乎弛,小事殆乎遂。⑤和解调通,好假道人而无所凝止之,[1]⑥则奸言并至,尝试之说锋起,⑦若是则听大事烦,是又伤之也。⑧故法而不议,则法之所不至者必废;⑨职而不通,则职之所不及者必队。⑩故法而议,职而通,无隐谋,无遗善,而百事无过,非君子莫能。故公平者职之衡也,中和者听之绳也。⑪其有法者以法行,无法者以类举,听之尽也;⑫偏党而无经,听之辟也。⑬故有良法而乱者有之矣,有君子而乱者,自古及今未尝闻也。传曰:"治生乎君子,乱生乎小人。"此之谓也。⑭

① "愿"谓人人皆愿。

② 论听政也。

③ 厉,刚烈也。"假道"谓以宽和假借道引人也。

④ 隐闭其情,不竭尽也。

⑤ 弛,废也。遂,因循也。《春秋传》曰:"遂,继事也。"下既隐情不敢论

---

[1] 之:原作"也",据宋本改。

说，则大事近于弛废，小事近于因循。言不肯^[1]革弊也。

⑥ "和解调通"谓宽和不拒下也。凝，定也。"凝止"谓定止其不可也。

⑦ "尝试之说"谓假借他事试为之也。《庄子》曰："尝试论之。""锋起"谓如锋刃齐起，言锐而难拒也。

⑧ "听大"谓所听之事多也。伤，伤政也。

⑨ "议"谓讲论也。虽有法度而不能讲论，则不周洽，故法所不至者必废也。

⑩ 虽举当其职而不能通明其类，则职所不及者必队。队与坠同。

⑪ 听，听政也。衡所以知轻重，绳所以辨曲直。言君子用公平中和之道，故能百事无过。"中和"谓宽猛得中也。

⑫ "类"谓比类。

⑬ "无经"谓无常法也。辟读为僻。

⑭ 其人存则其政举，其人亡则其政息。

　　分均则不偏，^①執齐则不壹，众齐则不使。^②有天有地而上下有差，明王始立而处国有制。^③夫两贵之不能相事，两贱之不能相使，是天数也。^④執位齐而欲恶同，物不能澹则必争，^⑤争则必乱，乱则穷矣。^⑥先王恶其乱也，故制礼义以分之，使有贫富贵贱之等足以相兼临者，是养天下之本也。^⑦《书》曰："维齐非齐。"此之谓也。^⑧

① "分均"谓贵贱敌也。分，扶问反。

② 此皆名无差等，则不可相制也。

③ "制"亦谓差等也。

④ 天之数也。

⑤ 澹读为赡。既无等级则皆不知纪极，故物不能足也。

---

[1]　肯：原作"有"，据王先谦说改。

⑥ 物穷竭也。

⑦ 使物有余而不穷竭。

⑧《书·吕刑》。言维齐一者乃在不齐，以谕有差等然后可以为治也。

　　马骇舆则君子不安舆，①庶人骇政则君子不安位。②马骇舆则莫若静之，庶人骇政则莫若惠之。③选贤良，举笃敬，兴孝弟，收孤寡，补贫穷，如是则庶人安政矣。庶人安政，然后君子安位。传曰："君者舟也，庶人者水也。水则载舟，水则覆舟。"此之谓也。故君人者欲安则莫若平政爱民矣，欲荣则莫若隆礼敬士矣，欲立功名则莫若尚贤使能矣，是君人者之大节也。三节者当，则其余莫不当矣；三节者不当，则其余虽曲当，犹将无益也。④孔子曰："大节是也，小节是也，上君也；大节是也，小节一出焉一入焉，中君也；⑤大节非也，小节虽是也，吾无观其余矣。"

　　① 马骇于车中也。

　　② 骇政，不安上之政也。

　　③ 惠，恩惠也。

　　④ "曲当"谓委曲皆当。当，丁浪反。

　　⑤ 谓一得一失也。

　　成侯、嗣公，聚敛计数之君也，①未及取民也；②子产，取民者也，未及为政[1]也；③管仲，为政者也，未及修礼[2]也。④

---

[1] "政"下原有"者"，据王念孙说删。

[2] "礼"下原有"者"，据王念孙说删。

故修礼者王，为政者强，取民者安，聚敛者亡。故王者富民，霸者富士，⑤仅存之国富大夫，亡国富筐箧、实府库。筐箧已富，府库已实，而百姓贫，夫是之谓上溢而下漏，⑥入不可以守，出不可以战，则倾覆灭亡可立而待也。故我聚之以亡，敌得之以强。聚敛者，召寇肥敌、亡国危身之道也，故明君不蹈也。

① 成侯、嗣公皆卫君也。《史记》：卫声公卒，子成侯立。成侯卒，子平侯立。平侯卒，子嗣君立。《韩子》曰："卫嗣公重如耳，爱泄姬，而恐其皆因其爱重以雍己也，乃贵薄疑以敌如耳，尊魏妃以耦泄姬，曰：'以是相参也。'又使客过关市，略之以金。后召关市，问其有客过，与汝金，汝回遗之。关市大恐，以嗣公为明察。"此皆计数之类也。

② "未及"谓其才未及也，"取民"谓得民心。

③《礼记》曰："子产犹众人之母，能食之，不能教之也。"

④ 言未及教化也。

⑤ 士，卒伍也。

⑥ 如器之上溢下漏，空虚可立而待也。

王夺之人，霸夺之与，强夺之地。①夺之人者臣诸侯，夺之与者友诸侯，夺之地者敌诸侯。臣诸侯者王，友诸侯者霸，敌诸侯者危。用强者，②人之城守，人之出战，而我以力胜之也，则伤人之民必甚矣。伤人之民甚则人之民恶我必甚矣，人之民恶我甚则日欲与我斗。人之城守，人之出战，而我以力胜之，则伤吾民必甚矣。伤吾民甚则吾民之恶我必甚矣，吾民之恶我甚则日不欲为我斗。人之民日欲与我斗，吾民日不欲为我斗，是强者之所以反弱也。地来而民去，累多而功少，③虽守者益，所以守者损，是以大者之所以反削也。④诸侯莫不怀交接怨而不忘其敌，⑤伺强大之间，承强大之敝，此强大之殆时也。⑥知强大者不务强也，⑦虑以王命，全其力，凝其德。⑧力全则诸侯不能弱也，德凝则诸侯不能削也，天下无王霸主则常胜矣，是知强道者也。⑨彼霸者不然，辟田野，实仓廪，便备用，⑩案谨募选阅材伎之士，⑪然后渐庆赏以先之，⑫严刑赏以纠之。存亡继绝、卫弱禁暴而无兼并之心，则诸侯亲之矣；⑬修友敌之道以敬接诸侯，则诸侯说之矣。⑭所以亲之者以不并也，并之见则诸侯疏之矣；⑮所以说之者以友敌也，臣之见则诸侯离矣。故明其不并之行，信其友敌之道，⑯天下无王霸主则常胜矣，是知霸道者也。⑰闵王毁于五国，⑱桓公劫于鲁庄，⑲无它故焉，非其道而虑之以王也。⑳彼王者不然，仁眇天下，义眇天下，威眇天下。㉑仁眇天下，故天下莫不亲也；义眇天下，故天下莫不贵也；威眇天下，故天下莫敢敌也。以不敌之威，辅服人之道，㉒故不战而胜，不攻而得，甲兵不劳而天下服，是知王道者也。知此三具者，欲王而王，欲霸而霸，欲强而强矣。

　　①"人"谓贤人，"与"谓与国也。强国之术则夺人地也。

　　②用强力胜人，非知强道者。

　　③累，忧累也。

　　④"守者"谓地也。守国以地为本，故曰"守者"。"所以守者"谓所以守地之人也。

　　⑤交接，连结也。既以力胜而不义，故诸侯皆欲相连结怨国，而不忘与之为敌。本多作"坏交接"，言坏其与己交接之道也。

⑥ 殆，危也。

⑦ 知强大之术者，不务以力胜也。

⑧ 虑，计也。以，用也。其计虑常用王命，谓不敢擅侵暴也。凝，定也。定其德，谓不轻举也。

⑨ 无王霸之主则强国常胜。"主"或衍字。

⑩ 备用，足用也。《左传》曰："无重器备。"

⑪ 案，发声。谨，严也。募，招也。谨募犹重募也。选阅，拣择也。材伎，武艺过人者，犹汉之材官也。

⑫ 渐，进也。言进勉以庆赏也。

⑬ 并读为併，下同。

⑭ 说读为悦，下同。

⑮ 见，贤遍反。

⑯ 行，下孟反。"信"谓使人不疑。

⑰ 无王者则霸主常胜也。

⑱《史记》：齐湣王四十年，乐毅以燕、赵、楚、魏、秦破齐，湣王出奔莒也。

⑲《公羊传》：柯之盟，齐桓公为鲁庄公之臣曹沫所劫也。

⑳ 不行其道而以计虑为王，所以危亡也。

㉑ 眇，尽也。尽天下皆怀其仁、感其义、畏其威也。

㉒ 其道可以服人。

　　王者之人，①饰动以礼义，②听断以类，③明振毫末，④举措应变而不穷。夫是之谓有原，是王者之人也。⑤

① 王者之佐。

② 所修饰及举动必以礼义。

③ 所听断之事皆得其善类，谓轻重得中也。

④　振，举也。言细微必见。

⑤　原，本也。知为政之本。

　　王者之制，①道不过三代，法不贰后王。②道过三代谓之荡，法贰后王谓之不雅。③衣服有制，宫室有度，人徒有数，④丧祭械用皆有等宜。⑤声则凡非雅声者举废，⑥色则凡非旧文者举息，⑦械用则凡非旧器者举毁。⑧夫是之谓复古，是王者之制也。⑨

①　说王者制度也。

②　论王道不过夏、殷、周之事，过则久远难信。"法不贰后王"，言以当世之王为法，不离贰而远取之。

③　并已解上。

④　"人徒"谓士卒胥徒也。

⑤　械，器也。皆有等级，各当其宜也。

⑥　举，皆。

⑦　谓染彩画缋之事也。

⑧　"旧"谓三代故事。

⑨　复三代故事则是复古，不必远举也。

　　王者之论，①无德不贵，无能不官，无功不赏，无罪不罚。朝无幸位，民无幸生。②尚贤使能而等位不遗，③析愿禁悍而刑罚不过。④百姓晓然，皆知夫为善于家而取赏于朝也，为不善于幽而蒙刑于显也。夫是之谓定论，是王者之论也。⑤

①　"论"谓论说赏罚也，卢困反。

② 幸，侥幸也。

③ "不遗"言各当其材。等位，等级之位也。

④ 析，分异也。分其愿悫之民，使与凶悍者异也。悍，凶暴也。刑罚不过，但禁之而已，不刻深也。

⑤ 定论，不易之论。论不易则人知沮劝也。

王者之法[1]，等赋、政事，财万物，所以养万民也。①田野什一，②关市几而不征，③山林泽梁以时禁发而不税，④相地而衰政，⑤理道之远近而致贡，⑥通流财物粟米，无有滞留，⑦使相归移也。四海之内若一家，⑧故近者不隐其能，远者不疾其劳，⑨无幽间隐僻之国莫不趋使而安乐之。⑩夫是之谓人师，是王者之法也。⑪北海则有走马吠犬焉，然而中国得而畜使之；⑫南海则有羽翮齿革、曾青丹干焉，然而中国得而财之；⑬东海则有紫绤鱼盐焉，然而中国得而衣食之；⑭西海则有皮革文旄焉，然而中国得而用之。⑮故泽人足乎木，山人足乎鱼，农夫不斫削、不陶冶而足械用，工贾不耕田而足菽粟。故虎豹为猛矣，然君子剥而用之。故天之所覆，地之所载，莫不尽其美、致其用，⑯上以饰贤良、下以养百姓而安乐之。⑰夫是之谓大神。⑱《诗》曰："天作高山，大王荒之。彼作矣，文王康之。"此之谓也。⑲

① 等赋，赋税有等。所以为等赋及政事，裁制万物，皆为养人，非贪利也。财与裁同。

② 什税一也。

---

[1] 法：原无，据文义及王念孙说补。

③ 凡,呵察也。但呵察奸人而不征税也。《礼记》"几"作"讥"。

④ 石绝水为梁,所以取鱼也。非时则禁,及时则发。《礼记》曰"獭祭鱼,然后渔人入泽梁;草木零落,然后入山林"也。

⑤ 相,视也。衰,差也。政为之轻重。政或读为征。衰,初危反。

⑥ 理,条理也。贡,任土所贡也。谓若"百里赋纳总,二百里纳铚"之类也。

⑦ 贸迁有无化居,不使有滞积也。

⑧ 归读为馈。移,转也。言通商及转输相救,无不丰足,虽四海之广若一家也。

⑨ "不隐其能"谓竭其才力也。"不疾[1]其劳"谓奔走来王也。

⑩ 幽,深也。间,隔也。言无有深隔之国不为王者趋使,而安乐政教也。

⑪ 师,长也。言为政如此,乃可以长人也。师者亦使人法效之者也。

⑫ "海"谓荒晦绝远之地,不必至海水也。走马吠犬,今北地[2]之大犬也。

⑬ 翮,大鸟羽。齿,象齿。革,犀兕之革。曾青,铜之精,可缋画及化黄金者,出蜀山、越嶲。丹干,丹砂也,盖一名丹干。干读为矸,胡旦反。或曰:丹,丹砂也。"干"当为"玕",《尚书·禹贡》"雍州,球、琳、琅玕",孔云:"石而似玉者。"《尔雅》亦云:"西北方之美者,有球、琳、琅玕焉。"皆出西方,此云南方者,盖南方亦有也。

⑭ 紫,紫贝也。绀未详,字书亦无"绀"字,当为蚶。郭璞《江赋》曰"石蚶应节而扬葩",注云:"石蚶,龟形,春则生花。"盖亦蚌蛤之属。今案:《本草》谓之石决明,陶云:"俗传是紫贝,定小异,附石生,大者如手,明耀五色,内亦含珠。"古以龟贝为货,故曰"衣食之"。蚶,居怯反。

⑮ 《禹贡》梁州"贡熊、罴、狐、狸、织皮",孔云:"贡四兽之皮。织皮,今

---

[1] "疾"下原有"苦",据正文删。

[2] 地:原脱,据王先谦说补。

之翿也。"旄,旄牛尾。"文旄"谓染之为文彩也。

⑯ 物皆尽其美,而来为人用也。

⑰ "饰"谓车服,"养"谓衣食。

⑱ 能变通裁制万物,故曰"大神"也。

⑲《诗·周颂·天作》之篇。荒,大也。康,安也。言天作此高山使兴云雨,大王自豳迁焉,则能尊大之。彼大王作此都,文王又能安之也。

　以类行杂,①以一行万,②始则终,终则始,若环之无端也,舍是而天下以衰矣。③天地者,生之始也;礼义者,治之始也;君子者,礼义之始也;④为之、贯之、积重之、致好之者,君子之始也。⑤故天地生君子,君子理天地。君子者,天地之参也,万物之总也,民之父母也。⑥无君子则天地不理,礼义无统,上无君师,下无父子,夫是之谓至乱。君臣、父子、兄弟、夫妇,始则终,终则始,与天地同理,与万世同久,夫是之谓大本。⑦故丧祭、朝聘、师旅一也,⑧贵贱、杀生、与夺一也,⑨君君、臣臣、父父、子子、兄兄、弟弟一也,⑩农农、士士、工工、商商一也。⑪

① 得其统类则不患于杂也。

② 行于一人则万人可治也,皆谓得其枢要也。

③ "始"谓类与一也,"终"谓杂与万也。言以此道为治,终始不穷,无休息则天下得其次序,舍此则乱也。衰,初危反。

④ 始犹本也。言礼义本于君子也。

⑤ 言礼义以君子为本,君子以习学为本。贯,习也。"积重之"谓学使委积重多也。致,极也。"好之"言不倦也。

⑥ "参"谓与之相参,共成化育也。总,领也。

⑦ 始则终，终则始，谓一世始，言上下、尊卑人之大本，有君子然后可以长久也。

⑧ 此已下明君子礼义之治。为之制丧祭、朝聘之礼，所以齐一民各当其道，不使淫放也。下"一"之义皆同。

⑨ 使民一于沮劝。

⑩ 使人一于恩义。

⑪ 使人一于职业。

水火有气而无生，草木有生而无知，①禽兽有知而无义，人有气、有生、有知亦且有义，故最为天下贵也。②力不若牛、走不若马而牛马为用，何也？曰：人能群，彼不能群也。人何以能群？曰：分。③分何以能行？曰：以义。故义以分则和，④和则一，一则多力，多力则强，强则胜物，故宫室可得而居也。⑤故序四时，裁万物，兼利天下，无它故焉，得之分义也。⑥故人生不能无群，群而无分则争。争则乱，乱则离，离则弱，弱则不能胜物，故宫室不可得而居也，不可少顷舍礼义之谓也。能以事亲谓之孝，能以事兄谓之弟，能以事上谓之顺，能以使下谓之君。⑦君者，善群也。⑧群道当则万物皆得其宜，六畜皆得其长，群生皆得其命。⑨故养长时则六畜育，杀生时则草木殖，⑩政令时则百姓一、贤良服。圣王之制也。⑪草木荣华滋硕之时则斧斤不入山林，不夭其生、不绝其长也；鼋鼍、鱼鳖、鳅鳣孕别之时，⑫罔罟毒药不入泽，不夭其生、不绝其长也。⑬春耕、夏耘、秋收、冬藏，四者不失时，故五谷不绝而百姓有余食也；污池、渊沼、川泽，谨其时禁，⑭故鱼鳖优多而百姓有余用也；⑮斩伐养长不失其时，故山林不童

而百姓有余材也。⑯圣王之用也，⑰上察于天，下错于地，⑱塞
备天地之间，加施万物之上，⑲微而明，短而长，狭而广，⑳神
明博大以至约。㉑故曰：一与一是为人者，谓之圣人。㉒

① "生"谓滋长，"知"谓性识。

② "亦且"者，言其中亦有无义者也。

③ 无分则争，争则不能群也。

④ 言分义相须也。"义"谓裁断也。

⑤ 物不能害，所以安居。

⑥ 以有分义，故能治天下也。

⑦ "能以"皆谓能以礼义也。

⑧ 善能使人为群也。

⑨ 安其性命。

⑩ 杀生，斩伐。

⑪ "时"谓有常，"服"谓为之任使。

⑫ "别"谓生育，与母分别也。《国语》里革谏鲁宣公曰"鱼方别孕"，韦
昭曰："自别于雄而怀子也。"

⑬ 毒药，毒鱼之药。《周礼·雍氏》"禁泽之沉者"也。

⑭ 污，渟水之处。谨，严也。

⑮ "用"谓食足之外可用贸易。

⑯ 山无草木曰童。

⑰ 用，财用也。

⑱ 顺天时以养地财也。错，千故反。

⑲ 言圣王之用，使天地万物皆得其所。

⑳ 言用礼义，故所守者近，所及者远也。

㉑ 言用礼义治化，虽神明博大，原其本至简约也。

㉒ 一与一，动皆一也。是，此也。以此为人者则谓之圣人也。

序官：^①宰爵知宾客、祭祀、飨食、牺牲之牢数，^②司徒知百宗、城郭、立器之数，^③司马知师旅、甲兵、乘白之数。^④修宪命，^⑤审诗商，^⑥禁淫声，^⑦以时顺修，^⑧使夷俗邪音不敢乱雅，大师之事也。^⑨修堤梁，^⑩通沟浍，^⑪行水潦，^⑫安水臧，^⑬以时决塞，^⑭岁虽凶败水旱，使民有所耘艾，司空之事也。^⑮相高下，视肥硗，序五种，^⑯省农功，^⑰谨蓄藏，^⑱以时顺修，使农夫朴力而寡能，治田之事也。^⑲修火宪，^⑳养山林薮泽草木鱼鳖百索，^㉑以时禁发，^㉒使国家足用而财物不屈，虞师之事也。^㉓顺州里，^㉔定廛宅，^㉕养六畜，^㉖间树艺，^㉗劝教化，趋孝弟，^㉘以时顺修，使百姓顺命，安乐处乡，乡师之事也。^㉙论百工，^㉚审时事，^㉛辨功苦，^㉜尚完利，^㉝便备用，使雕琢文采不敢专造于家，工师之事也。^㉞相阴阳，^㉟占祲兆，^㊱钻龟陈卦，^㊲主攘择五卜，^㊳知其吉凶妖祥，伛巫、跛击之事也。^㊴修采清，^㊵易道路，^㊶谨盗贼，^㊷平室律，^㊸以时顺修，使宾旅安而货财通，治市之事也。^㊹抃急禁悍，^㊺防淫除邪，戮之以五刑，使暴悍以变，奸邪不作，司寇之事也。本政教，正法则，兼听而时稽之，^㊻度其功劳，论其庆赏，以时慎修，使百吏免尽而众庶不偷，冢宰之事也。论礼乐，正身行，广教化，美风俗，兼覆而调一之，辟公之事也。全道德，致隆高，綦文理，一天下，振毫末，使天下莫不顺比从服，天王之事也。故政事乱则冢宰之罪也，国家失俗则辟公之过也，天下不一、诸侯俗反则天王非其人也。

① 谓王者序官之法也。

② 宰，膳宰。爵，主掌也。飨食，飨宴也。《周礼》膳夫之属有庖人、兽

人皆掌牺牲。一曰：爵，官爵也。言膳宰之官爵掌牺牲之事者也。

③ 百宗，百族也。"城郭"谓其小大也。立器，所立之器用也。《周礼》"大司徒之职，掌建邦土地之图与其人民之数"。"立器"言五方器械异制，皆知其数，不使作奇伎之器也。

④《周礼》二千五百人为师，五百人为旅。四井为邑，四邑为丘，四丘为甸，亦谓之乘。以其治田则谓之甸，出长毂一乘则谓之乘。每乘又有甲士三人，步卒七十二人。"白"谓甸徒，犹今之白丁也。或曰："白"当为"百"，百人也。

⑤ 修宪法之命，所以表示人也。谓若以乐德教国子中和、祗庸、孝友之类也。

⑥ "诗商"当为"诛赏"，字体及声之误，故《乐论》篇曰"其在序官也，修宪命，审诛赏"，谓诛赏其所属之功过者。或曰："诗"谓四方之歌谣；"商"谓商声，哀思之音，如宁戚之悲歌也。

⑦《周礼·大司乐》"禁其淫声、慢声"，郑云："淫声，郑卫之音也。"

⑧ 谓不失其时而顺之修之。

⑨ "夷俗"谓蛮夷之乐。雅，正声也。大师，乐官之长。大读曰太。

⑩ 堤，所以防水。梁，桥也。

⑪ 沟、浍皆所以通水。《周礼》"十夫之田有沟，沟上有畛，千夫有浍，浍上有道"，郑云，"沟广深各四尺，浍广二寻、深二仞"也。

⑫ 行，巡行也，下孟反。

⑬ 使水归其壑。"安"谓不使漏溢。臧，才浪反。

⑭ 旱则决之，水则塞之，不使失时也。

⑮ 艾读为刈。

⑯ 高下，原隰也。五种，黍、稷、豆、麻、麦。观其地所宜而种之。烧，苦交反。

⑰ 省，观也。观其勤惰而劝之。

⑱ 谨，严。

⑲ 使农夫敦朴于力穑，禁其它能也。治田，田畯也。

⑳ 不使非时焚山泽，《月令》二月"无焚山林"。郑注《周礼》："宪，表也。主表其刑禁也。"

㉑ 百索，上所索百物也。

㉒ "禁"谓为之厉禁，"发"谓许民采取。

㉓ 屈，竭也。虞师，《周礼》山虞、泽虞也。

㉔ 使之和顺。

㉕ "廛"谓市内百姓之居，"宅"谓邑内居也。定其分界，不使相侵夺也。

㉖ 劝人养之也。

㉗ 树艺，种树及桑柘也，间之使疏密得宜也。

㉘ 劝之使从教化，趋之使敦孝弟。趋读为促。

㉙ 乡师，公卿也。《周礼》："乡老，二乡公一人；乡大夫，每乡卿一人。"

㉚ 论其巧拙。《月令》曰"物勒工名，以考其诚。功有不当，必行其罪"也。

㉛ 《考工记》曰"天有时，地有气，材有美，工有巧，合此四者然后可以为良"，《月令》曰"监工日号，毋悖于时"，皆审其时之事也。

㉜ "功"谓器之精好者，"苦"谓滥恶者。韦昭曰："功，坚。苦，脆也。"

㉝ 完，坚也。"利"谓便于用，若车之利转之类也。

㉞ 专造，私造也。

㉟ 相，视也。"阴阳"谓数也。

㊱ 占，占候也。祲，阴阳相侵之气，赤黑之祲，是其类也。"兆"谓龟兆。或曰：兆，萌兆，谓望其云物知岁之吉凶也。

㊲ "钻龟"谓以火爇荆菙灼之也。"陈卦"谓揲蓍布卦也。

㊳ 攘择，攘除不祥，择取吉事也。五卜，《洪范》所谓"曰雨、曰霁、曰蒙、曰驿、曰剋"，言兆之形也。

㊴ 击读为觋，男巫也。古者以废疾之人主卜筮、巫祝之事，故曰伛巫、跛觋。觋，胡狄反。

㊵ 修其采清之事。"采"谓采去其秽，"清"谓使之清洁，皆谓除道路秽恶也。《周礼》"蜡氏掌除骴，凡国之大祭祀，令州里除不蠲"。

㊶ 修而平之。

㊷ 谨,严禁也。《周礼》野庐氏职曰"有相翔者诛之"。

㊸ 平,均布也。室,逆旅之室。平其室之法,皆不使容奸人,若今五家为保也。

㊹ 此皆《周礼》野庐氏之职,今云"治市",盖七国时设官不同,治市之官兼掌道路,不必全依《周礼》制,据当时职事言之也。

㊺ "抙"当为"析","急"当为"愿",已解上也。

㊻ 稽,计也,考也。《周礼·太宰》"岁终则令百官府各正其治,受其会而诏王废置,三岁则大计"也。

具具而王,具具而霸,具具而存,具具而亡。用万乘之国者,威强之所以立也,名声之所以美也,敌人之所以屈也,国之所以安危臧否也,制与在此,亡乎人。王、霸、安存、危殆、灭亡,制与在我,亡乎人。夫威强未足以殆邻敌也,名声未足以县天下也,则是国未能独立也,岂渠得免夫累乎!天下胁于暴国,而党为吾所不欲于是者,日与桀同事同行,无害为尧,是非功名之所就也,非存亡安危之所堕也。功名之所就,存亡安危之所堕,必将于愉殷赤心之所。诚以其国为王者之所,亦王;以其国为危殆灭亡之所,亦危殆灭亡。殷之日,案以中立无有所偏而为纵横之事,偃然案兵无动,以观夫暴国之相卒也。案平政教,审节奏,砥砺百姓,为是之日而兵刲天下劲矣;案然修仁义,伉隆高,正法则,选贤良,养百姓,为是之日而名声刲天下之美矣。权者重之,兵者劲之,名声者美之。夫尧、舜者,一天下也,不能加毫末于是矣。权谋倾覆之人退,则贤良知圣之士案自进矣;刑政平,百姓和,国俗节,则兵劲城固,敌国案自诎矣;务本事,积财物，而勿忘栖迟薛越也，是使群臣百姓皆以制度行，则财物积，国家案自富矣。三者体此而天下服，暴国之君案自不能用其兵矣。何则？彼无与至也。彼其所与至者必其民也，其民之亲我也欢若父母，好我芳若芝兰，反顾其上则若灼黥、若仇雠。彼人之情性也虽桀、跖，岂有肯为其所恶、贼其所好者哉！彼以夺矣。故古之人有以一国取天下者，非往行之也，修政其所莫不愿，如是而可以诛暴禁悍矣。故周公南征而北国怨，曰"何独不来也"？东征而西国怨，曰"何独后我也"？孰能有与是斗者与！安以其国为是者王。殷之日，安以静兵息民，慈爱百姓，辟田野，实仓廪，便备用，安谨募选阅材技之士。然后渐赏庆以先之，严刑罚以防之，择士之知事者使相率贯也，是以厌然畜积修饰而物用之足也。兵革器械者，彼将日日暴露毁折之中原，我今将修饰之、拊循之，掩盖之于府库；货财粟米者，彼将日日栖迟薛越之中野，我今将畜积并聚之于仓廪；材技股肱、健勇爪牙之士，彼将日日挫顿竭之于仇敌，我今将来致之、并阅之、砥砺之于朝廷。如是，则彼日积敝、我日积完，彼日积贫、我日积富，彼日积劳、我日积佚。君臣上下之间者，彼将厉厉焉日日相离疾也，我今将顿顿焉日日相亲爱也，以是待其敝。安以其国为是者霸。立身则从佣俗，事行则遵佣故，进退贵贱则举佣士，之所以接下之人百姓者则庸宽惠，如是者则安存。立身则轻楛，事行则蠲疑，进退贵贱则举侤诋，之所以接下之人百姓者则好取侵夺，如是者危殆。立身则憍暴，事行则倾覆，进退贵贱则举幽险诈故，之所以接下之人百姓者，则好用其死力矣，而慢其功劳，好用其籍敛矣，而忘其本务，如是者灭亡。此五等者不可不善择也，王、霸、安存、危殆、灭亡之具也。善择者制人，不善择者人制之；善择之者王，不善择之者亡。夫王者之与亡者，制人之与人制之也，是其为相县也亦远矣。

富国篇第十

万物同宇而异体,^①无宜而有用^②为人,数也。人伦并处,同求而异道,同欲而异知,^③生也。皆有可也,知愚同;所可异也,知愚分。^④执同而知异,行私而无祸,纵欲而不穷,则民心奋而不可说也。^⑤如是则知者未得治也,知者未得治则功名未成也,^⑥功名未成则群众未县也,^⑦群众未县则君臣未立也。^⑧无君以制臣,无上以制下,天下害生纵欲。^⑨欲恶同物,欲多而物寡,寡则必争矣。^⑩故百技所成,所以养一人也。^⑪而能不能兼技,^⑫人不能兼官,^⑬离居不相待则穷,群而无分则争。^⑭穷者患也,争者祸也,救患除祸,则莫若明分使群矣。^⑮强胁弱也,知惧愚也,民下违上,少陵长,不以德为政。^⑯如是则老弱有失养之忧,而壮者有分争之祸矣。^⑰事业所恶也,功利所好也,职业无分。^⑱如是则人有树事之患,而有争功之祸矣。^⑲男女之合、夫妇之分,^⑳婚姻娉内送逆无礼。^㉑如是则人有失合之忧,而有争色之祸矣。^㉒故知者为之分也。^㉓

① 同生宇内,形体有异。

② 虽于人无常定之宜,皆有可用^[1]之理,必在理得其道,使之不争,然

---

[1] "用"下原有"人",据王先谦说删。

后可以富国也。

③ 伦,类也。并处,群居也。其在人之法数,则以类群居也。同求异道,谓或求为善、或求为恶,此人之性也。

④ 可者,遂其意之谓也。

⑤ 祸,患也。穷,极也。"奋"谓起而争竞也。说读为悦。若纵其性情而无分,则民心奋起争竞而不可悦服也。

⑥ 功名之立,由于任智。

⑦ 有功名者居上,无功名者居下,然后群众县隔。若未有功名,则群众齐等也。

⑧ 既无县隔,则未有君臣之位也。

⑨ 无上下相制,则天下之害生于各纵其欲也。

⑩ "同物"谓饮食男女人之大欲存焉,死亡贫苦人之大恶存焉,是贤愚同有此情也。无君上之制,各恣其欲,则物不能赡,故必争之也。

⑪ 技,工也。一人,君上也。言百工所成之众物以养一人,是物多而所奉者寡,故能治也。

⑫ 虽能者亦不兼其技功,使有分也。谓梓匠轮舆各安其业则治,杂之则乱也。

⑬ 皆使专一于分,不二事也。谓若夔典乐、稷播种之类也。

⑭ 不相待,遗弃也。"穷"谓为物所困也。此言不群则不可,群而无分亦不可也。

⑮ 此已上皆明有分则能群,然后可以富国也。

⑯ "德"谓教化,使知分义也。

⑰ 老弱不能自存,故忧失养;壮者以力相胜,故有分争也。

⑱ "事业"谓劳役之事,人之所恶。"职业"谓官职及四人之业也。必使各供其职,各从所务,若无分则莫不恶劳而好逸也。

⑲ 树,立也。若无分则人人患于树立己事而争人之功,以此为祸也。

⑳ 合,配也。"分"谓人各有偶也。

㉑ 妇之父为婚,婿之父为姻。言婚姻者,明皆以二人之命也。聘,问名

也。内读曰纳,纳币也。送,致女。逆,亲迎也。

　　㉒ "失合"谓丧其配偶也。

　　㉓ 知,如字。"知者"谓知治道者。又读为智,皆通。

　　足国之道,①节用裕民而善臧其余。②节用以礼,裕民以政。③彼裕民故多余,④裕民则民富,民富则田肥以易,⑤田肥以易则出实百倍。⑥上以法取焉,而下以礼节用之。⑦余若丘山,不时焚烧,无所臧之。⑧夫君子奚患乎无余?⑨故知节用裕民,则必有仁义圣良之名,而且有富厚丘山之积矣。⑩此无它故焉,生于节用裕民也。不知节用裕民则民贫,民贫则田瘠以秽,⑪田瘠以秽则出实不半。⑫上虽好取侵夺犹将寡获也,而或以无礼而用之,则必有贪利纠譑之名,而且有空虚穷乏之实矣。⑬此无它故焉,不知节用裕民也。《康诰》曰:"弘覆乎天,若德裕乃身。"此之谓也。⑭

　　① 明富国之术也。

　　② "裕"谓优饶也。"善臧其余"谓虽有余,不耗损而善藏之。

　　③ "以礼"谓用不过度。"以政"谓取之有道也。

　　④ 人得优饶,务于力作,故多余也。

　　⑤ "易"谓耕垦平易。

　　⑥ 所出谷实多也。

　　⑦ "法取"谓什一也。"以礼节用"谓不妄耗费也。

　　⑧ 以言多之极也。

　　⑨ 以墨子忧不足。

　　⑩ 名实皆美。

　　⑪ 贫则力不足,耕耨失时也。

⑫ 不得其半。

⑬ 纠,察也。譑,发人罪也。譑音矫。

⑭ 弘覆如天,又顺于德,是乃所以宽裕汝身。言百姓与足,君孰不足也。

　　礼者,贵贱有等,长幼有差,贫富轻重皆有称者也。①故天子袾裷衣冕,②诸侯玄裷衣冕。③大夫裨冕,④士皮弁服。⑤德必称位,位必称禄,禄必称用,由士以上则必以礼乐节之,众庶百姓则必以法数制之。⑥量地而立国,⑦计利而畜民,⑧度人力而授事,⑨使民必胜事,事必出利,利足以生民,皆使衣食百用出入相揜,⑩必时臧余,谓之称数。⑪故自天子通于庶人,事无大小多少,由是推之。故曰:“朝无幸位,民无幸生。”此之谓也。⑫轻田野之税,平关市之征,⑬省商贾之数,⑭罕兴力役,无夺农时,如是则国富矣。夫是之谓以政裕民。⑮

① 称,尺证反。

② 袾,古“朱”字。裷与衮同,画龙于衣谓之衮。朱衮,以朱为质也。衣冕犹服冕也。

③ 谓上公也。《周礼》“公之服,自衮冕而下如王之服”也。

④ 衣裨衣而服冕,谓祭服也。天子六服,大裘为上,其余为裨。裨之言卑也。以事尊卑服之,诸侯以下亦服焉,鷩冕、绨冕皆是也。

⑤ “皮弁”谓以白鹿皮为冠,象上古也。素积为裳,用十五升布为之。积犹辟也。辟蹙其腰中,故谓之“素积”也。

⑥ 君子用德,小人用刑。

⑦ 谓若《王制》天子之县内九十三国也。

⑧ 谓若周制计一乡地利所出,畜万二千五百家。

⑨ 谓若一夫受田百亩。

⑩ 百用，杂用，养生送死之类。出，出财也。入，入利也。揜，覆盖也。"出入相揜"谓量入为出，使覆盖不乏绝也。

⑪ 足用有余则以时臧之，此之谓有称之术数也。

⑫ 上下所为之事皆以称数推之，故无徼幸之徒。无德而禄谓之幸位，惰游而食谓之幸生也。

⑬ 平犹除也。谓几而不征也。

⑭ 省，减也。谓使农夫众也。

⑮ 此以政优饶民之术也。

　　人之生不能无群，群而无分则争，争则乱，乱则穷矣。①故无分者人之大害也，有分者天下之本利也，②而人君者所以管分之枢要也。③故美之者是美天下之本也，④安之者是安天下之本也，贵之者是贵天下之本也。古者先王分割而等异之也，⑤故使或美或恶、或厚或薄、或佚乐[1]或劬劳[2]，⑥非特以为淫泰夸丽之声，将以明仁之文、通仁之顺也。⑦故为之雕琢刻镂、黼黻文章，⑧使足以辨贵贱而已，不求其观；⑨为之钟鼓管磬、琴瑟竽笙，使足以辨吉凶，合欢定和而已，不求其余；⑩为之宫室台榭，使足以避燥湿，养德辨轻重而已，不求其外。⑪《诗》曰："雕琢其章，金玉其相。亹亹我王，纲纪四方。"此之谓也。⑫若夫重色而衣之，重味而食之，重财物而制之，合天下而君之，⑬非特以为淫泰也，固以为王天下，治万变，材万物，⑭养万民，兼制天下者，为莫若仁

[1] "乐"上原有"或"，据注及王念孙说删。
[2] "劳"上原有"或"，据注及王念孙说删。

人之善也夫！故其知虑足以治之，其仁厚足以安之，其德音足以化之，得之则治，失之则乱。百姓诚赖其知也，故相率而为之劳苦以务佚之，以养其知也；⑮诚美其厚也，故为之出死断亡以覆救之，以养其厚也；⑯诚美其德也，故为之雕琢刻镂、黼黻文章以藩饰之，以养其德也。⑰故仁人在上，百姓贵之如帝，⑱亲之如父母，为之出死断亡而愉者，⑲无它故焉，其所是焉诚美，其所得焉诚大，其所利焉诚多。⑳《诗》曰："我任我辇，我车我牛，我行既集，盖云归哉。"此之谓也。㉑故曰：君子以德，小人以力。㉒力者，德之役也。㉓百姓之力待之而后功，㉔百姓之群待之而后和，百姓之财待之而后聚，百姓之势待之而后安，百姓之寿待之而后长。㉕父子不得不亲，兄弟不得不顺，男女不得不欢，少者以长，老者以养。故曰："天地生之，圣人成之。"此之谓也。㉖今之世而不然，厚刀布之敛以夺之财，重田野之税以夺之食，苛关市之征以难其事。㉗不然而已矣，㉘有掎挈伺诈，权谋倾覆，以相颠倒，以靡敝之，㉙百姓晓然皆知其污漫暴乱而将大危亡也。㉚是以臣或弑其君，下或杀其上，粥其城、倍其节而不死其事者，无它故焉，人主自取之。㉛《诗》曰："无言不雠，无德不报。"此之谓也。㉜

① 穷，困。

② "本"当为"大"。

③ 枢，户枢也。

④ "美"谓美其有分。

⑤ 以分割制之，以等差异之。

⑥ "美"谓褒宠，"恶"谓刑戮。厚薄，贵贱也。在位则佚乐，百姓则劬

劳也。

⑦ "仁"谓仁人也。言为此上事不唯使人瞻望,自为夸大之声,将以明仁人乃得此文饰,言至贵也;通仁人乃得此顺从,言不违其志也。

⑧ 玉谓之雕,亦谓之琢。木谓之刻,金谓之镂。白与黑谓之黼,黑与青谓之黻,青与赤谓之文,赤与白谓之章。

⑨ 不求使人观望也,古乱反。

⑩ "和"谓和气。"余"谓过度而作郑、卫者也。

⑪ "德"谓君上之德。轻重,尊卑也。"外"谓峻宇雕墙之类也。

⑫ 《诗·大雅·棫朴》之篇。相,质也。髦髦,劝勉之貌。言雕琢为文章,又以金玉为质,勉力为善,所以纲纪四方也。与《诗》义小异也。

⑬ 重,多也,直用反。

⑭ 材与裁同。

⑮ 知读为智。

⑯ 厚,恩厚也。"出死"谓出身致死。断犹判也,言判其死亡也。覆,盖蔽也。断,丁乱反。

⑰ 有德者宜备藩卫文饰也。

⑱ 天帝也。

⑲ 愉,欢。

⑳ "是"谓可其意也。言百姓所得者多,故亲爱之也。

㉑ 《诗·小雅·黍苗》之篇。引此以明百姓不惮勤劳以奉上也。郑云:"集犹成也,盖犹皆也。转馈之役,有负任者,有挽辇者,有将车者,有牵旁牛者。事既成,召伯则皆告之云可以归矣。"

㉒ 君子以德抚下,故百姓以力事上也。

㉓ 力为德所使役。

㉔ 百姓虽有力,待君上所使然后有功也。

㉕ 皆明待君上之德化,然后无争夺相杀也。

㉖ 古者有此语,引以明之也。

㉗ 苛,暴也。征亦税也。苛关市之征,出入卖买皆有税也。使货不得

通流,故曰"难其事"。

㉘ 不唯如此而已。

㉙ 有读为又。掎,摅其事。挈,举其过。伺,候其罪。诈,伪其辞。颠倒,反覆也。靡,尽也。敝,败也。或曰:靡读为糜。糜,散也。敝,尽也。

㉚ 污、漫,皆秽行也。漫,莫半反。

㉛ "粥其城"谓以城降人,以为己利。节,忠节也。此皆由上无恩德,故下亦倾覆之。

㉜《诗·大雅·抑》之篇。

兼足天下之道在明分。掩地表亩,①刺屮殖谷,②多粪肥田,是农夫众庶之事也;守时力民,③进事长功,④和齐百姓,使人不偷,是将率之事也;⑤高者不旱,下者不水,寒暑和节而五谷以时孰,是天下之事也;⑥若夫兼而覆之,兼而爱之,兼而制之,岁虽凶败水旱,使百姓无冻矮之患,则是圣君贤相之事也。墨子之言,昭昭然为天下忧不足。夫不足非天下之公患也,⑦特墨子之私忧过计也。今是土之生五谷也,人善治之则亩数盆,一岁而再获之,⑧然后瓜桃枣李一本数以盆鼓,⑨然后荤菜、百疏以泽量,⑩然后六畜、禽兽一而剸车,⑪鼋鼍、鱼鳖、鳅鳝以时别一而成群,⑫然后飞鸟、凫雁若烟海,⑬然后昆虫万物生其间,⑭可以相食养者不可胜数也。夫天地之生万物也,固有余足以食人矣;麻葛茧丝、鸟兽之羽毛齿革也,固有余足以衣人矣。夫有余不足非天下之公患也,特墨子之私忧过计也。天下之公患,乱伤之也。胡不尝试相与求乱之者谁也?我以墨子之非乐也则使天下乱,墨子之节用也则使天下贫,非将堕之也,说不免焉。⑮墨子大有天下、小有一国,^⑯将蹙然衣粗食恶,忧戚而非乐。^⑰若是则瘠,瘠则不足欲,不足欲则赏不行。^⑱墨子大有天下、小有一国,将少人徒,省官职,^⑲上功劳苦,与百姓均事业,齐功劳。^⑳若是则不威,不威则罚不行。^㉑赏不行则贤者不可得而进也,罚不行则不肖者不可得而退也。^㉒贤者不可得而进也、不肖者不可得而退也,则能不能不可得而官也。^㉓若是则万物失宜,事变失应,上失天时,下失地利,中失人和,^㉔天下敖然,若烧若焦。^㉕墨子虽为之衣褐带索、嚼菽饮水,恶能足之乎?^㉖既以伐其本,竭其原,而焦天下矣。故先王圣人为之不然。知夫为人主上者不美不饰之不足以一民也,不富不厚之不足以管下也,^㉗不威不强之不足以禁暴胜悍也。故必将撞大钟、击鸣鼓、吹笙竽、弹琴瑟以塞其耳,必将鋼琢刻镂、黼黻文章以塞其目,^㉘必将刍豢稻粱、五味芬芳以塞其口,^㉙然后众人徒、备官职、渐庆赏、^㉚严刑罚以戒其心。使天下生民之属,皆知己之所愿、欲之举在是于也,故其赏行;^㉛皆知己之所畏恐之举在是于也,故其罚威。^㉜赏行罚威,则贤者可得而进也,不肖者可得而退也,能不能可得而官也。若是则万物得宜,事变得应,上得天时,下得地利,中得人和,则财货浑浑如泉源,^㉝汸汸如河海,^㉞暴暴如丘山,^㉟不时焚烧,无所藏之,夫天下何患乎不足也!故儒术诚行则天下大而富,使而^[1]功,^㊱撞钟击鼓而和。《诗》曰:"钟鼓喤喤,管磬玱玱,降福穰穰。降福简简,威仪反反。既醉既饱,福禄来反。"此之谓也。^㊲故墨术诚行,则天下尚俭而弥贫,非

---

[1] "而",原作"有",据王先谦说改。

斗而日争，⑱劳苦顿萃而愈无功，愀然忧戚，非乐而日不和。⑲《诗》曰："天方荐瘥，丧乱弘多。民言无嘉，憯莫惩嗟。"此之谓也。⑳

① "掩地"谓耕田使土相掩。表，明也，谓明其经界使有畔也。

② 刺，绝也。屮，古"草"字。

③ 守时，敬授人时。力民，使之疾力。

④ 进其事业，长其功利。

⑤ 将率犹主领也，若今宰守。

⑥ 是天下丰穰之事，非由人力也。

⑦ 非公共之患也。

⑧ 盖当时以盆为量。《考工记》曰："盆实二鬴。"《墨子》曰："子墨子弟子仕于卫而反，子曰：'何故反？'曰：'与我言而不当。曰待汝以千盆，授我五百盆，故去之。'"获读为穫。

⑨ 一本，一株也。鼓，量也。《礼记》曰："献米者操量鼓。""数以盆鼓"谓数度以盆量之也。言"然后"者，谓除五谷之外更有此果实。

⑩ 荤，辛菜也。疏与蔬同。"以泽量"言满泽也，犹谷量牛马。"然后"义与上同。

⑪ 划与专同，言一兽满一车。

⑫ "别"谓生育，与母分别也。"以时别"谓不夭其生，使得成遂也。一而成群，言每一类皆得成群。

⑬ 远望如烟之覆海，皆言多。

⑭ 昆虫，蚳、蟓、蛶、范之属也。除大物之外，其间又有昆虫万物。郑云："昆，明也。得阳而出，得阴而藏之虫也。"

⑮ 非将堕毁墨子，论说不免如此。

⑯ 天子、诸侯。

⑰ 墨子言乐无益于人，故作《非乐》篇。无乐则人情忧戚，故曰"忧戚而

"非乐"也。

⑱ 瘠,奉养薄也。奉养既薄,则不能足其欲,欲既不足,则赏何能行乎?言皆由不顾赏也。夫赏以富厚,故人劝勉,有功劳者而与之粗衣恶食,是赏道废也。庄子说墨子曰:"其生也勤,其死也薄,其道也大觳。"郭云:"觳,无润也,义与瘠同。觳,苦角反。"

⑲ 省,所景反。

⑳ 谓君臣并耕而食,饔飧而治。

㉑ 上下县隔,故得以法临驭,若君臣齐等则威不立矣。

㉒ 赏罚所以进贤而退不肖。

㉓ 不可置于列位而废置也。

㉔ 赏罚不行,贤愚一贯,故有斯敝也。

㉕ 敖读为熬。"若烧若焦"言万物寡少如被焚烧然。

㉖ 嚘与啜同。恶音乌。

㉗ 管犹包也。

㉘ 鋼与彤同。

㉙ 塞犹充也。

㉚ 渐,进。

㉛ 举,皆也。是于,犹言于是,言生民所愿欲皆在于是也,《说苑》亦作"是于"也。

㉜ 其罚可畏。

㉝ 浑浑,水流貌。"如泉源"言不绝也。浑,户本反。

㉞ 汸读为滂,水多貌也。

㉟ 暴暴,卒起之貌。言物多,委积高大如丘山也。

㊱ 大读为泰,优泰也。使谓为上之使也,可使则有功也。

㊲ 《诗·周颂·执竞》之篇。毛云:"喤喤、玱玱皆声和貌。穰穰,众也。简简,大也。"郑云:"反反,顺习之貌。反,复也。"

㊳ 墨子有《非攻》篇,非攻即非斗也。既上失天时、下失地利,则物出必寡,虽尚俭而民弥贫,物不能赡,虽以斗为非而日日争竞也。

㉟《说文》云："顿，下首也。"萃与顇同。上下不能相制，虽劳苦顿顇，犹将无益也。郑注《礼记》云："愀然，变动貌也。"

㊵《诗·小雅·节南山》之篇。荐，重也。瘥，病也。憯，曾也。惩，止也。嗟，奈何。"荐"或为"荐"。

垂事养民，①拊循之，呴呕之，②冬日则为之饘粥，夏日则与之瓜麮，③以偷取少顷之誉焉，是偷道也。可以少顷得奸民之誉，然而非长久之道也。事必不就，功必不立，是奸治者也。④僓然要时务民，⑤进事长功，⑥轻非誉而恬失民，⑦事进矣而百姓疾之，⑧是又不可偷偏者也。⑨徒坏堕落，必反无功。⑩故垂事养誉不可，以遂功而忘民亦不可，皆奸道也。⑪故古人为之不然，使民夏不宛暍，⑫冬不冻寒，急不伤力，缓不后时，⑬事成功立，上下俱富，而百姓皆爱其上，人归之如流水，亲之欢如父母，为之出死断亡而愉者，无它故焉，忠信调和均辨之至也。⑭故君国长民者欲趋时遂功，则和调累解，速乎急疾；忠信均辨，说乎赏庆矣；必先修正其在我者，然后徐责其在人者，威乎刑罚。⑮三德者诚乎上，则下应之如景向，⑯虽欲无明达，得乎哉！《书》曰："乃大明服，惟民其力懋和，而有疾。"此之谓也。⑰故不教而诛则刑繁而邪不胜，教而不诛则奸民不惩，诛而不赏则勤属之民不劝，⑱诛赏而不类则下疑俗俭而百姓不一。⑲故先王明礼义以壹之，致忠信以爱之，尚贤使能以次之，爵服庆赏以申重之，⑳时其事、轻其任以调齐之，㉑潢然兼覆之，养长之，如保赤子。㉒若是，故奸邪不作、盗贼不起而化善者劝勉矣。㉓是何邪？则其道易，㉔其塞固，其政令一，㉕其防表明。㉖故曰：上一则下一矣,上二则下二矣,辟之若屮木枝叶必类本。此之谓也。⑰

① 垂,下也。以上所操持之事,下就于民而养之,谓施小惠也。

② 拊与抚同。抚循,慰悦之也。呃呕,婴儿语声也。呃,于佳反。呕与讴同。

③ 麰,煮麦饭也,丘举反。

④ 奸人为治,偷取其誉。

⑤ 僈然,尽人力貌。《说文》云:"僈,终也。"要时,趋时也。务,勉强也。谓以劳役强民也。僈,子劳反。要,一饶反。

⑥ 益上之功利也。

⑦ 恬,安也。言不顾下之毁誉,而安然忘于失民也。

⑧ 事虽长进而百姓怨。

⑨ 言亦不可苟且偏为此劳民之事也。

⑩ 虽苟求功利,旋即毁坏堕落,必反无成功也。

⑪ 以,用。

⑫ "使民"谓役使民也。宛读为蕴,暑气也。《诗》曰:"蕴隆虫虫。"暍,伤暑也。或曰:"宛"当为"奥",篆文宛字与奥字略相似,遂误耳。奥,于六反,热也。

⑬ 皆谓量民之力,不使有所伤害。

⑭ 均,平均。辨,明察也。

⑮ 自"故君国长民"已下,其义未详,亦恐脱误。或曰:累解,婴累解释也。言君国长人,欲趋时遂功者,若和调而使婴累解释,则民速乎急疾。言效上之急,不后时也。若忠信均辨,则民悦乎庆赏;若先责己而后责人,则民畏乎刑罚。累音类。解,佳买反。说读为悦。

⑯ "三德"谓调和解累、忠信均辨、正己而后责人也。"诚乎上"谓上诚意行之也。向读为响。或曰:三德即忠信、调和、均辨也。

⑰ 《书·康诰》。懋,勉也。言君大明以服下,则民勉力为和调而疾速,以明效上之急也。

⑱ "属"也者,谓箸于事业也。属,之欲反。"属"或为"厉"。

⑲ 不类,不以其类。谓赏不当功、罚不当罪。"俭"当为"险"。险谓徼幸免罪,苟且求赏也。

⑳ 申,亦重也。再令曰申。

㉑ "时其事"谓使人趋时不夺之也。"轻其任"谓量力而使也。

㉒ 潢与滉同。潢然,水大至之貌也。

㉓ 化善,化而为善者也。

㉔ 平易可行。

㉕ 其所充塞民心者固。

㉖ 堤防标表,明白易识。

㉗ 辟读为譬。屮,古"草"字。

不利而利之,不如利而后利之之利也;不爱而用之,不如爱而后用之之功也;利而后利之,不如利而不利者之利也;爱而后用之,不如爱而不用者之功也。利而不利也、爱而不用也者,取天下矣;利而后利之、爱而后用之者,保社稷也;不利而利之、不爱而用之者,危国家也。

观国之治乱臧否,至于疆易而端已见矣。①其候徼支缭,②其竟关之政尽察,③是乱国已。④入其境,其田畴秽,都邑露,是贪主已。⑤观其朝廷则其贵者不贤,观其官职则其治者不能,观其便嬖则其信者不悫,是暗主已。⑥凡主相臣下百吏之俗,其于货财取与计数也须孰尽察,⑦其礼义节奏也芒轫僈楛,是辱国已。⑧其耕者乐田,其战士安难,其百吏好法,其朝廷隆礼,其卿相调议,是治国已。⑨观其朝廷则其贵者贤,观其官职则其治者能,观其便嬖则其信者悫,是明主已。凡主相臣下百吏之属,其于货财取与计数也宽饶简易,⑩其于礼义节奏也陵谨尽察，是荣国已。⑪贤齐则其亲者先贵，能齐则其故者先官，⑫其臣下百吏，污者皆化而修，悍者皆化而愿，躁者皆化而悫，是明主之功已。⑬观国之强弱、贫富有徵。⑭上不隆礼则兵弱，上不爱民则兵弱，已诺不信则兵弱，庆赏不渐则兵弱，⑮将率不能则兵弱。⑯上好攻取功则国贫，⑰上好利则国贫，⑱士大夫众则国贫，⑲工商众则国贫，⑳无制数度量则国贫。㉑下贫则上贫，下富则上富。㉒故田野县鄙者财之本也，垣窌仓廪者财之末也；㉓百姓时和、事业得叙者货之源也，等赋府库者货之流也。㉔故明主必谨养其和，节其流，开其源而时斟酌焉。㉕潢然使天下必有余，而上不忧不足。如是则上下俱富，交无所藏之，是知国计之极也。㉖故禹十年水、汤七年旱而天下无菜色者，十年之后，年谷复孰而陈积有余，㉗是无它故焉，知本末源流之谓也。故田野荒而仓廪实，百姓虚而府库满，夫是之谓国蹶。㉘伐其本、竭其源而并之其末，然而主相不知恶也，则其倾覆灭亡可立而待也。以国持之而不足以容其身，夫是之谓至贪，是愚主之极也。㉙将以求富而丧其国，将以求利而危其身。古有万国，今有十数焉。是无它故焉，其所以失之一也。㉚君人者亦可以觉矣，㉛百里之国足以独立矣。㉜

① 易与埸同。端，首也。见，贤遍反。

② 候，斥候。徼，巡也。支缭，支分缭绕。言委曲巡警也。

③ 竟与境同。尽察，极察，言无不察也。

④ 乱国多盗贼奸人，故用苛察之政也。

⑤ "露"谓无城郭墙垣。主贪财，民贫力不足，故露也。

⑥ 便嬖，左右小臣宠幸者也。信者不悫，所亲信者不愿悫也。主暗，故奸人多容也。

⑦ "俗"谓风俗。"取"谓赋敛。"与"谓赐与。计数，计算也。须，待也。孰，精孰也。尽察，极察也。其于计数货财，必待精孰极察然后行。言不简易，急于贪利者也。

⑧ "礼义节奏"谓行礼义之节文。芒，昧也，或读为荒，言不习孰也。轫，柔也，亦怠惰之义。僈与慢同。楛，不坚固也。"辱国"言必见陵辱也。

⑨ 安难，不逃难也。

⑩ 不汲汲于货财也。

⑪ 陵，侵陵，言深于礼义也。谨，严也，言不敢慢易也。

⑫ 虽举在至公，而必先亲故，所谓"故旧不遗则民不偷"。

⑬ 躁，暴急之人也。

⑭ 徵，验。言其验先见也。

⑮ 渐，进。

⑯ 率与帅同。

⑰ 民不得安业也。

⑱ 赋敛重也。

⑲ 所谓"三百赤芾"。

⑳ 农桑者少。

㉑ 不为限量则物耗费。

㉒ 百姓与足，君孰不足？

㉓ 垣，筑墙四周以藏谷也。窌，窖也，掘地藏谷也。谷藏曰仓，米藏曰廪。窌，匹教反。

㉔ 时和，得天之和气，谓岁丰也。事业得叙，耕稼得其次序，上不夺农时也。等赋，以差等制赋。货、财皆钱谷通名，别而言之，则粟米布帛曰财，钱布龟贝曰货也。

㉕ "节"谓薄敛。"开"谓劝课。"时斟酌"谓赋敛赈恤，丰荒有制也。

㉖ "交无所藏"言上下不相隐。

㉗ 无食菜之色也。

㉘ 蹶,倾倒也。

㉙ 以一国扶持之,至坚固也,而无所容其身者,贪也。

㉚ 皆以贪失之也。

㉛ 以此自觉悟也。

㉜ 此言无道则虽大必至灭亡,有道则虽小足以独立也。

凡攻人者,非以为名,则案以为利也,不然则忿之也。① 仁人之用国,将修志意,正身行,②伉隆高,③致忠信,期文理。④布衣紃屦之士诚是,则虽在穷阎漏屋而王公不能与之争名,⑤以国载之则天下莫之能隐匿也,⑥若是则为名者不攻也。⑦将辟田野,实仓廪,便备用,上下一心,三军同力,与之远举极战则不可。⑧境内之聚也,保固视可,⑨午其军,取其将,若拨麷。⑩彼得之不足以药伤补败。⑪彼爱其爪牙,畏其雠敌,若是则为利者不攻也。⑫将修小大强弱之义以持慎之,⑬礼节将甚文,珪璧将甚硕,货赂将甚厚,⑭所以说之者必将雅文辩慧之君子也。⑮彼苟有人意焉,夫谁能忿之?若是则忿之者不攻也。为名者否,为利者否,为忿者否,⑯则国安于盘石,寿于旗、翼。⑰人皆乱,我独治;人皆危,我独安;人皆失丧之,我按起而治之。⑱故仁人之用国,非特将持其有而已也,又将兼人。⑲《诗》曰:"淑人君子,其仪不忒。其仪不忒,正是四国。"此之谓也。⑳

① 凡攻伐者,不求讨乱征暴之名,则求货财土地之利,不然则以忿怒,不出此三事也。为,于伪反。

② 用,为也。行,下孟反。

③ 伉,举也。举崇高远大之事。

④ "期"当为"綦"。极文理,谓其有条贯也。

⑤ 纠,绦也,谓编麻为之粗绳之屦也。或读为穿。"王公不能与之争名"言名过王公也。

⑥ 载犹任也。以国委任贤士则天下莫能隐匿,言其国声光大也。

⑦ 伐有道祇成恶名,故不攻。

⑧ 远举,县军于远也。极战,苦战也。彼暴国欲与我如此,则不可也。

⑨ 其境内屯聚则保其险固,视其可进。谓观衅而动也。

⑩ 午读为连,遇也。《周礼·笾人》职云"朝事之笾,其实麷、蕡",郑云:"麷,熬麦。今河间以北[1]煮种麦卖之,名曰麷"。据郑之说,麷,麦之牙糵也,至脆弱,故以喻之。若拨麷,如以手拨麷也。麷音丰。

⑪ 药犹医也。彼纵有所得,不足以药其所伤,补其所败。言所获不如所亡也。

⑫ 爱己之爪牙,畏与我为雠敌。为,于伪反。

⑬ 慎读曰顺。修小事大、弱事强之义,守持此道以顺大国也。

⑭ "文"谓敬事之威仪也。珪璧,所用聘好之物。硕,大也。

⑮ 所使行人往说之者,则用文雅礼让之士。说音税。

⑯ 否,不攻也。为,于伪反。

⑰ 盘石,盘薄大石也。旗读为箕。箕、翼,二十八宿名。言寿比于星也,《庄子》曰"傅说得之,乘东维、骑箕、尾而比于列宿",亦其类也。或曰:《礼记》"百年曰期颐",郑云:"期,要也。颐,养也。"

⑱ 或曰:按,然后也。

⑲ 不唯持其所有而已。

⑳ 《曹风·尸鸠》之篇。

---

[1] "北",原作"此",据《周礼注疏》改。

持国之难易：^①事强暴之国难，使强暴之国事我易。事之以货宝，则货宝单而交不结；约信盟誓，则约定而畔无日；^②割国之锱铢以赂之，则割定而欲无厌。^③事之弥烦，其侵人愈甚，必至于资单国举然后已，^④虽左尧而右舜，未有能以此道得免焉者也。辟之是犹使处女婴宝珠，佩宝玉，^⑤负戴黄金而遇中山之盗也，虽为之逢蒙视，诎要桡腘，君卢屋妾，由将不足以免也。^⑥故非有一人之道也，^⑦直将巧繁拜请而畏事之，^⑧则不足以为持国安身，故明君不道也。^⑨必将修礼以齐朝，正法以齐官，平政以齐民，然后节奏齐于朝，^⑩百事齐于官，^⑪众庶齐于下。^⑫如是则近者竞亲，远方致愿，^⑬上下一心，三军同力，名声足以暴炙之，^⑭威强足以捶笞之，拱揖指挥，而强暴之国莫不趋使，譬之是犹乌获与焦侥搏也。^⑮故曰："事强暴之国难，使强暴之国事我易。"此之谓也。

① 论守国难易之法也。

② 约已定，随即畔之。"无日"言不过一日。《文子》作"约定而反无日也"。

③ 十黍之重为铢，八两为锱。此谓以地赂强国，割地必不多与，故以锱铢言之。厌，一占反。《韩诗外传》作"割国之疆垂以赂之也"。

④ 单，尽也。"国举"谓尽举其国与人也。

⑤ 婴，系于颈也。"宝"谓珠玉中可宝者。

⑥ 逢蒙，古之善射者。诎与屈同。要读为腰。桡，曲也。腘，曲脚。中，古获反。"卢"当为"庐"。由与犹同。言处女如善射者之视物，谓微眇不敢正视也。既微视，又屈腰桡腘，言俯伏畏惧之甚也。君庐屋妾，谓处女自称是君庐屋之妾，犹言箕帚妾，卑下之辞也。虽畏惧卑辞如此，犹不免劫夺也。

⑦ 谓不能齐一其人,同力以拒大国也。

⑧ 但巧为繁多拜请以畏事之也。

⑨ 耻辱如此,虽得免祸,亦不足以为持国安身之术,故明君不言也。

⑩ 齐,整也。节奏,礼之节文也。谓上下皆有礼也。

⑪ 百事皆有法度。

⑫ 上政均平,故民齐一。

⑬ 致,极也。极愿来附也。

⑭ 名声如日暴火炙炎赫也。

⑮ 乌获,秦之力人,举千钧者。焦侥,短人,长三尺者。搏,斗也。

王霸篇第十一

国者,天下之制利用也,①人主者,天下之利埶也。②得道以持之,则大安也,大荣也,积美之源也;不得道以持之,则大危也,大累也,有之不如无之,③及其綦也,索为匹夫不可得也,④齐湣、宋献是也,⑤故人主天下之利埶也,然而不能自安也,安之者必将道也。⑥故用国者,义立而王,信立而霸,权谋立而亡。三者明主之所谨择也,⑦仁人之所务白也。⑧挈国以呼礼义而无以害之,⑨行一不义、杀一无罪而得天下,仁者不为也,拵然扶持心、国,且若是其固也。⑩之所与为之者之人,则举义士也;⑪之所以为布陈于国家刑法者,则举义法也;⑫主之所极然帅群臣而首乡之者,则举义志也。⑬如是则下仰上以义矣,是綦定也。⑭綦定而国定,国定而天下定。仲尼无置锥之地,诚义乎志意,加义乎身行,⑮箸之言语,⑯济之日不隐乎天下,名垂乎后世。⑰今亦以天下之显诸侯诚义乎志意,加义乎法则度量,箸之以政事,案申重之以贵贱杀生,使袭然终始犹一也。⑱如是则夫名声之部发于天地之间也,岂不如日月雷霆然矣哉!⑲故曰:以国齐义,一日而白,汤、武是也。⑳汤以亳、武王以鄗,皆百里之地也,㉑天下为一,诸侯为臣,通达之属莫不从服,无它故焉,以济义矣,是所谓"义立而王"也。㉒德虽未至也,义虽未济也,㉓然而天下之理略奏矣,㉔刑赏已诺,信乎天下矣,㉕臣下晓然皆知其可要也。㉖政令已陈,虽睹利败不欺其民;㉗约结已定,虽睹利败不欺其与。㉘如是则兵劲城固,敌国畏之,国一綦明,与国信之,㉙虽在僻陋之国,威动天下,五伯是也。㉚非本政教也,㉛非致隆高也,㉜非綦文理也,㉝非服人之心也,㉞乡方略,㉟审劳佚,㊱谨畜积,㊲修战备,齺然上下相信而天下莫之敢当。㊳故齐桓、晋文、楚庄、吴阖闾、越句践,是皆僻陋之国也,威动天下,强殆中国,㊴无它故焉,略信也,是所谓"信立而霸"也。㊵挈国以呼功利,㊶不务张其义,齐其信,唯利之求,㊷内则不惮诈其民而求小利焉,㊸外则不惮诈其与而求大利焉,㊹内不修正其所以有,然常欲人之有,㊺如是则臣下百姓莫不以诈心待其上矣。上诈其下,下诈其上,则是上下析也。㊻如是则敌国轻之,㊼与国疑之,权谋日行而国不免危削,綦之而亡,㊽齐闵、薛公是也。㊾故用强齐,非以修礼义也,非以本政教也,非以一天下也,绵绵常以结引驰外为务。㊿故强,南足以破楚,51西足以诎秦,52北足以败燕,中足以举宋,53及以燕、赵起而攻之若振槁然,54而身死国亡,为天下大戮,55后世言恶则必稽焉。56是无它故焉,唯其不由礼义而由权谋也。三者,明主之所以谨择也,而仁人之所以务白也。善择者制人,不善择者人制之。57国者,天下之大器也,重任也,不可不善为择所而后错之,错之险则危;58不可不善为择道然后道之,涂薉则塞,59危塞则亡。60彼国错者,非封焉之谓也,61何法之道,谁子之与也?62故道王者之法,与王者之人为之，则亦王；道霸者之法，与霸者之人为之，则亦霸；道亡国之法，与亡国之人为之，则亦亡。⑥三者，明主之所以谨择也，而仁人之所以务白也。⑥故国者重任也，不以积持之则不立。⑥故国者世所以新者也，是惮惮，非变也，⑥改王改行也。⑥故一朝之日也，一日之人也，然而厌焉有千岁之固，何也？⑥曰：援夫千岁之信法以持之也，安与夫千岁之信士为之也。⑥人无百岁之寿而有千岁之信士，何也？⑦曰：以夫千岁之法自持者，是乃千岁之信士矣。⑦故与积礼义之君子为之则王，与端诚信全之士为之则霸，与权谋倾覆之人为之则亡。三者，明主之所以谨择也，而仁人之所以务白也。善择之者制人，不善择之者人制之。彼持国者必不可以独也，⑦然则强固荣辱在于取相矣。身能相能，如是者王；⑦身不能，知恐惧而求能者，如是者强；⑦身不能，不知恐惧而求能者，安唯便僻左右亲比己者之用，如是者危削，⑦綦之而亡。⑦国者，巨用之则大，小用之则小，⑦綦大而王，綦小而亡，小巨分流者存。⑦巨用之者，先义而后利，安不恤亲疏，不恤贵贱，唯诚能之求，夫是之谓巨用之。小用之者，先利而后义，安不恤是非，不治曲直，唯便僻亲比己者之用，夫是之谓小用之。巨用之者若彼，小用之者若此，小巨分流者亦一若彼、一若此也。⑦故曰："粹而王，驳而霸，无一焉而亡。"此之谓也。⑧

① 天下用之利者，无过于国。"制"，衍字耳。

② 埶之最利者也。

③ 有国不如无国。

④ "綦"谓穷极之时。

⑤ 潛与闵同。齐潛王为淖齿所杀。宋献，宋君偃也，为齐潛王所灭。《吕氏春秋》云"宋康王"，此云"献"。国灭之后，其臣子各私为谥，故与此不同。

⑥ 必将以道守之。

⑦ 所宜谨慎择之。

⑧ 白，明白也。

⑨ 挈，提举也。言挈提一国之人，皆使呼召礼义。言所务皆礼义也。"无以害之"谓不以它事害礼义也。

⑩ 拣读为落，石貌也。其所持心、持国，不行不义，不杀无罪，落然如石之固也。

⑪ 举，皆也。所与为政之人则皆用义士，谓若伊、吕之比者也。

⑫ 谓若周穆王训夏赎刑之类也。

⑬ 志，意也。主所极信率群臣归向之者，则皆义之志。谓不怀不义之意也。一曰：志，记也。旧典之有义者，谓若六经也。

⑭ "綦"当为"基"。基，本也。言以义为本。仰，鱼亮反。

⑮ 仲尼诚能义乎志意，又加之以义乎身行。言志意及立身、立行皆以义。行，下孟反。

⑯ 以义箸于言语，谓所论说皆明义也。

⑰ 以义[1]得济之日，成功之后也。言仲尼行义既成之后，不隐乎天下。谓极昭明，天下莫能隐匿之。

⑱ 申亦重也。既为政皆以义，又申重以赏罚，使相掩袭无间隙，终始如一也。

⑲ "部"当为"剖"，谓开发也。仲尼匹夫，但箸空言，犹得不隐乎天下，今若以显诸侯行义，必如日月雷霆也。

⑳ "齐"当为"济"。以一国皆取济于义，一朝而名声明白，汤、武是也。

㉑ 亳，汤国都。鄗与镐同，武王所都京也。《诗》曰："考卜维王，宅是镐京。维龟正之，武王成之。"

---

[1] 义：原作"善"，据正文及王先谦说改。

㉒ 非有它故,但取济于义也。

㉓ 霸者亦有德义,但未能至极尽济也。

㉔ 天下之谓条理者,略有节奏也。

㉕ 诺,许也。已,不许也。《礼记》曰:"与其有诺责,宁有已怨。""信乎天下"谓若齐桓不背柯盟之比也。

㉖ 要,约也。皆知其可与要约不欺也。要,一尧反。

㉗ 谓若伐原,命三日之粮,不降而退之比也。

㉘ 与,相亲与之国。谓若齐桓许救鲁、卫,不遂灭之为己利之比也。

㉙ "綦"亦当为"基"也。

㉚ 伯读曰霸,又如字。为诸侯之长曰伯,《春秋左氏传》曰"策命晋侯为伯"也。

㉛ 虽有政教,未尽修其本也。

㉜ 致,极也。不如尧、舜、禹、汤之极崇高也。

㉝ 言其驳杂未极条贯。

㉞ 未得天下归心如文王。此皆言虽未能备行王道,以略信之,故犹能致霸也。

㉟ 所向唯在方略,不在用仁义也。

㊱ 审以佚待劳之术也。

㊲ 谨,严。畜积不妄耗费。

㊳ 齗,齿相迎也。齗然,上下相向之貌。齗,士角反。

㊴ 其强能危中国。

㊵ 虽未能济义,略取信而行之,故能致霸也。

㊶ 此论权谋者也。提挈一国之人,以呼召功利。言所务唯功利也。功役使利,贪求之也。

㊷ 张,开。

㊸ 谓若梁伯好土功,诈其民曰"寇将至"之比。

㊹ 谓若楚灵王以义讨陈、蔡,因遂灭之之比也。

㊺ 有,土地、货财也。

㊻ 离析。

㊼ 不得人心，故轻之也。

㊽ 其极者则灭亡。

㊾ 薛公，孟尝君田文，齐闵王之相也。齐闵王为五国所伐，皆薛公使然，故同言之也。

㊿ 绵绵，不绝貌。引读为靷。靷，引轴之物。“结引”谓系于轴，所以引车也。齐闵、薛公不修德政，但使说客引轴驰骛于它国，以权诈为务也。

(51)《史记》齐闵王二十三[1]年，与秦败楚于重丘南，割楚之淮北也。

(52)《史记》闵王二十六年“与韩、魏共攻秦，至函谷军焉”。

(53) 闵王三十八年伐宋，宋王死于温。“举”谓举其国而灭之。

(54) 闵王四十年，燕、秦、楚、三晋败我于济西。振，击也。槁，枯叶也。言当权谋强盛之时，虽破敌灭国，及乐毅以诸国攻之，若击枯叶之易也。

(55) 为天下大戮辱也。《春秋传》曰：“古者明王伐不敬，取其鲸鲵而封之，以为大戮也。”

(56) 后世稽考闵王为龟镜也。

(57) 善择者用霸王，不善择者用权谋也。

(58) 所，处也。错读为措。

(59) 不可不善为择道路而导达之。莣与秽同。“塞”谓行不通也。

(60) 所以为之善择。

(61) 非受之茆土然后为安。一曰：修封疆、立城郭之谓也。

(62) 设问之辞。既非封焉之谓，问以何法导达之，求谁人付与之。谁子，犹谁人也。《慎子》曰：“弃道术，舍度量，以求一人之识识天下，谁子之识能足焉也？”

(63) 答辞也。道，皆与导同。

(64) 荀子多重叙前语者，丁宁之也。

(65) 不以积久之法持之则倾覆也。

---

[1] 二十三：原作“三十三”，据《史记·田敬仲完世家》改。

⑥⑥ 惮与坦同。言国者，但继世之主自新耳，此积久之法，坦坦然无变也。《随巢子》曰："有阴而远者，有惮明而功者。杜伯射宣王于亩田，是惮明而功者。"据古，惮与坦通。

⑥⑦ 自是改一王则改其所行之事，非法变也。或曰：《国语》襄王谓晋文公曰："先民有言曰：'改玉改行。'"玉，佩玉。行，步也。

⑥⑧ 设问之辞。"一朝之日"谓今日之事明朝不同，言易变也。"一日之人"谓今日之生未保明日，言寿促也。厌读为靥。《礼记》曰"见君子而后厌然揜其不善"，郑注云："闭藏貌。"言事之易变、人之寿促如此，何故有靥然深藏，千岁不变改之法乎？

⑥⑨ 谓使百世不易可信之士为政。

⑦⓪ 又问之。

⑦① 以礼义自持者则是千岁之士，不以寿千岁也，能自持则能持国也。

⑦② 君不可独治也。

⑦③ 谓若汤、伊尹，文王、太公也。

⑦④ 若燕昭、乐毅也。

⑦⑤ 谓若楚襄王左州侯、右夏侯之比也。

⑦⑥ 宋献之比。

⑦⑦ 巨者大之极也。

⑦⑧ 小巨各半，如水之分流也。

⑦⑨ 或诚能之求，或亲比己者之用。

⑧⓪ 粹，全也。若舜举皋陶，不仁者远，即巨用之，綦大而王者也。驳，杂也。若齐桓外任管仲，内任竖貂，则小巨分流者。无一焉而亡，无一贤人，若厉王专任皇甫、尹氏，即綦小而亡者也。

　　国无礼则不正。礼之所以正国也，譬之犹衡之于轻重也，犹绳墨之于曲直也，犹规矩之于方圆也，^①既[1]错之而

---

[1]　既：原作"正"，据王念孙说改。

人莫之能诬也。②《诗》云："如霜雪之将将，如日月之光明，③为之则存，不为则亡。"此之谓也。④

① 礼能正国，譬衡所以辨轻重，绳墨所以辨曲直，规矩所以定方圆也。
② 错，置也。《礼记》曰"衡诚悬，不可欺以轻重；绳墨诚陈，不可欺以曲直；规矩诚设，不可欺以方圆"也。
③ 逸《诗》。
④ 为，为礼也。

国危则无乐君，国安则无忧民。乱则国危，治则国安。今君人者急逐乐而缓治国，岂不过甚矣哉！譬之是由好声色而恬无耳目也，岂不哀哉！①夫人之情，目欲綦色，耳欲綦声，口欲綦味，鼻欲綦臭，心欲綦佚。②此五綦者，人情之所必不免也。养五綦者有具，③无其具则五綦者不可得而致也。万乘之国可谓广大富厚矣，加有治辨、强固之道焉，④若是则恬愉无患难矣，然后养五綦之具具也。故百乐者生于治国者也，忧患者生于乱国者也，急逐乐而缓治国者，非知乐者也。故明君者必将先治其国，然后百乐得其中；⑤暗君必将急逐乐而缓治国，故忧患不可胜校也，⑥必至于身死国亡然后止也，岂不哀哉！将以为乐乃得忧焉，将以为安乃得危焉，将以为福乃得死亡焉，岂不哀哉。於乎！君人者亦可以察若言矣。⑦故治国有道，人主有职。⑧若夫贯日而治详，一日而曲列之，⑨是所使夫百吏官人为也，不足以是伤游玩安燕之乐。⑩若夫论一相以兼率之，使臣下百吏莫不宿道乡方而务，⑪是夫人主之职也。⑫若是则一天下，名配尧、禹。人

133

主者,守至约而详,事至佚而功,⑬垂衣裳,不下簟席之上,而海内之人莫不愿得以为帝王。夫是之谓至约,乐莫大焉。人主者,以官人为能者也;匹夫者,以自能为能者也。人主得使人为之,匹夫则无所移之。百亩一守,事业穷,无所移之也。⑭今以一人兼听天下,日有余而治不足者,使人为之也。⑮大有天下,小有一国,⑯必自为之然后可,则劳苦秏悴莫甚焉,⑰如是则虽臧获不肯与天子易埶业。⑱以是县天下,一四海,何故必自为之?⑲为之者役夫之道也,墨子之说也。⑳论德使能而官施之者,圣王之道也,儒之所谨守也。㉑传曰:"农分田而耕,贾分货而贩,百工分事而劝,士大夫分职而听,㉒建国诸侯之君分土而守,三公总方而议,㉓则天子共己而已。"㉔出若入若,天下莫不平均,莫不治辨,㉕是百王之所同也,而礼法之大分也。㉖

① 恬,安也。安然无耳目,虽好声色,将何用哉?

② 臭,气也。凡气香亦谓之臭。《礼记》曰:"佩容臭。"綦,极也。"綦"或为"甚",传写误耳。佚,安乐也。

③ "具"谓广大、富厚、治辨、强固之道也。

④ 有读为又。辨,分别事。

⑤ 得于治国之中。乐,并音洛。

⑥ 校,计。

⑦ 於乎读为呜呼。若言,如此之言,谓已上之说。

⑧ 在知其道、守其职也。

⑨ 贯日,积日也。积日而使条理详备,一日如委曲列之,无差错也。

⑩ 烦碎之事既使百吏官人为之,则不足以此害人君游燕之乐也。

⑪ "论"谓讨论选择之也。率,领也。宿道,止于道也。乡方,不迷乱

也。臣下皆以宿道向方为务，不敢奸诈也。

⑫ 论相乃是人主之职，不在躬亲小事也。

⑬ 事，任。

⑭ 百亩，一夫之守。事业，耕稼也。耕稼穷于此，无所移于人。若人主必躬治小事，则与匹夫何异也？

⑮ 今以一人兼听天下之大，自称日有余，言兼听之日有余也。"而治不足"谓所治之事少而不足，言不足治。使人为之，故得如此。《尸子》曰："尧南抚交阯，北怀幽都，东西至日之所出入，有余日而不足于治者，恕也。"《韩子》曰："夫为人主而身察百官，则日不足、力不给也。故先王舍己能而因法数，审赏罚，故治不足而日有余，上之任势使然也。"日，而实反。

⑯ 天子、诸侯。

⑰ "耗"谓精神竭耗。悴，憔悴也。

⑱ 臧获，奴婢也。《方言》曰："荆、淮、海、岱之间，骂奴曰臧，骂婢曰获。燕、齐亡奴谓之臧，亡婢谓之获。"或曰：取货谓之臧，擒得谓之获，皆谓有罪为奴婢者。故《周礼》："其奴婢男子入于罪隶，女子入于舂稿。"势业，权执事业也。

⑲ 以是一人之寡，悬天下之重，一四海之大，何故必自为之？言力不任之也。

⑳ 墨子之说，必自劳苦矣。

㉑ "官施"谓建百官，施布职事。

㉒ 听其政治。

㉓ 总，领也。议其所总之政。自陕以东，周公主之，自陕以西，召公主之，一相处于内，是总方而议之也。

㉔ 共读为恭，或读为拱，垂拱而已也。

㉕ 若，如此也。"出若入若"谓内外皆如此也。谓如论德、使能、官施之事。或曰：若，顺也。

㉖ 礼法大分，在任人各使当其职分也。

百里之地可以取天下，是不虚，其难者在人主之知之也。^①取天下者，非负其土地而从之之谓也，^②道足以壹人而已矣。^③彼其人苟壹，则其土地且奚去我而适它？^④故百里之地，其等位爵服足以容天下之贤士矣；^⑤其官职事业足以容天下之能士矣；^⑥循其旧法，择其善者而明用之，足以顺服好利之人矣。^⑦贤士一焉，能士官焉，好利之人服焉，三者具而天下尽，无有是其外矣。^⑧故百里之地足以竭埶矣，^⑨致忠信，箸仁义，足以竭人矣。^⑩两者合而天下取，诸侯后同者先危。^⑪《诗》曰："自西自东，自南自北，无思不服。"一人之谓也。^⑫

① 所患人主不知小国可以取天下之道也。

② 非谓它国负荷其土地来而从我之谓也。

③ 其道足以齐壹人，故天下归之也。

④ 彼国之人苟一于我，则其土地奚往哉？

⑤ 此论百里国取天下之道。贤士，有道德者也。

⑥ 能士者，才艺也。

⑦ 择旧法之善者而明用之，谓择务本厚生之法而用之，则民衣食足而好利之人顺服也。

⑧ "具"谓俱为用也。

⑨ 竭，尽也。有等位、爵服、官职、事业，是天下之人埶尽于此矣。

⑩ 致，极也。箸，明也。言极忠信、明仁义足以尽天下之人。谓皆来归也。

⑪ "两者合"谓能尽埶、尽人也。

⑫ 其道足以齐一人，故四方皆归之。

羿、蠭门者，善服射者也；^①王良、造父者，善服驭者也。^②聪明君子者，善服人者也。人服而埶从之，人不服而埶去之，故王者已于服人矣。^③故人主欲得善射射远中微，则莫若羿、蠭门矣；^④欲得善驭及速致远，则莫若王良、造父矣；欲调壹天下，制秦、楚，则莫若聪明君子矣。^⑤其用知甚简，^⑥其为事不劳，而功名致大，甚易处而綦可乐也，故明君以为宝而愚者以为难。^⑦夫贵为天子，富有天下，名为圣王，兼制人，人莫得而制也，是人情之所同欲也，而王者兼而有是者也。重色而衣之，重味而食之，重财物而制之，^⑧合天下而君之，饮食甚厚，声乐甚大，台谢甚高，^⑨园囿甚广，臣使诸侯，一天下，是又人情之所同欲也，而天子之礼制如是者也。^⑩制度以陈，政令以挾，^⑪官人失要则死，公侯失礼则幽，^⑫四方之国有侈离之德则必灭，^⑬名声若日月，功绩如天地，天下之人应之如景向，是又人情之所同欲也，而王者兼而有是者也。故人之情，口好味而臭味莫美焉，耳好声而声乐莫大焉，目好色而文章致繁、妇女莫众焉，形体好佚而安重閒静莫愉焉，^⑭心好利而谷禄莫厚焉，合天下之所同愿兼而有之，罦牢天下而制之若制子孙，^⑮人苟不狂惑戇陋者，其谁能睹是而不乐也哉！欲是之主并肩而存，能建是之士不世绝，千岁而不合，何也？曰：人主不公，人臣不忠也。人主则外贤而偏举，人臣则争职而妒贤，是其所以不合之故也。^⑯人主胡不广焉无恤亲疏，无偏贵贱，唯诚能之求？^⑰若是则人臣轻职业让贤而安随其后，如是则舜、禹还至，王业还起，^⑱功壹天下，名配舜、禹，物由有可乐如是其美焉者乎？呜呼！君人者亦可以察若言矣。⑲杨朱哭衢涂曰："此夫过举蹞步而觉跌千里者夫！"哀哭之。⑳此亦荣辱安危存亡之衢已，此其为可哀甚于衢涂。㉑鸣呼哀哉！君人者千岁而不觉也。㉒

① 蠭门，即蠭蒙，学射于羿。羿、蠭蒙善射，故射者服之。蠭音逢。

② 王良，赵简子之御，《韩子》曰"字伯乐"；造父，周穆王之御，皆善御者也。驭与御同也。

③ 王者之功尽此也。

④ 射及远，中细微之物。

⑤ 荀卿在齐，楚、秦天下强国，故制之者也。

⑥ 用智虑至少也。

⑦ 明君以任贤为宝，愚者以任贤为难也。

⑧ 重，多也，直用反。

⑨ 谢与榭同。

⑩ 礼之与制如此其盛，言尽人情之所欲也。

⑪ 挟读为浃，洽也。

⑫ 要，政令之要约也。《礼记》曰："各扬其职，百官废职，服大刑。"幽，囚也。《春秋传》曰"晋侯执卫侯，归之于京师，寘诸深室"也。

⑬ 侈，奢侈；离，乖离，皆谓不遵法度。

⑭ 閒，隙也。或读为闲。愉，乐也。

⑮ 罤牢，未详。"罤"或作"毕"，言尽牢笼天下也。《新序》作"宰牢"。《战国策》燕太子丹谓荆轲曰："秦有贪功之心，非尽天下之地，牢海内之王，其意不厌。"或曰：罤读如以薅荼蓼之"薅"，牢与《汉书》丘婑辌釜之"辌"义同，皆料理斡运之意也。

⑯ 外贤，疏贤也。偏举，偏党而举所爱也。

⑰ 广焉，开泰貌。或曰：读为旷。诚能，实能也。

⑱ 还，复。

⑲ 可以察如此之言也。

⑳ 杨朱,战国时人,后于墨子,与墨子弟子禽滑厘辨论。其说在爱己,不拔一毛以利天下,与墨子相反。衢涂,歧路也。秦俗以两为衢,或曰:四达谓之衢。觉,知也。半步曰跬。跌,差也。言此歧路,第过举半步,则知差而哭,况跌千里者乎! 故甚哀而哭之。《易》曰"差以毫厘,谬以千里"也。

㉑ 此谓求诚能之士也。不求则灭亡,故可哀甚于衢涂也。

㉒ 叹君人者千岁而不知求诚能之士。

无国而不有治法,无国而不有乱法;无国而不有贤士,无国而不有罢士;①无国而不有愿民,无国而不有悍民;无国而不有美俗,无国而不有恶俗。两者并行而国,在上偏而国安,在下偏而国危;②上一而王,下一而亡。③故其法治,[1]其佐贤,其民愿,其俗美,而四者齐,夫是之谓上一。如是则不战而胜,不攻而得,甲兵不劳而天下服。故汤以亳,武王以鄗,④皆百里之地也,天下为一,诸侯为臣,通达之属莫不从服,无它故焉,四者齐也。⑤桀、纣即序[2]于有天下之埶,索为匹夫而不可得也,⑥是无它故焉,四者并亡也。故百王之法不同,若是所归者一也。

① 《国语》曰"罢士无伍,罢女无家",韦昭曰:"病也。"无行曰罢。《周礼》"以嘉石平罢民",谓平之使善者也。

② 上偏,偏行上事也。谓治法多,乱法少;贤士多,罢士少;愿民多,悍民少之类。下偏反是。

---

[1] 法治:原作"治法",据王念孙说改。
[2] 序:王念孙谓当作"厚"。

③ "一"谓令行也。

④ 鄗与镐同。

⑤ "齐"谓无所阙也。

⑥ "即序于有天下之势"谓就王者之次序为天子也。

　　上莫不致爱其下而制之以礼,上之于下如保赤子。政令制度,所以接下之人百姓,有不理者如豪末,则虽孤独鳏寡必不加焉。①故下之亲上欢如父母,可杀而不可使不顺。君臣上下、贵贱长幼,至于庶人,莫不以是为隆正。②然后皆内自省以谨于分,③是百王之所以同也,而礼法之枢要也。④然后农分田而耕,贾分货而贩,百工分事而劝,士大夫分职而听,建国诸侯之君分土而守,三公总方而议,则天子共^[1]己而止矣。出若入若,天下莫不平均,莫不治辨,是百王之所同,而礼法之大分也。⑤若夫贯日而治平,权物而称用,⑥使衣服有制,宫室有度,人徒有数,丧祭械用皆有等宜,以是用挟于万物,⑦尺寸寻丈莫得不循乎制度数量然后行,则是官人使吏之事也,不足数于大君子之前。⑧故君人者立隆政本朝而当,⑨所使要百事者诚仁人也,⑩则身佚而国治,功大而名美,上可以王,下可以霸。立隆正本朝而不当,所使要百事者非仁人也,则身劳而国乱,功废而名辱,社稷必危,是人君者之枢机者也。⑪故能当一人而天下取,失当一人而社稷危。不能当一人而能当千人、百人者,说无之有也。⑫既能当一人则身有何劳而为,⑬垂衣裳而天下定。故汤用伊尹,

[1]　"共",原作"其",据王先谦说改。

文王用吕尚，武王用召公，成王用周公旦。卑者五伯，^⑭齐桓公闺门之内县乐奢泰游抏之修，^⑮于天下不见谓修，^⑯然九合诸侯，一匡天下，为五伯长，是亦无它故焉，知一政于管仲也，是君人者之要守也。^⑰知者易为之兴力而功名綦大，^⑱舍是而孰足为也？^⑲故古之人有大功名者必道是者也，^⑳丧其国、危其身者必反是者也。故孔子曰："知者之知，固以多矣，有以守少，能无察乎！^㉑愚者之知，固以少矣，有以守多，能无狂乎！"此之谓也。^㉒

① 不以豪末不理加于孤独鳏寡也。四者人所轻贱，故圣王尤爱之。《孝经》曰："不敢侮于鳏寡，而况于士民乎。"

② "是"谓亲上也，皆以亲上为隆正也。

③ 爱敬其上，故不敢逾越也。

④ 是百王之同用爱民之道而得民也。

⑤ 亦谓致爱其下，故皆劝勉。余并已解上也。

⑥ 贯日，积日也。使条理平，正权制物，使称于用。称，尺证反。

⑦ "人徒"谓胥徒，给徭役者也。械用，器用也。"皆有等宜"言等差皆得其宜也。挟读为浃。

⑧ 官人，列官之人。使吏，所使役之吏。数，阅数也。"大君子"谓人君也。

⑨ 隆政，所隆之政也。当，丁浪反。

⑩ 主百事之要约纲纪者，谓相也。

⑪ 枢机在得贤相。"人君"当为"君人"也。

⑫ 论说之中无此事。"能当"谓能用人之当也。当，皆丁浪反。

⑬ 而、为皆助语也。

⑭ "卑"言功业卑于王者。伯读为霸。

⑮ 县，簨簴也。泰与汰同，抏与玩同。言齐桓唯此是修也。

⑯ 天下不谓之修饰也。

⑰ 要守在任贤也。

⑱ 智者，知任贤之君也。

⑲ 舍是任贤之事，何足为之？言其余皆不足为也。

⑳ 道，行也。必行此任贤之事。

㉑ 上"知"音智，下如字。有读为又，下同。"守少"谓任贤恭己而已也。

㉒ "守多"谓自任，主百事者也。事烦则狂乱也。

治国者分已定，则主相臣下百吏各谨其所闻，不务听其所不闻；①各谨其所见，不务视其所不见。所闻所见诚以齐矣，②则虽幽闲隐辟，百姓莫敢不敬分安制以化[1]其上，是治国之徵也。③

① "谨"谓守行，无越思。

② "齐"谓各当其事，不侵越也。

③ 闲读为闲。辟读为僻。"安制"谓安于国之制度，不敢逾分。徵，验也。治国之徵验在分定。

主道治近不治远，①治明不治幽，治一不治二。主能治近则远者理，主能治明则幽者化，主能当一则百事正。夫兼听天下，日有余而治不足者如此也，是治之极也。既能治近又务治远，既能治明又务见幽，既能当一又务正百，②是过者也，犹不及也，辟之是犹立直木而求其景之枉也。不能治近又务治远，不能察明又务见幽，不能当一又务正百，是悖者

---

[1] "化"上原有"礼"，据王念孙说删。

也，③辟之是犹立枉木而求其景之直也。故明主好要而暗主好详。④主好要则百事详，主好详则百事荒。⑤君者，论一相，陈一法，明一指，以兼覆之，兼炤之，以观其盛者也。⑥相者，论列百官之长，要百事之听，⑦以饰朝廷臣下百吏之分，⑧度其功劳，论其庆赏，岁终奉其成功以效于君。当则可，不当则废，⑨故君人劳于索之而休于使之。⑩

① 人主之道如此。

② 当，丁浪反。

③ 悖，惑。

④ 任一相而委之，是好要；不委人而自治百事，是好详也。

⑤ 力不及故荒也。

⑥ 论，选择也。指，指归也。一法、一指皆谓纪纲也。盛读为成。观其成功也。

⑦ 列，置于列位也。听，治也。要，取百事之治，考其得失也。要，一尧反。

⑧ 修饰使各当分。

⑨ 效，致也。《周礼·大宰》"岁终则令百官府各正其治，受其会，听其政事而诏王废置"也。

⑩ 索，求也。休，息也。

用国者，得百姓之力者富，得百姓之死者强，得百姓之誉者荣。三得者具而天下归之，三得者亡而天下去之。天下归之之谓王，天下去之之谓亡。汤、武者，循其道，行其义，兴天下同利，除天下同害，天下归之。故厚德音以先之，明礼义以道之，致忠信以爱之，赏贤使能以次之，①爵服赏庆以申重之，时其事、轻其任以调齐之，潢然兼覆之、养长之如保赤子。②生民则致宽，③使民则綦理，辩政令制度，所以接天下之人百姓，有非理者如豪末，则虽孤独鳏寡必不加焉。是故百姓贵之如帝，亲之如父母，为之出死断亡而不愉者，无它故焉，④道德诚明，利泽诚厚也。乱世不然，污漫突盗以先之，⑤权谋倾覆以示之，俳优、侏儒、妇女之请谒以悖之，⑥使愚诏知，使不肖临贤，生民则致贫隘，使民则綦劳苦。是故百姓贱之如伛，恶之如鬼，⑦日欲司间而相与投藉之、去逐之。⑧卒有寇难之事，又望百姓之为己死，不可得也，说无以取之焉。⑨孔子曰："审吾所以适人，人[1]之所以来我也。"此之谓也。⑩

① "赏"当为"尚"。

② 潢与滉同，大水貌也。

③ 生民，生活民，谓衣食也。

④ "不愉"，"不"字剩耳。

⑤ 突，陵触。盗，窃也。

⑥ 俳优，倡优。侏儒，短人可戏弄者。悖，乱也。

⑦ 字书无"伛"字，盖当为"尪"，病人也。《礼记》曰："吾欲暴尪而奚若?"《新序》作"贱之如尩豸"。

⑧ 司间，伺其间隙。投，摘也。藉，践也。一作"投错之"。

⑨ 论说之中，无以此事为得也。卒，千忽反。

⑩ 适人，往与人也。审慎其与人之道，为其复来报我也。

――――――――――

[1] "人"上原有"适"，据王念孙说删。

伤国者何也？曰：以小人尚民而威，^①以非所取于民而巧，^②是伤国之大灾也。大国之主也而好见小利，是伤国；其于声色、台榭、园囿也愈厌而好新，是伤国；^③不好循正其所以有，唤唤常欲人之有，是伤国。^④三邪者在匈中，而又好以权谋倾覆之人断事其外，^⑤若是则权轻名辱，社稷必危，是伤国者也。大国之主也，不隆本行，不敬旧法，而好诈故，^⑥若是则夫朝廷群臣亦从而成俗于^[1]不隆礼义而好倾覆也。^⑦朝廷群臣之俗若是，则夫众庶百姓亦从而成俗于不隆礼义而好贪利矣。君臣上下之俗莫不若是，则地虽广权必轻，人虽众兵必弱，刑罚虽繁令不下通，夫是之谓危国，是伤国者也。儒者为之不然，必将曲辨：^⑧朝廷必将隆礼义而审贵贱，若是则士大夫莫不敬节死制者矣；^⑨百官则将齐其制度，重其官秩，若是则百吏莫不畏法而遵绳矣；^⑩关市几而不征，质律禁止而不偏，^⑪如是则商贾莫不敦悫而无诈矣；百工将时斩伐，佻其期日而利其巧任，如是则百工莫不忠信而不楛矣；^⑫县鄙将轻田野之税，省刀布之敛，罕举力役，无夺农时，如是则农夫莫不朴力而寡能矣。^⑬士大夫务节死制，然而兵劲，^⑭百吏畏法循绳，然后国常不乱。商贾敦悫无诈则商旅安、货通财而国求给矣，^⑮百工忠信而不楛则器用巧便而财不匮矣，农夫朴力而寡能，则上不失天时，下不失地利，中得人和而百事不废。是之谓政令行，风俗美，以守则固，以征则强，居则有名，动则有功。此儒之所谓曲辨也。

---

[1] 于：原无，据后文例及王念孙说补。

① 尚,上也。使小人在上位而作威也。

② 若丘甲、田赋之类也。

③ 厌,足也,一占反。

④ 唊唊,并吞之貌。

⑤ 事,任也。谓断决任事于外也。

⑥ 故,事变也。

⑦ 以不隆礼义为成俗。

⑧ 辨,理也。委曲使归于理也。

⑨ 节,忠义。制,职分。

⑩ 秩,禄也。其制驭百官,必将齐一其制度,使有守也;厚重其秩禄,使不贪也。

⑪ 质律,质剂也,可以为法,故言"质律"也。"禁止而不偏"谓禁止奸人,不偏听也。《周礼·小宰》"听卖买以质剂",郑司农云:"质剂,平市价,今之月平是也。"郑康成云:"两书一札,同而别之,长曰质,短曰剂,皆今之券书也。"《左氏传》曰:"赵盾为政,董逃逃,由质要。"或曰:质,正也。

⑫ 时斩伐,即《周礼》"仲冬斩阳木,仲夏斩阴木"是也。佻与傜同,缓也,谓不迫促也。巧任,巧者之任。不迫促则百工自利矣。"楛"谓器恶不牢固也。《晏子春秋》曰:"景公之时,晏子请发粟,公不许,当为路寝之台,令吏重其绩,远其涂,佻其日而不趋。三年台成,而民振欲,上悦乎君游,民足乎食。"彼"佻"亦与此同也。

⑬ 但质朴而力作,不务它能也。

⑭ "然而"当为"然后"。

⑮ 所求之物皆给足也。

卷第八

君道篇第十二

有乱君，无乱国；有治人，无治法。羿之法非亡也，而羿不世中；禹之法犹存，而夏不世王。故法不能独立，类不能自行，得其人则存，失其人则亡。法者，治之端也；君子者，法之原也。故有君子，则法虽省，足以遍矣；无君子，则法虽具，失先后之施，不能应事之变，足以乱矣。不知法之义而正法之数者，虽博，临事必乱。故明主急得其人，而暗主急得其埶。急得其人，则身佚而国治，功大而名美，上可以王，下可以霸；不急得其人而急得其埶，则身劳而国乱，功废而名辱，社稷必危。故君人者劳于索之，而休于使之。《书》曰："惟文王敬忌，一人以择。"此之谓也。

合符节、别契券者所以为信也，上好权谋，则臣下百吏诞诈之人乘是而后欺。探筹、投钩者所以为公也，上好曲私，则臣下百吏乘是而后偏。衡石称县者所以为平也，上好倾覆，则臣下百吏乘是而后险。斗斛敦槩者所以为啧也，上好贪利，则臣下百吏乘是而后[1]丰取刻与，以无度取于民。故械数者，治之流也，非治之原也；君子者，治之原也。官人守数，君子养原。原清则流清，原浊则流浊。故上好礼义，

---

[1] "后"下原有"鄙"，据王念孙说删。

尚贤使能，无贪利之心，则下亦将綦辞让、致忠信而谨于臣子矣。如是则虽在小民，不待合符节、别契券而信，不待探筹、投钩而公，不待衡石称县而平，不待斗斛敦槩而啧。故赏不用而民劝，罚不用而民服，有司不劳而事治，政令不烦而俗美，百姓莫敢不顺上之法，象上之志，而劝上之事，而安乐之矣。故藉敛忘费，事业忘劳，寇难忘死，城郭不待饰而固，兵刃不待陵而劲，敌国不待服而诎，四海之民不待令而一，夫是之谓至平。《诗》曰："王猷允塞，徐方既来。"此之谓也。

请问为人君，曰：以礼分施，均遍而不偏。请问为人臣，曰：以礼待君，忠顺而不懈。请问为人父，曰：宽惠而有礼。请问为人子，曰：敬爱而致文。请问为人兄，曰：慈爱而见友。请问为人弟，曰：敬诎而不苟。请问为人夫，曰：致功而不流，致临而有辨。请问为人妻，曰：夫有礼则柔从听侍，夫无礼则恐惧而自竦也。此道也，偏立而乱，俱立而治，其足以稽矣。请问兼能之奈何？曰：审之礼也。古者先王审礼以方皇周浃于天下，动无不当也。故君子恭而不难，敬而不巩，贫穷而不约，富贵而不骄，并遇变应而不穷，审之礼也。故君子之于礼，敬而安之；其于事也，径而不失；其于人也，寡怨宽裕而无阿；其所为身也，谨修饰而不危；其应变故也，齐给便捷而不惑；其于天地万物也，不务说其所以然而致善用其材；其于百官之事、技艺之人也，不与之争能而致善用其功；其待上也，忠顺而不懈；其使下也，均遍而不偏；其交游也，缘类而有义[1]；其居乡里也，容而不乱。是

---

[1] 缘类而有义：原作"缘义而有类"，据郝懿行说改。

故穷则必有名，达则必有功，仁厚兼覆天下而不闵，明达用天地、理万变而不疑，血气和平，志意广大，行义塞于天地之间，仁知之极也。夫是之谓圣人，审之礼也。

请问为国，曰：闻修身，未尝闻为国也。君者仪也，仪正而景正；君者槃也，槃圆而水圆；君者盂也，盂方而水方。君射则臣决。楚庄王好细腰，故朝有饿人，故曰"闻修身，未尝闻为国也"。

君者民之原也，原清则流清，原浊则流浊。故有社稷者而不能爱民、不能利民，而求民之亲爱己，不可得也。民之不亲不爱，而求其为己用、为己死，不可得也。民不为己用、不为己死，而求兵之劲、城之固，不可得也。兵不劲、城不固，而求敌之不至，不可得也。敌至而求无危削、不灭亡，不可得也。危削灭亡之情举积此矣，而求安乐，是狂生者也。狂生者，不胥时而落。故人主欲强固安乐则莫若反之民，欲附下一民则莫若反之政，欲修政美国则莫若求其人。彼或蓄积而得之者不世绝，彼其人者，生乎今之世而志乎古之道。以天下之王公莫好之也，然而于是独好之；以天下之民莫欲之也，然而于是独为之。好之者贫，为之者穷，然而于是独犹将为之也，不为少顷辍焉。晓然独明于先王之所以得之、所以失之，知国之安危臧否若别白黑。是其人者也，大用之则天下为一，诸侯为臣；小用之则威行邻敌；纵不能用，使无去其疆域，则国终身无故。故君人者，爱民而安，好士而荣，两者无一焉而亡。《诗》曰："介人维藩，大师维垣。"此之谓也。

149

　　道者何也？曰：君之所[1]道也。君者何也？曰：能群也。能群也者何也？曰：善生养人者也，善班治人者也，善显设人者也，善藩饰人者也。善生养人者人亲之，善班治人者人安之，善显设人者人乐之，善藩饰人者人荣之。四统者俱而天下归之，夫是之谓能群。不能生养人者人不亲也，不能班治人者人不安也，不能显设人者人不乐也，不能藩饰人者人不荣也。四统者亡而天下去之，夫是之谓匹夫。故曰：道存则国存，道亡则国亡。省工贾，众农夫，禁盗贼，除奸邪，是所以生养之也。天子三公，诸侯一相，大夫擅官，士保职，莫不法度而公，是所以班治之也。论德而定次，量能而授官，皆使其人载其事而各得其所宜。上贤使之为三公，次贤使之为诸侯，下贤使之为士大夫，是所以显设之也。修冠弁衣裳、黼黻文章、雕琢刻镂皆有等差，是所以藩饰之也。故由天子至于庶人也，莫不骋其能，得其志，安乐其事，是所同也；衣暖而食充，居安而游乐，事时制明而用足，是又所同也。若夫重色而成文章，重味而成珍备，是所衍也。圣王财衍以明辨异，上以饰贤良而明贵贱，下以饰长幼而明亲疏，上在王公之朝，下在百姓之家，天下晓然皆知其非以为异也，将以明分达治而保万世也。故天子诸侯无靡费之用，士大夫无流淫之行，百吏官人无怠慢之事，众庶百姓无奸怪之俗、无盗贼之罪，其能以称义遍矣。故曰："治则衍及百姓，乱则不足及王公。"此之谓也。

　　至道大形，隆礼至法则国有常，尚贤使能则民知方，纂

––––––––––––––––––––

[1]　之所：原无，据王念孙说补。

论公察则民不疑，赏克罚偷则民不怠，兼听齐明则天下归之。然后明分职，序事业，材技官能，莫不治理，则公道达而私门塞矣，公义明而私事息矣。如是，则德厚者进而佞说者止，贪利者退而廉节者起。《书》曰："先时者杀无赦，不逮时者杀无赦。"人习其事而固，人之百事如耳目鼻口之不可以相借官也，故职分而民不慢[1]，次定而序不乱，兼听齐明而百事不留。如是，则臣下百吏至于庶人莫不修己而后敢安正，诚能而后敢受职，百姓易俗，小人变心，奸怪之属莫不反悫，夫是之谓政教之极。故天子不视而见，不听而聪，不虑而知，不动而功，块然独坐而天下从之如一体，如四肢之从心，夫是之谓大形。《诗》曰："温温恭人，维德之基。"此之谓也。

为人主者莫不欲强而恶弱，欲安而恶危，欲荣而恶辱，是禹、桀之所同也。要此三欲，辟此三恶，果何道而便？曰：在慎取相，道莫径是矣。故知而不仁，不可；仁而不知，不可。既知且仁，是人主之宝也，而王霸之佐也。不急得不知，得而不用不仁。无其人而幸有其功，愚莫大焉。今人主有六患，使贤者为之，则与不肖者规之；使知者虑之，则与愚者论之；使修士行之，则与污邪之人疑之。虽欲成功，得乎哉？譬之是犹立直木而恐其景之枉也，惑莫大焉。语曰："好女之色，恶者之孽也；公正之士，众人之痤也；循乎道之人，污邪之贼也。"今使污邪之人论其怨贼而求其无偏，得乎哉？譬之是犹立枉木而求其景之直也，乱莫大焉。故古之

---

[1] 慢：原作"探"，据王念孙说改。

人为之不然，其取人有道，其用人有法。取人之道参之以礼，用人之法禁之以等。行义动静，度之以礼，知虑取舍，稽之以成；日月积久，校之以功。故卑不得以临尊，轻不得以县重，愚不得以谋知，是以万举不过也。故校之以礼而观其能安敬也，与之举错迁移而观其能应变也，与之安燕而观其能无流慆也，接之以声色、权利、忿怒、患险而观其能无离守也。彼诚有之者与诚无之者若白黑然，可诎邪哉！故伯乐不可欺以马，而君子不可欺以人，此明王之道也。人主欲得善射，射远中微者，县贵爵重赏以招致之，内不可以阿子弟，外不可以隐远人，能中是者取之，是岂不必得之之道也哉！虽圣人不能易也。欲得善驭速致远者，一日而千里，县贵爵重赏以招致之，内不可以阿子弟，外不可以隐远人，能致是者取之，是岂不必得之之道也哉！虽圣人不能易也。欲治国驭民，调壹上下，将内以固城，外以拒难，治则制人，人不能制也，乱则危辱灭亡可立而待也。然而求卿相辅佐则独不若是其公也，案唯便嬖亲比己者之用也，岂不过甚矣哉！故有社稷者莫不欲强，俄则弱矣；莫不欲安，俄则危矣；莫不欲存，俄则亡矣。古有万国，今有数十焉。是无它故，莫不失之是也。故明主有私人以金石珠玉，无私人以官职事业，是何也？曰：本不利于所私也。彼不能而主使之，则是主暗也；臣不能而诬能，则是臣诈也。主暗于上，臣诈于下，灭亡无日，俱害之道也。夫文王非无贵戚也，非无子弟也，非无便嬖也，倜然乃举太公于州人而用之，岂私之也哉！以为亲邪？则周姬姓也，而彼姜姓也。以为故邪？则未尝相识也。以为好丽邪？则夫人行年七十有二，齫然而齿堕矣。然而用之者，夫文王欲立贵道，欲白贵名，以惠天下，而不可以独也，非于是子莫足以举之，故举是子而用之。于是乎贵道果立，贵名果明，兼制天下，立七十一国，姬姓独居五十三人，周之子孙苟不狂惑者，莫不为天下之显诸侯，如是者能爱人也。故举天下之大道，立天下之大功，然后隐其所怜所爱，其下犹足以为天下之显诸侯。故曰："唯明主为能爱其所爱，暗主则必危其所爱。"此之谓也。

墙之外目不见也，里之前耳不闻也，而人主之守司，远者天下、近者境内，不可不略知也。天下之变，境内之事，有弛易齫差者矣，而人主无由知之，则是拘胁蔽塞之端也。耳目之明如是其狭也，人主之守司如是其广也，其中[1]不可以不知也，如是其危也。然则人主将何以知之？曰：便嬖左右者，人主之所以窥远收众之门户牖向也，不可不早具也。故人主必将有便嬖左右足信者然后可，其知惠足使规物、其端诚足使定物然后可，夫是之谓国具。人主不能不有游观安燕之时，则不得不有疾病物故之变焉。如是国者，事物之至也如泉原，一物不应，乱之端也。故曰：人主不可以独也。卿相辅佐，人主之基杖也，不可不早具也。故人主必将有卿相辅佐足任者然后可，其德音足以填抚百姓、其知虑足以应待万变然后可，夫是之谓国具。四邻诸侯之相与，不可以不相接也，然而不必相亲也，故人主必将有足使喻志决疑于远方者然后可，其辩说足以解烦、其知虑足以决疑、其

---

[1] "中"：原无，据王念孙说补。

齐断足以距难，不还秩、不反君，然而应薄扞患足以持社稷然后可，夫是之谓国具。故人主无便嬖左右足信者谓之暗，无卿相辅佐足任者谓之独，所使于四邻诸侯者非其人谓之孤，孤独而晻谓之危，国虽若存，古之人曰亡矣。《诗》曰："济济多士，文王以宁。"此之谓也。

材人：愿悫拘录，计数纤啬而无敢遗丧，是官人使吏之材也；修饬端正，尊法敬分而无倾侧之心，守职循业，不敢损益，可传世也而不可使侵夺，是士大夫官师之材也；知隆礼义之为尊君也，知好士之为美名也，知爱民之为安国也，知有常法之为一俗也，知尚贤使能之为长功也，知务本禁末之为多材也，知无与下争小利之为便于事也，知明制度权物称用之为不泥也，是卿相辅佐之材也。未及君道也，能论官此三材者而无失其次，是谓人主之道也。若是，则身佚而国治，功大而名美，上可以王，下可以霸，是人主之要守也。人主不能论此三材者，不知道此道，安值将卑执出劳，并耳目之乐，而亲自贯日而治详，一日[1]而曲辨之，虑与臣下争小察而綦偏能，自古及今，未有如此而不乱者也。是所谓"视乎不可见，听乎不可闻，为乎不可成"，此之谓也。

---

[1] 日：原作"内"，据《王霸》篇及王先谦说改。

卷第九

臣道篇第十三

　　人臣之论：①有态臣者，有篡臣者，有功臣者，有圣臣者。②内不足使一民，外不足使距难，百姓不亲，诸侯不信，然而巧敏佞说，③善取宠乎上，是态臣者也。④上不忠乎君，下善取誉乎民，不恤公道通义，朋党比周，以环主图私为务，是篡臣者也。⑤内足使以一民，外足使以距难，民亲之，士信之，上忠乎君，下爱百姓而不倦，是功臣者也。⑥上则能尊君，下则能爱民，政令教化，刑下如影，⑦应卒遇变，齐给如响，⑧推类接誉，以待无方，曲成制象，是圣臣者也。⑨故用圣臣者王，用功臣者强，用篡臣者危，用态臣者亡。态臣用则必死，篡臣用则必危，⑩功臣用则必荣，圣臣用则必尊。故齐之苏秦、⑪楚之州侯、⑫秦之张仪，可谓态臣者也。⑬韩之张去疾、⑭赵之奉阳、⑮齐之孟尝，可谓篡臣也。⑯齐之管仲、晋之咎犯、⑰楚之孙叔敖，可谓功臣矣。殷之伊尹、周之太公，可谓圣臣矣。是人臣之论也，吉凶、贤不肖之极也，⑱必谨志之而慎自为择取焉，足以稽矣。⑲

　　① 论人臣之善恶。

　　② 解并在下。

　　③ 音悦，或作"说"。

④　以佞媚为容态。

⑤　环主，环绕其主不使贤臣得用。图，谋也。篡臣者，篡夺君政也。

⑥　民亲士信，然后立功也。

⑦　刑，制也。言施政令教化以制其下，如影之随形，动而辄随，不使违越也。

⑧　齐，疾也。给，供给也。应事而至谓之给。夫卒变，人所迟疑，今圣臣应之疾速，如响之应声。卒，苍忽反。

⑨　此明应卒遇变之意。无方，无常也。推其比类，接其声誉，言见其本而知其末也。待之无常，谓不滞于一隅也。委曲皆成制度法象，言物至而应，无非由法，不苟而行之也。圣者，无所不通之谓也。

⑩　此言态臣甚于篡臣者，盖当时多用佞媚变诈之人，深欲戒之，故极言之也。

⑪　苏秦初相赵，后仕燕，终死于齐，故曰"齐之苏秦"。

⑫　楚襄王佞臣也。《战国策》庄辛谏襄王曰："君王左州侯、右夏侯，辇从鄢陵君与寿陵君，载方府之金，与之驰骋乎云梦之中，不知穰侯方受令乎秦王，填黾塞之内而投己乎黾塞之外。"《韩子》曰："州侯相荆贵而荆王疑之，因问左右，对曰'无有'，如出一口也。"

⑬　皆变态佞媚之臣。"仪"或作"禄"。

⑭　盖张良之祖。《汉书》：良"其先韩人。大夫开地，相韩昭侯、宣惠王、襄哀王。父平，相厘王、悼惠王。五世事韩"。《战国策》韩有张翠纳赂于宣太后。

⑮　《后语》："苏秦说赵肃侯，肃侯之弟奉阳君为相，不说苏秦，苏秦乃去之。"又《战国策》苏秦说赵王曰："天下之卿相人臣，乃至布衣之士，莫不高大王之行义，皆愿奉教陈忠于前之日久矣。虽然，奉阳君妒，大王不得任事，是以外宾客游谈之士无敢尽忠于前。"卢藏用云："奉阳君名成。"又案《后语》：奉阳君卒，苏秦乃从燕而来，说肃侯合从之事。而公子成，武灵王时犹不肯胡服，则[1]公子成非奉阳君也。

---

[1]　则：原作"即"，依文义改。

⑯《史记》曰："齐闵王既灭宋,益骄,欲尽灭孟尝。孟尝君恐,乃如魏。魏昭王以为相,西合于秦、赵,与燕共伐破齐。后齐襄王立,孟尝中立,于[1]诸侯无所属。襄王新立,畏孟尝而与连和。"是篡臣也。

⑰咎与舅同。晋文公之舅狐偃,犯其字也。

⑱国之吉凶、人君贤不肖极于论臣也。

⑲志,记也。言必谨记此四臣之安危,而慎自择取,则足以稽考用臣也。

　从命而利君谓之顺,从命而不利君谓之谄;逆命而利君谓之忠,逆命而不利君谓之篡;不恤君之荣辱,不恤国之臧否,偷合苟容,以持禄养交而已耳,谓之国贼。①君有过谋过事,将危国家、殒社稷之惧也,大臣父兄有能进言于君,用则可,不用则去,谓之谏;有能进言于君,用则可,不用则死,谓之争;有能比知同力,②率群臣百吏而相与强君、挢君,③君虽不安,不能不听,遂以解国之大患、除国之大害,成于尊君安国,谓之辅;④有能抗君之命,窃君之重,反君之事,以安国之危、除君之辱,功伐足以成国之大利,谓之拂。⑤故谏、争、辅、拂之人,社稷之臣也,国君之宝也,明君所尊厚也,而暗主惑君以为己贼也。故明君之所赏,暗君之所罚也;暗君之所赏,明君之所杀也。伊尹、箕子可谓谏矣,⑥比干、子胥可谓争矣,平原君之于赵可谓辅矣,信陵君之于魏可谓拂矣,传曰:"从道不从君。"此之谓也。故正义之臣设则朝廷不颇,⑦谏、争、辅、拂之人信则君过不远,⑧爪牙之士施则仇雠

---

[1]　于:原作"为",据《史记·孟尝君列传》改。

不作,⑨边境之臣处则疆垂不丧。⑩故明主好同而暗主好独,⑪明主尚贤使能而飨其盛,⑫暗主妒贤畏能而灭其功。⑬罚其忠,赏其贼,夫是之谓至暗,桀、纣所以灭也。

①"养交"谓养其与君交接之人,不忤犯使怒也。或曰:养其外交,若苏秦、张仪、孟尝君所至为相也。

②比,合也。知读为智。

③强,其亮切。挢与矫同,屈也。

④事见《平原君传》。

⑤抗,拒也。战功曰伐,《左传》"郤至骤称其伐"。拂读为弼。弼,所以辅正弓弩者也。或读为咈,违君之意。谓若信陵君违魏王之命,窃其兵符,杀晋鄙,反军不救赵之事,遂破秦而存赵。夫辅车相依,今赵存则魏安,故曰"安国之危,除君之辱"也。

⑥伊尹谏太甲,箕子谏纣。

⑦"设"谓置于列位。颇,邪也。

⑧"信"谓见信于君。或曰:信读为伸,谓道行也。

⑨爪牙之士,勇力之臣也。"施"谓展其材也。

⑩垂与陲同。

⑪"独"谓自任其智。

⑫"盛"谓大业。言飨其臣之功业也。

⑬灭,掩没也。

事圣君者有听从无谏争,①事中君者有谏争无谄谀,②事暴君者有补削无挢拂。③迫胁于乱时,穷居于暴国而无所避之,则崇其美,扬其善,违其恶,隐其败,言其所长,不称其所短,以为成俗。④《诗》曰:"国有大命,不可以告人,妨其躬身。"此之谓也。⑤

① 圣君无失。

② 中君可上、可下，若齐桓公者也，谄谀则遂成暗君也。

③ "补"谓弥缝其阙，"削"谓除去其恶。言不敢显谏，暗匡救之也。"挢"谓屈其性也。拂，违也。挢拂则身见害，使君有杀贤之名，故不为也。拂音佛。

④ 谓危行言逊以避害也。"以为成俗"言如此而不变，若旧俗然也。

⑤ 逸《诗》。

恭敬而逊，听从而敏，不敢有以私决择也，①不敢有以私取与也，以顺上为志，是事圣君之义也。②忠信而不谀，谏争而不谄，挢然刚折，端志而无倾侧之心，③是案曰是，非案曰非，是事中君之义也。调而不流，柔而不屈，宽容而不乱，④晓然以至道而无不调和也，⑤而能化易，时关内之，是事暴君之义也。⑥若驭朴马，⑦若养赤子，⑧若食餧人，⑨故因其惧也而改其过，⑩因其忧也而辨其故，⑪因其喜也而入其道，⑫因其怒也而除其怨，⑬曲得所谓焉。⑭《书》曰："从命而不拂，微谏而不倦，为上则明，为下则逊。"此之谓也。⑮

① "敏"谓承命而速行，不敢更私自决断选择也。

② 但禀命而已。

③ 挢。强貌。《礼记》曰："和而不流，强哉挢。"刚折，刚直面折也。端志，不邪曲也。

④ 虽调和而而不至流湎，虽柔从而不屈曲，虽宽容而不与为乱也。

⑤ 晓然，明喻之貌。至道，无为不争之道。以至道则暴君不能加怒。"无不调和"言皆不违拂也。

⑥ "关"当为"开"，传写误耳。内与纳同。言既以冲和事之，则能化易

其暴戾之性,时以善道开纳之也。或曰:以道关通于君之心中也。

⑦ 朴马,未调习之马,不可遽牵制,必纵缓之。事暴君之难,故重明之也。

⑧ 赤子,婴儿也,未有所知,必在顺适其性,不惊惧也。

⑨ 使饥渴于至道,如馁人之欲食。或曰:馁人并与之食则必死,今以善道节量与之,不使狂惑也。《庄子》曰:"人惑则死。"

⑩ 惧则思德,故因使其改过。

⑪ 辨其致忧之端则迁善也。

⑫ 欣喜之时,多所听纳,故因以道入之。

⑬ 怨恶之人,因君怒除去之也。

⑭ 虽忧惧喜怒之殊,委曲皆得所谓。所谓即化易君性也。

⑮《书》,《伊训》也。

事人而不顺者,不疾者也;①疾而不顺者,不敬者也;敬而不顺者,不忠者也;忠而不顺者,无功者也;有功而不顺者,无德者也。故无德之为道也,伤疾、堕功、灭苦,故君子不为也。②

① 不顺上意也。疾,速也。"不疾"言怠慢也。

② 伤疾、堕功、灭苦,未详,或恐错误耳。"为"或为"违"。

有大忠者,有次忠者,有下忠者,有国贼者。以德复君而化之,大忠也;①以德调君而补之,次忠也;②以是谏非而怒之,下忠也;③不恤君之荣辱,不恤国之臧否,偷合苟容,以之持禄养交而已耳,国贼也。若周公之于成王也,可谓大忠矣;若管仲之于桓公,可谓次忠矣;若子胥之于夫差,可谓下忠矣；若曹触龙之于纣者，可谓国贼矣。④

　　① 复，报也。以德行之事报白于君，使自化于善。《周礼》"宰夫掌诸臣之复、万民之逆"也。

　　② 谓匡救其恶也。

　　③ 使君有害贤之名，故为下忠也。

　　④《说苑》曰："桀贵为天子，富有天下，其左师触龙者谄谀不正。"此云纣，未知孰是。

　　仁者必敬人。凡人非贤，则案不肖也。人贤而不敬，则是禽兽也；①人不肖而不敬，则是狎虎也。②禽兽则乱，狎虎则危，灾及其身矣。《诗》曰："不敢暴虎，不敢冯河。人知其一，莫知其它。战战兢兢，如临深渊，如履薄冰。"此之谓也。③故仁者必敬人。敬人有道，贤者则贵而敬之，不肖者则畏而敬之；贤者则亲而敬之，不肖者则疏而敬之。其敬一也，其情二也。若夫忠信端悫而不害伤，则无接而不然，是仁人之质也。④忠信以为质，端悫以为统，⑤礼义以为文，⑥伦类以为理，⑦喘而言，臑而动，而一可以为法则。⑧《诗》曰："不僭不贼，鲜不为则。"此之谓也。⑨

　　① 禽兽不知敬贤。

　　② 狎，轻侮也。言必见害。

　　③《诗·小雅·小旻》之篇。暴虎，徒搏。冯河，徒涉。"人知其一，莫知其它"，言人皆知暴虎、冯河立至于害，而不知小人为害有甚于此也。

　　④ 其敬虽异，至于忠信端悫不伤害，则凡所接物皆然。言嘉善而矜不能，不以人之不肖逆诈待之，而欲伤害之也。质，体也。

⑤ 统,纲纪也。言己端悫自处而待物者也。

⑥ 用为文饰。

⑦ 伦,人伦。类,物之种类。言推近以知远,以此为条理也。

⑧ 臑与《劝学》篇"蝡"同。喘,微言也。臑,微动也。一,皆也。言一动一息之间皆可以为法则也。臑,人允反。

⑨《诗·大雅·抑》之篇。言不僭差贼害,则少不为人法则矣。

恭敬,礼也;调和,乐也;①谨慎,利也;斗怒,害也。故君子安礼、乐利,谨慎而无斗怒,是以百举不过也。小人反是。

① 调和,不争竞也。

通忠之顺,①权险之平,②祸乱之从声,③三者非明主莫之能知也。④争然后善,戾然后功,出死无私,致忠而公,夫是之谓通忠之顺,信陵君似之矣。⑤夺然后义,杀然后仁,上下易位然后贞,⑥功参天地,泽被生民,夫是之谓权险之平,汤、武是也。过而通情,和而无经,⑦不恤是非,不论曲直,偷合苟容,迷乱狂生,⑧夫是之谓祸乱之从声,飞廉、恶来是也。传曰:"斩而齐,枉而顺,不同而壹。"⑨《诗》曰:"受小球大球,为下国缀旒。"此之谓也。⑩

① 忠有所雍塞,故通之,然而终归于顺也。

② 权危险之事,使至于平也。或曰:权,变也。既不可扶持,则变其危险,使治平也。

③ 君虽祸乱,应声而从之也。

④ 暗君不知,所以杀害忠贤而身死国亡也。

⑤谏争君然后能善，违戾君然后立功，出身死战，不为私事，而归于至忠至公。信陵君谏魏王，请救赵，不从，遂矫君命破秦，而魏国以安，故似之。

⑥夺者不义之名，杀者不仁之称。上下易位则非贞也，而汤、武恶桀、纣之乱天下而夺之，是义也；不忍苍生之涂炭而杀之，是仁也；虽上下易位而使贤愚当分，归于正道，是贞也。

⑦经，常也。但和顺上意而无常守。

⑧迷乱其君，使生狂也。

⑨此言反经合道如信陵、汤、武者也，所以斩之取其齐也，所以枉曲之取其顺也，所以不同取其一也。初虽似乖戾，然终归于理者也。

⑩《诗·商颂·长发》之篇。球，玉也。郑玄云："缀犹结也。旒，旌旗之垂者。言汤既为天所命，则受小玉，谓尺二寸圭也；受大玉，谓珽也，长三尺。执圭播珽，以与诸侯会同，结定其心，如旌旗之旒缪著焉。"引此以明汤、武取天下，权险之平，为救下国者也。

致士篇第十四①

衡听、显幽、重明、退奸、进良之术：②朋党比周之誉，君子不听；残贼加累之谮，君子不用；③隐忌雍蔽之人，君子不近；④货财禽犊之请，君子不许。⑤凡流言、流说、流事、流谋、流誉、流愬，不官而衡至者，君子慎之。⑥闻听而明誉之，⑦定其当而当，然后士其刑赏而还与之。⑧如是，则奸言、奸说、奸事、奸谋、奸誉、奸愬莫之试也，忠言、忠说、忠事、忠谋、忠誉、忠愬莫不明通,方起以尚尽矣。⑨夫是之谓衡听、显幽、重明、退奸、进良之术。

① 明致贤士之义。

② 衡,平也。谓不偏听也。"显幽"谓使幽人明显不雍蔽也。"重明"谓既明又使明也。《书》曰:"德明惟明。"能显幽则重明矣,能退奸则良进矣。

③ "残贼"谓贼害人。加累,以罪恶加累诬人也。

④ 隐亦蔽也。"忌"谓妒贤。雍读曰拥。

⑤ 行赂请谒者也。

⑥ 流者,无根源之谓。愬,潜也。"不官"谓无主首也。衡读为横。横至,横逆而至也。

⑦ 君子闻听流言、流说,则明白称誉。谓显露其事,不为隐蔽,如此则奸人不敢献其谋也。

⑧ "士"当为"事",行也。言定其当否,既当之后乃行其刑赏,反与之也。谓其言当于善则事之以赏,当于恶则事之以刑。当,丁浪反。

⑨ "明通"谓明白通达其意。方起,并起。尚与上同。上尽,谓尽忠于上也。

川渊深而鱼鳖归之,山林茂而禽兽归之,刑政平而百姓归之,礼义备而君子归之。故礼及身而行修,义及国而政明,能以礼挟而贵名白,天下愿,令行禁止,王者之事毕矣。①《诗》曰:"惠此中国,以绥四方。"此之谓也。②川渊者,龙鱼之居也;山林者,鸟兽之居也;国家者,士民之居也。川渊枯则龙鱼去之,山林险则鸟兽去之,国家失政则士民去之。无土则人不安居,无人则土不守,无道法则人不至,无君子则道不举。故土之与人也、道之与法也者,国家之本作也;③君子也者,道法之总要也,不可少顷旷也。得之则治,失之则乱;得之则安,失之则危;得之则存,失之则亡。故有良法而乱者有之矣,有君子而乱者,自古及今未尝闻也。传曰:"治生乎君子,乱生乎小人。"此之谓也。

① 挟读为浃。能以礼浃治者,则贵名明白,天下皆愿从之也。

②《诗·大雅·民劳》之篇。中国,京师也。四方,诸夏也。引此以明自近及远也。

③ 本作,犹本务也。

得众动天,①美意延年,②诚信如神,③夸诞逐魂。④人主之患,不在乎不言用贤,而在乎诚必用贤。夫言用贤者口也,却贤者行也,⑤口行相反而欲贤者之至、不肖者之退也,不亦难乎!夫耀蝉者务在明其火、振其树而已,火不明,虽振其树,无益也。⑥今人主有能明其德,则天下归之若蝉之归明火也。

① 得众则可以动天。言人之所欲,天必从之。

② 美意,乐意也。无忧患则延年也。

③ 诚信则如神明,言物不能欺也。

④ 逐魂,逐去其精魂,犹丧精也。矜夸妄诞,作伪心劳,故丧其精魂。此四者皆言善恶之应也。

⑤ 无善行则贤不至也。

⑥ 南方人照蝉取而食之,《礼记》有"蜩范"是也。

临事接民而以义,变应宽裕而多容,恭敬以先之,政之始也；①然后中和察断以辅之，政之隆也；②然后进退诛赏之，政之终也。故一年与之始，三年与之终。③用其终为始，则政令不行而上下怨疾，乱所以自作也。④《书》曰："义刑义杀，勿庸以即，女惟曰'未有顺事'。"言先教也。⑤

① 多容，广纳也。

② 政之崇高，在辅以中和察断。断，丁乱反。

③ 夫不教而杀谓之虐，故为政之始，宽裕多容，三年政成，然后进退诛赏也。

④ 先赏罚后德化则乱。

⑤《书·康诰》。言虽义刑义杀，亦勿用即行之，当先教后刑也。虽先后不失，尚谦曰"我未有顺事，故使民犯法"，躬自厚而薄责于人也。

程者物之准也，①礼者节之准也。②程以立数，礼以定伦，③德以叙位，能以授官。④凡节奏欲陵而生民欲宽，⑤节奏陵而文，生民宽而安。⑥上文下安，功名之极也，不可以加矣。

① 程者，度量之总名也。

② "节"谓君臣之差等也。

③ 言有程则可以立一二之数，有礼则可以定君臣父子之伦也。

④ 度其德以序上下之位，考其能以授所任之官，若夔典乐、伯夷典礼之比也。

⑤ "节奏"谓礼节奏。陵，峻也。侵陵亦严峻之义。"生民"谓以德教生养民也。言人君自守礼之节奏，则欲严峻不弛慢；养民，则欲宽容不迫切之也。

⑥ 节奏虽峻，亦有文饰，不至于刻急。

荀 子

166

君者，国之隆也；父者，家之隆也。^①隆一而治，二而乱，自古及今，未有二隆争重而能长久者。

① 隆犹尊也。

师术有四而博习不与焉，^①尊严而惮可以为师，耆艾而信可以为师，^②诵说而不陵不犯可以为师，^③知微而论可以为师，^④故师术有四而博习不与焉。水深则回，^⑤树落粪本，^⑥弟子通利则思师。^⑦《诗》曰："无言不雠，无德不报。"此之谓也。^⑧

① 术，法也。言有四德则可以为人师，师法不在博习也。与音豫。
② 五十曰艾，六十曰耆。
③ "诵"谓诵经，"说"谓解说。谓守其诵说，不自陵突触犯。言行其所学。
④ 知精微之理而能讲论。论，卢困反。
⑤ 回，流旋也。水深不湍峻则多旋流也。
⑥ 谓木叶落，粪其根也。
⑦ 思其厚于己也。
⑧ 此言为善则物必报之也。

赏不欲僭，刑不欲滥。赏僭则利及小人，刑滥则害及君子。若不幸而过，宁僭无滥，与其害善，不若利淫。

议兵篇第十五

临武君与孙卿子议兵于赵孝成王前。^①王曰:"请问兵要。"临武君对曰:"上得天时,^②下得地利,^③观敌之变动,后之发,先之至,此用兵之要术也。"孙卿子曰:"不然。臣所闻古之道,凡用兵攻战之本在乎壹民。弓矢不调则羿不能以中微,六马不和则造父不能以致远,士民不亲附则汤、武不能以必胜。故善附民者,是乃善用兵者也。故兵要在乎善附民而已。"临武君曰:"不然。兵之所贵者埶利也,^④所行者变诈也。^⑤善用兵者感忽悠暗,莫知其所从出,^⑥孙、吴用之无敌于天下,岂必待附民哉!"^⑦孙卿子曰:"不然。臣之所道,仁人之兵,王者之志也。^⑧君之所贵,权谋埶利也;所行,攻夺变诈也,诸侯之事也。仁人之兵不可诈也,彼可诈者,怠慢者也,路亶者也,^⑨君臣上下之间滑然有离德者也。^⑩故以桀诈桀,犹巧拙有幸焉;以桀诈尧,譬之若以卵投石、以指挠沸,^⑪若赴水火,入焉焦没耳。故仁人上下,^⑫百将一心,三军同力,臣之于君也,下之于上也,若子之事父、弟之事兄,若手臂之扞头目而覆胸腹也。诈而袭之,与先惊而后击之,一也。^⑬且仁人之用十里之国则将有百里之听,^⑭用百里之国则将有千里之听,用千里之国则将有四海之听,必将聪明警戒，和传而一。⑮故仁人之兵，聚则成卒，散则成列；⑯延则若莫邪之长刃，婴之者断；兑则若莫邪之利锋，当之者溃；⑰圜居而方止则若盘石然，触之者角摧，⑱案角鹿埵、陇种、东笼而退耳。⑲且夫暴国之君，将谁与至哉？彼其所与至者必其民也，而其民之亲我欢若父母，其好我芬若椒兰，彼反顾其上则若灼黥、⑳若仇雠，人之情虽桀、跖，岂又肯为其所恶、贼其所好者哉！是犹使人之子孙自贼其父母也，彼必将来告之，夫又何可诈也？㉑故仁人用，国日明，㉒诸侯先顺者安，后顺者危，虑敌之者削，反之者亡。㉓《诗》曰：'武王载发，有虔秉钺，如火烈烈，则莫我敢遏。'此之谓也。"㉔孝成王、临武君曰："善。请问王者之兵设何道何行而可？"㉕孙卿子曰："凡在大王，将率末事也。臣请遂道王者诸侯强弱存亡之效、安危之埶。㉖君贤者其国治，君不能者其国乱；隆礼贵义者其国治，简礼贱义者其国乱。治者强，乱者弱，是强弱之本也。上足卬则下可用也，上不足卬则下不可用也。㉗下可用则强，下不可用则弱，是强弱之常也。隆礼效功，上也；重禄贵节，次也；上功贱节，下也，是强弱之凡也。㉘好士者强，不好士者弱；㉙爱民者强，不爱民者弱；政令信者强，政令不信者弱；㉚民齐者强，不齐者弱；㉛赏重者强，赏轻者弱；㉜刑威者强，刑侮者弱；㉝械用兵革攻完便利者强，㉞械用兵革窳楛不便利者弱；㉟重用兵者强，轻用兵者弱；㊱权出一者强，权出二者弱，㊲是强弱之常也。齐人隆技击，㊳其技也，得一首者则赐赎锱金，无本赏矣。㊴是事小敌毳则偷可用也，㊵事大敌坚则涣焉离耳，�441若飞鸟然，倾侧反覆无日，㊷是亡国之兵也，兵莫弱是矣，是其去赁市佣而战之几矣。㊸魏氏之武卒，以度取之，㊹衣三属之甲，㊺操十二石之弩，负服矢五十个，置戈其上，㊻冠軸带剑，㊼赢三日之粮，日中而趋百里，㊽中试则复其户、利其田宅，㊾是数年而衰而未可夺也，改造则不易周也。㊿是故地虽大，其税必寡，是危国之兵也。(51)秦人其生民也陿阸，其使民也酷烈，(52)劫之以埶，(53)隐之以阸，(54)忸之以庆赏，(55)鳝之以刑罚，(56)使天下之民所以要利于上者，非斗无由也。阸而用之，得而后功之，(57)功赏相长也，五甲首而隶五家，(58)是最为众强长久，多地以正。故四世有胜，非幸也，数也。(59)故齐之技击不可以遇魏氏之武卒，魏氏之武卒不可以遇秦之锐士，秦之锐士不可以当桓、文之节制，桓、文之节制不可以敌汤、武之仁义，有遇之者，若以焦熬投石焉。(60)兼是数国者，皆干赏蹈利之兵也，佣徒鬻卖之道也，未有贵上、安制、綦节之理也，(61)诸侯有能微妙之以节，则作而兼殆之耳。(62)故招近募选、隆埶诈、尚功利，是渐之也；(63)礼义教化，是齐之也。(64)故以诈遇诈犹有巧拙焉，(65)以诈遇齐，辟之犹以锥刀堕太山也，(66)非天下之愚人莫敢试。故王者之兵不试。(67)汤、武之诛桀、纣也，拱揖指麾而强暴之国莫不趋使，(68)诛桀、纣若诛独夫，故《泰誓》曰"独夫纣"，此之谓也。故兵大齐则制天下，小齐则治邻敌。(69)若夫招近募选、隆埶诈、尚功利之兵，则胜不胜无常，代翕代张，代存代亡，相为雌雄耳矣。(70)夫是之谓盗兵，君子不由也。(71)故齐之田单、楚之庄蹻、秦之卫鞅、燕之缪虮，是皆世俗之所谓善用兵者也，(72)是其巧拙强弱则未有以相君也，若其道一也，(73)未及和齐也，⑭掎契司诈，权谋倾覆，未免盗兵也。⑮齐桓、晋文、楚庄、吴阖闾、越句践，是皆和齐之兵也，可谓入其域矣，⑯然而未有本统也，⑰故可以霸而不可以王，是强弱之效也。"⑱孝成王、临武君曰："善。请问为将。"孙卿子曰："知莫大乎弃疑，⑲行莫大乎无过，事莫大乎无悔。事至无悔而止矣，成不可必也。⑳故制号政令欲严以威，庆赏刑罚欲必以信，处舍收藏欲周以固，㉑徙举进退欲安以重、欲疾以速，㉒窥敌观变欲潜以深、欲伍以参，㉓遇敌决战必道吾所明，无道吾所疑，㉔夫是之谓六术。㉕无欲将而恶废，无急胜而忘败，无威内而轻外，无见其利而不顾其害，㉖凡虑事欲孰而用财欲泰，㉗夫是之谓五权。㉘所以不受命于主有三，可杀而不可使处不完，可杀而不可使击不胜，可杀而不可使欺百姓，夫是之谓三至。㉙凡受命于主而行三军，三军既定，百官得序，群物皆正，㉚则主不能喜，敌不能怒，㉛夫是之谓至臣。㉜虑必先事而申之以敬，㉝慎终如始，终始如一，夫是之谓大吉。㉞凡百事之成也必在敬之，其败也必在慢之，故敬胜怠则吉，怠胜敬则灭，计胜欲则从，欲胜计则凶。战如守，㉟行如战，有功如幸。㊱敬谋无圹，㊲敬事无圹，敬吏无圹，敬众无圹，敬敌无圹，夫是之谓五无圹。慎行此六术、五权、三至而处之以恭敬无圹，夫是之谓天下之将，则通于神明矣。"㊳临武君曰："善。请问王者之军制。"孙卿子曰："将死鼓，㊴御死辔，百吏死职，士大夫死行列。闻鼓声而进，闻金声而退，顺命为上，有功次之。㊵令不进而进，犹令不退而退也，其罪惟均。㊶不杀老弱，不猎禾稼，㊷服者不禽，格者不舍，犇命者不获。㊸凡诛，非诛其百

171

姓也，诛其乱百姓者也，百姓有扞其贼，则是亦贼也。⑩以故顺刃者生，苏刃者死，犇命者贡。⑩微子开封于宋，⑩曹触龙断于军，⑩殷之服民所以养生之者也无异周人。故近者歌讴而乐之，远者竭蹶而趋之，⑩无幽闲辟陋之国，莫不趋使而安乐之，四海之内若一家，通达之属莫不从服，夫是之谓人师。⑩《诗》曰：'自西自东，自南自北，无思不服。'此之谓也。⑩王者有诛而无战，城守不攻，兵格不击，⑩上下相喜则庆之。⑩不屠城，⑩不潜军，不留众，⑩师不越时。⑩故乱者乐其政，不安其上，欲其至也。"临武君曰："善。"

① 临武君，盖楚将，未知姓名。《战国策》曰："天下合从，赵使魏加见楚春申君曰：'君有将乎？'春申君曰：'有矣，仆欲将临武君。'魏加曰：'臣少之时好射，臣愿以射譬，可乎？'春申君曰：'可。'魏加曰：'异日者，更羸与魏王处京台之下，更羸曰："臣能为王引弓虚发而下鸟。"有间，鸣雁从东方来，更羸以虚发而下之。王曰："射之精乃至于此乎？"更羸曰："此孽也。"王曰："先生何以知之？"对曰："其飞徐者，其故创痛也；其鸣悲者，久失群也。故创未息而惊心未去，闻弦音烈而高飞，故陨也。"今临武君尝为秦孽，不可以为距秦之将。'"赵孝成王，晋大夫赵夙之后，简子十世孙。或曰：刘向叙云"孙卿至赵，与孙膑议兵赵孝成王前"，临武君即孙膑也。今案，《史记》年表：齐宣王二年孙膑为军师，则败魏于马陵。至赵孝成王元年已七十余年，年代相远，疑临武君非此孙膑也。

② 若顺太岁及孤虚之类也。

③ 若右背山陵、前左水泽之比也。

④ 乘埶争利。

⑤ 奇计。

⑥ 感忽、悠暗皆谓倏忽之间也。感忽，恍忽也。悠暗，远视不分辨之

貌。莫知所从出，谓若九天之上、九地之下，使敌人不测。鲁连子曰"弃感忽之耻，立累世之功"也。

⑦ "孙"谓吴王阖闾将孙武，"吴"谓魏武侯将吴起也。

⑧ 帝王之志意如此也。

⑨ 路，暴露也。亶读为袒。露袒，谓上下不相覆盖，《新序》作"落单"。

⑩ 滑，乱也，音骨。言彼可欺诈者皆如此之国。

⑪ 挠，搅也。"以指挠沸"言必烂也。《新序》作"以指绕沸"。

⑫ 说仁人上下相爱之意。

⑬ 先击头目，使知之而后击之，岂手臂有不救也？

⑭ 听犹耳目也。言远人自为其耳目。或曰：谓间谍者。

⑮ 耳目明而警戒，相传以和，无有二心也。一云："传"或为"博"。博，众也。而一，如一也。言和众如一也。

⑯ 卒，卒伍。列，行列。言动皆有备也。

⑰ 兑犹聚也，与队同，谓聚之使短。溃，坏散也。《新序》作"锐则若莫邪之利锋也"。

⑱ "圜居方止"谓不动时也，则如大石之不可移动也。

⑲ 其义未详，盖皆摧败披靡之貌。或曰：鹿埵，垂下之貌，如禾实垂下然。埵，丁果反。陇种，遗失貌，如陇之种物然。或曰：即龙钟也。东笼与冻泷同，沾湿貌，如衣服之沾湿然。《新序》作"陇种而退"，无"鹿埵"字。

⑳ 如畏灼黥。

㉑ 不可得诈袭也。

㉒ 日益明察。

㉓ 谋虑与之为敌者，土地必见侵削。"反"谓不服从也。

㉔ 《诗·殷颂》。武王，汤也。发读为旆。虔，敬。遏，止也。汤建旆兴师本由仁义，虽用武持钺而犹以敬为先，故得如火之盛，无能止之也。

㉕ "设"谓制置，"道"谓论说教令也。行，动用也。

㉖ 率与帅同，所类反。道，说也。效，验也。孝成王见荀卿论兵谓王者以兵为急，故遂问用兵之术。荀卿欲陈王道，因不答其问，故言凡在大王之

所务,将帅乃其末事耳,所急教化也,遂广说汤、武、五霸及战国诸侯之事。

㉗ 卬,古"仰"字。不仰,不足仰也。下托上曰仰,宜向反。能教化且长养之,是足仰。

㉘ 效,验也。功,战功也。"效功"谓不使赏僭也。重禄,重难其禄不使素餐也。节,忠义也。君能隆礼验功则强,上战功、轻忠义则弱,大凡如此也。

㉙ 士,贤士也。

㉚ "信"谓使下可信。

㉛ "齐"谓同力。

㉜ 重难其赏,使必赏有功则强,轻易其赏则弱也。

㉝ 刑当罪,使民可畏则强,不当罪则人侮慢,故弱也。

㉞ "攻"当为"功"。功,精好加功者也。器械牢固,便利于用则强也。

㉟ 窳,器病也,音庾。楛,滥恶。谓不坚固也。

㊱ 重难用兵者强。

㊲ 政多门则弱也。

㊳ 技,材力也。齐人以勇力击斩敌者,号为"技击"。孟康曰:"兵家之技巧。技巧者,习手足,便器械,积机关,以立攻守之胜。"

㊴ 八两曰锱。"本赏"谓有功同受赏也。其技击之术,斩得一首则官赐锱金赎之。斩首,虽战败亦赏;不斩首,虽胜亦不赏,是无本赏也。

㊵ 可偷窃用之也。毳读为脆。《史记》聂政谓严仲子曰"屠可以旦夕得甘脆以养亲"也。

㊶ 《易·说卦》曰:"涣者,离也。"

㊷ "若飞鸟"言无冯依也。"无日"言倾侧反覆之速,不得一日也。

㊸ 此与赁市中佣作之人而使之战相去几何也。

㊹ 武卒,选择武勇之卒,号为"武卒"。"度取之"谓取其长短材力中度者。

㊺ 如淳曰:"上身一、髀裈一、踁缴一,凡三属也。"衣,于气反。属,之欲反。

㊻ 置戈于身之上，谓荷戈也。

㊼ 軸与胄同。《汉书》作“胄带剑”，颜师古曰：“著兜鍪而又带剑也。”

㊽ 赢，负担也。日中，一日之中也。

㊾ 复其户，不徭役也。利其田宅，不征众也。颜师古曰：“‘利’谓给其便利之处。”中，丁仲反。复，方目反。

㊿ 此中试者筋力数年而衰，亦未可遽夺其优，复使皆怨也。改造，更选择也，则又如前。

(51) 优复既多则税寡，资用贫乏故国危。

(52) 生民，所生之民。“陿阸”谓秦地险固也。酷烈，严刑罚也。地险固则寇不能害，严刑罚则人皆致死也。

(53) 谓以威埶劫迫之，使出战。

(54) 谓隐蔽以险阸，使敌不能害。郑氏曰：“秦地多阸，藏隐其民于阸中也。”

(55) 忸与狃同，串习也。战胜则与之赏庆，使习以为常。忸，女九反。

(56) 鰌，藉也。不胜则以刑罚陵藉之。《庄子》：风谓蛇曰“鰌我亦胜我”，音秋。或作“蹭”，七六反。

(57) 守险阸而用之，既得胜乃赏其功，所以人自为战而立功者众也。

(58) 有功而赏之使相长，获得五甲首则役隶乡里之五家也。

(59) 为之有根本，不邀一时之利，故能众强长久也。不复其户，利其田宅，故多地也。“以正”言比齐、魏之苟且为正。言秦亦非天幸，有术数然也。四世，孝公、惠王、武王、昭王也。

(60) 以魏遇秦，犹以焦熬之物投石也。熬，五刀反。

(61) 干，求也。言秦、魏虽足以相胜，皆求赏蹈利之兵，与佣徒之人鬻卖其力作无异，未有爱贵其上，为之致死，安于制度，自不逾越，极于忠义，心不为非之理者也。

(62) 微妙，精尽也。节，仁义也。作，起也。殆，危也。诸侯有能精尽仁义，则能起而兼危此数国。谓擒灭之。

(63) “近”当为“延”，传写误耳。“招延”谓引致之也。“募选”谓以财召之而选择可者。此论齐之技击也。"隆埶诈"谓以威埶变诈为尚，此论秦也。"尚功利"谓有功则利其田宅，论魏也。渐，进也。言渐进而近于法，未为理也。或曰：渐，浸渍也。谓其赏罚才可渐染于外，中心未悦服。渐，子廉反。

㉔ 服其心，是齐壹人之术也。

㉕ 犹齐之技击不可以当魏之武卒也。

㉖ 辟音譬。堕，毁也。锥，许唯反。

㉗ 一举而定，不必试也。

㉘ 诛其元恶，其余犷悍者皆化而来臣役也。

㉙ 以礼义教化大齐之，谓汤、武也。"小"谓未能大备，若五霸者也。"治邻敌"言邻敌受其治化耳。

㉚ 禽，敛也。"代禽代张，代存代亡"，若言代强代弱也。

㉛ 由，用也。以诈力相胜，是盗贼之兵也。

㉜ 田单，齐襄王臣安平君也。《史记》：庄蹻者，楚庄王苗裔。楚威王使为将，将兵循江而上，略蜀、黔中以西。蹻至滇池，方三百里，地肥饶数千里，以兵威定属楚。欲归报，会秦击夺楚巴、黔中郡，道塞不通，因还以其众王[1]滇，变服从其俗焉。卫鞅，秦孝公臣，封为商君者也。缪虮，未闻也。

㉝ 虽术不同，皆出于变诈，故曰"其道一也"。

㉞ 数子之术，未能及于和齐人心也。

㉟ 契读为挈。挈，持也。"掎挈"犹言掎摭也。司读为伺。诈，欺诳也。皆谓因其危弱即掩袭之也。

㊱ 入礼义教化之域。孟康曰："入王兵之域也。"

㊲ "本统"谓前行素修若汤、武也。

㊳ 汤、武王而桓、文霸，齐、魏则代存代亡，是其效也。

㊴ 不用疑谋，是智之大。

㊵ 不可必，不得必。谓成功忘其警备。《庄子》曰："圣人以必不必，故多功；众人以不必必，故无功也。"

---

[1] 王：原作"至"，据《史记·西南夷列传》改。

(81) 处舍，营垒也。收藏，财物也。周密牢固则敌不能陵夺矣。

(82) 静则安重而不为轻举，动则疾速而不失机权。

(83) 谓使间谍观敌，欲潜隐深入之也。伍参，犹错杂也。使间谍或参之或伍之，于敌之间而尽知其事。《韩子》曰："省同异之言，以知朋党之分；偶参伍之验，以责陈言之实。"又曰，"参之以此物，伍之以合参"也。

(84) 道，言也，行也。

(85) 自"制号政令"已下有六也。

(86) 强使人出战而轻敌。

(87) "孰"谓精审。"泰"谓不吝赏也。

(88) 五者为将之机权也。

(89) "至"谓一守而不变。

(90) 百官，军之百吏。得序，各当其任。

(91) 不苟徇上意，故主不能喜。不为变诈，故敌不能怒也。

(92) 为臣之至当也。

(93) 谋虑必在事先，重之以敬，常戒惧而有备也。

(94) 言必无覆败之祸也。

(95) 不务越逐也。《书》曰："不愆于五步六步，乃止齐焉。"

(96) 不务骄矜。

(97) "无圹"言不敢须臾不敬也。圹与旷同。

(98) 天下莫及之将。

(99) "死"谓不弃之而奔亡也。《左传》曰："师之耳目在吾旗鼓。"

(100) 军之所重在顺命，故有功次之。

(101) 令，教令也。言使之不进而进，犹令不退而退，其罪同也。

(102) 猎与躐同，践也。

(103) "服"谓不战而退者，不追禽之。"格"谓相距捍者。"犇命"谓奔走来归其命者，不获之为囚俘也。犇与奔同。

(104) "扞其贼"谓为贼之扞蔽也。

(105) "顺刃"谓不战背之而走者。苏读为傃。傃，向也。谓相向格斗者。

"贡"谓取归命者献于上将也。

⑩⑥ 纣之庶兄,名启,归周后封于宋。此云"开"者,盖汉景帝讳,刘向改之也。

⑩⑦《说苑》曰:"桀贵为天子,富有四海,其臣有左师触龙者,谄谀不正。"此云纣臣,当是《说苑》误。又《战国策》赵有左师触龙,说太后请长安君质秦,岂复与古人同官名乎?

⑩⑧ 竭蹷,颠仆,犹言匍匐也。《新序》作"竭走而趋之。"

⑩⑨ 师,长。

⑩⑩《诗·大雅·文王有声》之篇。

⑪⑪ 德义未加,所以敌人不服,故不攻击也,且恐伤我之士卒也。

⑪⑫ 敌人上下相爱悦则庆贺之,岂况侵伐乎?

⑪⑬ "屠"谓毁其城、杀其民,若屠者然也。

⑪⑭ 不久留暴露于外也。

⑪⑮ 古者行役不逾时也。

⑪⑯ 东征西怨之比。

　　陈嚣问孙卿子曰:"先生议兵常以仁义为本,①仁者爱人,义者循理,然则又何以兵为?②凡所为有兵者,为争夺也。"③孙卿子曰:"非女所知也。彼仁者爱人,爱人故恶人之害之也;义者循理,循理故恶人之乱之也。彼兵者,所以禁暴除害也,非争夺也。故仁人之兵,所存者神,所过者化,④若时雨之降,莫不说喜。是以尧伐驩兜、⑤舜伐有苗、⑥禹伐共工、⑦汤伐有夏、文王伐崇、武王伐纣,此四帝两王⑧皆以仁义之兵行于天下也。故近者亲其善,远方慕其德,兵不血刃,远迩来服,德盛于此,施及四极。《诗》曰:'淑人君子,其仪不忒。'此之谓也。"⑨

① 陈嚣，荀卿弟子。言先生之议，常言兵以仁义为本也。

② 爱人则惧其杀伤，循理则不欲争夺，焉肯抗兵相加乎？

③ 非谓爱人循理。

④ 所存止之处，畏之如神；所过往之国，无不从化。

⑤ 伐亦诛也。《书》曰"放驩兜于崇山"也。

⑥ 命禹伐之。《书》曰："帝曰：'咨禹，惟时有苗弗率，汝徂征之。'"

⑦ 《书》曰"流共工于幽州"，皆尧之事，此云"禹伐共工"，未详也。

⑧ 夏、殷或称王，或称帝。《曲礼》曰："措之庙，立之主，曰帝。"盖亦论夏、殷也。至周，自贬损，全称王，故以文、武为两王也。

⑨ 《诗·曹风·尸鸠》之篇。

　　李斯问孙卿子曰：①"秦四世有胜，兵强海内，威行诸侯，非以仁义为之也，以便从事而已。"②孙卿子曰："非女所知也。女所谓便者，不便之便也；③吾所谓仁义者，大便之便也。④彼仁义者，所以修政者也，政修则民亲其上、乐其君而轻为之死，故曰'凡在于君，将率末事也'。⑤秦四世有胜，諰諰然常恐天下之一合而轧己也，⑥此所谓末世之兵，未有本统也。⑦故汤之放桀也，非其逐之鸣条之时也；武王之诛纣也，非以甲子之朝而后胜之也，皆前行素修也，此所谓仁义之兵也。⑧今女不求之于本而索之于末，此世之所以乱也。"⑨

① 李斯，孙卿弟子，后为秦相。

② 便其所从之事而已，谓若"劫之以埶，隐之以阸，忸之以庆赏，鳍之以刑罚"之比。

③ 汝以不便人为便也。

④ 吾以大便人为便也。

⑤ 荀卿前对赵孝成王有此言语，弟子所知，故引以答之也。

⑥《汉书》"谡"作"鳃"，苏林曰："读如'慎而无礼则葸'之'葸'。鳃，惧貌也，先礼反。"张晏曰："轧，践轹也。"

⑦ 本统，前行素修。

⑧ "前行素修"谓前已行之，素已修之。行读如字。

⑨ "本"谓仁义，"末"谓变诈。世所以乱，亦由不求于本而索于末，如李斯之说也。

　　礼者，治辨之极也，强国之本也，威行之道也，功名之总也。①王公由之，所以得天下也；不由，所以陨社稷也。故坚甲利兵不足以为胜，高城深池不足以为固，严令繁刑不足以为威。由其道则行，不由其道则废。②楚人鲛革犀兕以为甲，鞈如金石，③宛钜铁釶，惨如蜂虿，④轻利僄遫，卒如飘风，⑤然而兵殆于垂沙，唐蔑死，⑥庄蹻起，楚分而为三四。⑦是岂无坚甲利兵也哉？其所以统之者非其道故也。汝、颍以为险，江、汉以为池，限之以邓林，缘之以方城，⑧然而秦师至而鄢、郢举，若振槁然。⑨是岂无固塞隘阻也哉？其所以统之者非其道故也。纣剖比干、囚箕子，为炮烙刑，⑩杀戮无时，臣下懔然，莫必其命，⑪然而周师至而令不行乎下，不能用其民。是岂令不严、刑不繁也哉？其所以统之者非其道故也。古之兵，戈、矛、弓矢而已矣，然而敌国不待试而诎，⑫城郭不辨，⑬沟池不抇，⑭固塞不树，机变不张，⑮然而国晏然不畏外而明内者，无它故焉，⑯明道而分钧之，时使而诚爱之，下之和上也如影响，⑰有不由令者然后诛之以刑。故刑一人而天下服，罪人不邮其上，知罪之在己也，是故刑罚省而威流，⑱无它故焉，由其道故也。古者帝尧之治天下也，盖杀一人、刑二人而天下治。⑲传曰："威厉而不试，刑错而不用。"此之谓也。⑳

① 辨，别也。总，要也。"强国"谓强其国也。

② 由，用也。道即礼也。用礼则[1]行，不用礼，虽坚甲严刑皆不足恃也。

③ 鞈，坚貌。以鲛鱼皮及犀兕为甲，坚如金石之不可入。《史记》作"坚如金石"。鞈，古洽反。《管子》曰："制重罪入以兵甲，犀胁二戟；轻罪入兰盾，鞈革二戟。"犀兕坚如金石之状也。

④ 宛，地名，属南阳。徐广曰："大刚曰钜。"鉇与铦同，矛也。《方言》云："自关而西谓之矛，吴、扬之间谓之铦。"言宛地出此刚铁为矛。"惨如蜂虿"言其中人之惨毒也。铦音暂。

⑤ 言楚人之趫捷也。僄，亦轻也，匹妙反。或当为嫖姚之"嫖"。嫖，骁勇也。遫与速同。

⑥ "殆"谓危亡也。垂沙，地名，未详所在。《汉地理志》沛郡有垂乡，岂垂沙乎？《史记》楚怀王二十八年，"秦与齐、韩、魏共攻楚，杀楚将唐眜，取我重丘而去"。眜与蔑同。

⑦ 司马贞《史记索隐》曰："庄蹻，楚将。言其起为乱后，楚遂分为四。"《韩子》曰："楚王欲伐越，庄子曰：'臣患目能见百步而不见其睫。王之兵败于齐、晋，庄蹻为盗境内，吏不能禁，而欲伐越，此智之如目也。'"蹻初为盗，后为楚将。

⑧ 邓林，北界邓地之山林。缘，绕也。方城，楚北界山名也。

⑨ "举"谓举而取之。鄢、郢，楚都。振，击也。槁，枯叶也。谓白起伐

---

[1] 则：原作"即"，据正文及文义改。

楚,一战举鄢、郢也。

⑩《列女传》曰:"炮烙,为膏铜柱,加之炭上,令有罪者行焉,辄堕火中,纣与妲己大笑。"烙,古责反。

⑪ 懔然,悚栗之貌。莫自谓必全其命也。

⑫ 试,用也。诎,服也。

⑬ 辨,治也,或音办。

⑭ 抇,古"掘"字。《史记》作"城郭不集,沟池不掘"。《文子》曰;"无伐树木,无钳坟墓。"钳亦音掘。或曰:"抇"当作"扣",篆文"扣"字与"抇"字相近,遂误耳。

⑮ "固塞"谓使边境险固,若今之边城也。树,立也。塞,先代反。"机变"谓器械变动攻敌也。

⑯ "内"当为"固",《史记》作"晏然不畏外而固"也。

⑰ 和,胡卧反。

⑱ 邮,怨也。流,行也,言通流也。

⑲ "杀一人"谓殛鲧于羽山。"刑二人"谓流共工于幽州、放驩兜于崇山。

⑳ "厉"谓抗举使人畏之。

　　凡人之动也,为赏庆为之则见害伤焉止矣。故赏庆、刑罚、埶诈不足以尽人之力,致人之死。为人主上者也,其所以接下之百姓者无礼义忠信,焉虑率用赏庆、刑罚、埶诈除阨其下,获其功用而已矣。①大寇则至,使之持危城则必畔,遇敌处战则必北,②劳苦烦辱则必犇,③霍焉离耳,下反制其上。④故赏庆、刑罚、埶诈之为道者,佣徒粥卖之道也,不足以合大众、美国家,故古之人羞而不道也。故厚德音以先之,明礼义以道之,致忠信以爱之,尚贤使能以次之,爵服庆赏以申之,时其事、轻其任⑤以调齐之,长养之如保赤子,政令以定,风俗以一,有离俗不顺其上,则百姓莫不敦恶,莫不毒孽,若祓不祥,⑥然后刑于是起矣。是大刑之所加也,辱孰大焉! 将以为利邪? 则大刑加焉,身苟不狂惑戆陋,谁睹是而不改也哉! 然后百姓晓然皆知修上之法,像上之志而安乐之。于是有能化善、修身、正行、积礼义、尊道德,⑦百姓莫不贵敬,莫不亲誉,然后赏于是起矣。是高爵丰禄之所加也,荣孰大焉! 将以为害邪? 则高爵丰禄以持养之,⑧生民之属孰不愿也。雕雕焉县贵爵重赏于其前,⑨县明刑大辱于其后,虽欲无化,能乎哉! 故民归之如流水,所存者神,所为者化,⑩而顺,暴悍勇力之属为之化而愿,⑪旁辟曲私之属为之化而公,⑫矜纠收缭之属为之化而调,⑬夫是之谓大化至一。⑭《诗》曰:"王猷允塞,徐方其来。"此之谓也。

① 焉虑,无虑,犹言大凡也。"除"谓驱逐。"阸"谓迫蹙。若秦"劫之以埶,隐之以阸,狃之以庆赏"之类。"阸"或为"险"也。

② 北,败走也。北者,乖背之名,故以败走为北也。

③ 犇与奔同。

④ 霍焉,犹涣焉也。离散之后则上下易位,若秦、项然。

⑤ 事,作业。任,力役。

⑥ 敦,厚也。毒,害也。"孽"谓祅孽。祓,除之也。

⑦ 于是像之中,更有能自修德者也。

⑧ 持此以养之也。

⑨ 雕雕,章明之貌。

⑩ 存,至也。言所至之处,畏之如神,凡所施为,民皆从化也。

⑪ 顺,从也。谓好从暴悍勇力之人皆化而愿悫也。

⑫ 旁,偏颇也。辟读为僻。

⑬ "矜"谓夸汰。"纠"谓好发摘人过者也。"收"谓掠美者也。"缭"谓缭绕，言委曲也。四者皆鄙陋之人，今被化则调和也。

⑭ 大化者，皆化也。至一，极一也。

　　凡兼人者有三术，有以德兼人者，有以力兼人者，有以富兼人者。彼贵我名声，美我德行，欲为我民，故辟门除涂以迎吾入，①因其民、袭其处而百姓皆安，②立法施令莫不顺比，③是故得地而权弥重，兼人而兵俞强，是以德兼人者也。④非贵我名声也，非美我德行也，彼畏我威、劫我埶，⑤故民虽有离心不敢有畔虑，若是则戎甲俞众，奉养必费，⑥是故得地而权弥轻，兼人而兵俞弱，是以力兼人者也。非贵我名声也，非美我德行也，用贫求富，用饥求饱，虚腹张口来归我食，若是则必发夫掌窌之粟以食之，⑦委之财货以富之，立良有司以接之，⑧已期三年，然后民可信也，⑨是故得地而权弥轻，兼人而国俞贫，是以富兼人者也。故曰：以德兼人者王，以力兼人者弱，以富兼人者贫，古今一也。

① 辟与闢同，开也。除涂，治其道涂也。

② 因其民之爱悦，袭取其处。"皆安"言不惊扰也。

③ 比，亲附也。施令则民亲比之。

④ 俞读为愈，下同。

⑤ 为我埶所劫也。

⑥ 奉养戎甲，必烦费也。

⑦ 地臧曰窌。掌窌，主仓禀之官。窌，匹孝反。

⑧ 立温良之有司以慰接之，惧其畔去也。

⑨ 已，过也。过一期之后，至于三年，然后新归之民可信，本非慕化

故也。

兼并易能也，唯坚凝之难焉。^①齐能并宋而不能凝也，故魏夺之；燕能并齐而不能凝也，故田单夺之；韩之上地方数百里，完全富足而趋赵，赵不能凝也，故秦夺之。^②故能并之而不能凝则必夺，不能并之又不能凝其有则必亡，能凝之则必能并之矣。得之则凝，兼并无强。^③古者汤以薄，武王以滈，^④皆百里之地也，天下为一，诸侯为臣，无它故焉，能凝之也。故凝士以礼，凝民以政，礼修而士服，政平而民安。士服民安，夫是之谓大凝，以守则固，以征则强，令行禁止，王者之事毕矣。

① 凝，定也。坚固定有地为难。

② 上地，上党之地。"完全"言城邑也。"富足"言府库也。趋，归也，七朱反。《史记》：秦攻上党，韩不能救，其守冯亭以上党降赵。赵使马服子将兵距秦，秦使白起大破马服于长平，坑四十余万而夺其地，杀戮荡尽。

③ 得其地则能定之，则无有强而不可兼并者也。

④ 薄与亳同，滈与镐同。

卷第十一

强国篇第十六

刑范正，①金锡美，工冶巧，火齐得，②剖刑而莫邪已。③然而不剥脱、不砥厉则不可以断绳，④剥脱之、砥厉之则蠡盘盂、刿牛马忽然耳。⑤彼国者亦强国之剖刑已，⑥然而不教诲、不调一，则人不可以守、出不可以战；教诲之、调一之，则兵劲城固，敌国不敢婴也。彼国者亦有砥厉，礼义节奏是也。⑦故人之命在天，国之命在礼。人君者，隆礼尊贤而王，重法爱民而霸，好利多诈而危，权谋、倾覆、幽险而亡。⑧

① 刑与形同。范，法也。刑范，铸剑规模之器也。
② "火齐得"谓生孰齐和得宜。《考工记》云："金有六齐。"齐，才细反。
③ 剖，开也。莫邪，古之良剑。
④ "剥脱"谓刮去其生涩。"砥厉"谓磨淬也。
⑤ 蠡，割也，音戾。蠡盘盂、刿牛马，盖古用试剑者也。《战国策》赵奢谓田单曰："吴干将之剑，肉试则断牛马，金试则截盘盂。"盘、盂皆铜器，犹刾钟无声及斩牛马者也。"忽然"言易也。
⑥ 如强国之初开刑也。
⑦ 节奏，有法度也。
⑧ 幽深倾险，使下难知则亡也。

威有三，有道德之威者，有暴察之威者，有狂妄之威者。^①此三威者,不可不孰察也。礼乐则修,分义则明,^②举错则时,爱利则形,^③如是,百姓贵之如帝,高之如天,^④亲之如父母,畏之如神明。故赏不用而民劝,罚不用而威行,夫是之谓道德之威。礼乐则不修,分义则不明,举错则不时,爱利则不形,然而其禁暴也察,其诛不服也审,其刑罚重而信,其诛杀猛而必,^⑤黭然而雷击之,如墙厌之,^⑥如是,百姓劫则致畏,^⑦赢则敖上,^⑧执拘则最,得间则散,^⑨敌中则夺。^⑩非劫之以形执,非振之以诛杀,则无以有其下,^⑪夫是之谓暴察之威。无爱人之心,无利人之事,而日为乱人之道,百姓讙敖则从而执缚之、刑灼之,不和人心,^⑫如是,下比周贲溃以离上矣,^⑬倾覆灭亡可立而待也,夫是之谓狂妄之威。此三威者不可不孰察也,道德之威成乎安强,暴察之威成乎危弱,狂妄之威成乎灭亡也。

① "暴察"谓暴急严察也。

② "分"谓上下有分。"义"谓各得其宜。

③ 形,见也。爱利人之心见于外也。

④ 帝,天神也。

⑤ 申、商之比。

⑥ 黭然,卒至之貌。《说文》云:"黭,黑色。"犹暗然。黭,乌感反。厌读为压。

⑦ 见劫胁之时则畏也。

⑧ 稍赢缓之则敖谩。赢音盈。

⑨ 最,聚也。间,隙也。《公羊传》曰"会犹最也",何休曰:"最,聚也。"

⑩ 敌人得中道则夺其国。一曰:中,击也,丁仲反。

⑪ 振,动。

⑫ 讙,喧哗也。嗸,喧噪也。亦读为嗷,谓叫呼之声嗷嗷然也,五刀反。

⑬ 贲读为愤,愤然也。民逃其上曰溃。

公孙子曰:"子发将西伐蔡,克蔡,获蔡侯,①归致命曰:'蔡侯奉其社稷而归之楚,②舍属二三子而理其地。'③既楚发其赏,④子发辞曰:'发诚布令而敌退,是主威也;徙举相攻而敌退,是将威也;合战用力而敌退,是众威也。⑤臣舍不宜以众威受赏。'"⑥讥之曰:子发之致命也恭,其辞赏也固。⑦夫尚贤使能,赏有功,罚有罪,非独一人为之也。⑧彼先王之道也,一人之本也,善善恶恶之应也,⑨治必由之,古今一也。⑩古者明王之举大事、立大功也,大事已博,大功已立,则君享其成,群臣享其功,⑪士大夫益爵,官人益秩,庶人益禄。⑫是以为善者劝,为不善者沮,上下一心,三军同力,是以百事成而功名大也。今子发独不然,反先王之道,乱楚国之法,堕兴功之臣,耻受赏之属,⑬无僇乎族党而抑卑其后世,⑭案独以为私廉,岂不过甚矣哉!故曰"子发之致命也恭,其辞赏也固"。

① 公孙子,齐相也,未知其名。《后语》孟尝君客有公孙成,岂后为齐相乎? 或曰:公孙名忌。子发,楚令尹,未知其姓。《战国策》庄辛谏楚襄王曰:"蔡圣侯南游乎高陂,北陵乎巫山,左枕幼妾,右拥嬖女,驰骋乎高、蔡之间而不以国家为事,不知夫子发方受命乎宣王,系以朱丝而见之。"《史记》蔡侯齐为楚惠王所灭,庄辛云"宣王",与《史记》不同。

② 归致命于君,言蔡侯自奉其社稷归楚,非己之功也。

③ 舍,子发名。属,请也,之欲反。二三子,楚之诸臣也。"理其地"谓安辑其民也。子发不欲独擅其功,故请诸臣理其地也。

④ "既"谓论功之后。发,行也。

⑤ 诚,教也。凡发诚布令而敌退,则是畏其主;徒举相攻而敌退,则是畏其将;合战用力而敌退,则是畏其众也。

⑥ 是时合战用力而灭蔡,故曰"众威"。此已上公孙子美子发之辞也,已下荀卿之辞也。

⑦ 固,陋也。其致命难,其辞赏则固陋,非坦明之道也。

⑧ 自古皆然。

⑨ 彼,彼赏罚也。言彼赏罚者,乃先王之道,齐一人之本,善善恶恶之报应也。

⑩ 为治必用赏罚。

⑪ 享,献也。谓受其献也。

⑫ "爵"谓若秦庶长、不更之属。官人,群吏也。庶人,士卒也。"秩"、"禄"皆谓廪食也。

⑬ 人皆受赏,子发独辞,是使兴功之臣堕废其志,受赏之属惭耻于心。

⑭ 夫先祖有宠锡则子孙扬其功,族党遭刑戮则后世蒙其耻。今子发自谓无功,则子孙无以称扬,虽无刑戮之耻,而后世亦抑损卑下,无以光荣也。

荀卿子说齐相曰:"处胜人之埶,行胜人之道,天下莫忿,汤、武是也;处胜人之埶,不以胜人之道,①厚于有天下之埶,索为匹夫不可得也,桀、纣是也。然则得胜人之埶者,其不如胜人之道远矣。夫主相者,胜人以埶也,是为是,非为非,能为能,不能为不能,并己之私欲,必以道夫公道通义之可以相兼容者,是胜人之道也。②今相国上则得专主,下则得专国,相国之于胜人之埶宣有之矣。③然则胡不敺此胜人之埶赴胜人之道,④求仁厚明通之君子而托王焉,⑤与之参国政、正是非?如是,则国孰敢不为义矣。⑥君臣上下、贵贱长少至于庶人莫不为义,则天下孰不欲合义矣。⑦贤士愿相国之朝,能士愿相国之官,好利之民莫不愿以齐为归,是一天下也。相国舍是而不为,案直为是世俗之所以为,⑧则女主乱之宫,诈臣乱之朝,贪吏乱之官,众庶百姓皆以贪利争夺为俗,曷若是而可以持国乎?今巨楚县吾前,⑨大燕鳅吾后,⑩劲魏钩吾右,西壤之不绝若绳,⑪楚人则乃有襄贲、开阳以临吾左,⑫是一国作谋则三国必起而乘我,⑬如是,则齐必断而为四,⑭三国若假城然耳,⑮必为天下大笑。曷若⑯两者孰足为也?⑰夫桀、纣,圣王之后子孙也,有天下者之世也,⑱埶籍之所存,天下之宗室也,⑲土地之大封内千里,人之众数以亿万,⑳俄而天下倜然举去桀、纣而犇汤、武,㉑反然举恶桀、纣而贵汤、武。㉒是何也?夫桀、纣何失而汤、武何得也?㉓曰:是无他故焉,桀、纣者善为人所恶也,而汤、武者善为人所好也。人之所恶何也?曰:污漫、争夺、贪利是也。㉔人之所好者何也?曰:礼义、辞让、忠信是也。今君人者,辟称比方则欲自并乎汤、武,㉕若其所以统之则无以异于桀、纣,而求有汤、武之功名可乎?㉖故凡得胜者必与人也,凡得人者必与道也。道也者何也?曰:礼让忠信是也。故自四五万而往者强胜,非众之力也,隆在信矣;㉗自数百里而往者安固,非大之力也,隆在修政矣。㉘今已有数万之众者也,陶诞比周以争与;㉙已有数百里之国者也,污漫突盗以争地。㉚然则是弃己之所安强而争己之所以危弱也,损己之所不足以重己之所有余,㉛若是其悖缪也,而求有汤、武之功名可乎?辟之是犹伏而咶天,救经而引其足也,㉜说必不行矣,愈务而愈远。为人臣者，不恤己行之不行，③苟得利而已矣，是渠冲入穴而求利也，④是仁人之所羞而不为也。⑤故人莫贵乎生，莫乐乎安，所以养生安乐者莫大乎礼义。人知贵生、乐安而弃礼义，辟之是犹欲寿而歾颈也，⑯愚莫大焉。故君人者爱民而安，好士而荣，两者无一焉而亡。《诗》曰：'价人维藩，大师维垣。'此之谓也。"⑰

① 以，用。

② 并读曰屏，弃也。屏弃私欲，遵达公义也。

③ 亶读为擅，本亦或作"擅"。或曰：亶，诚也。

④ "殴"谓驾驭之也。或作"讴歌此胜人之埶"，误也。

⑤ 求贤而托之以王，使辅佐也。

⑥ 国内皆化之也。

⑦ 天下皆来归义也。

⑧ 不为胜人之道，但为胜人之埶。

⑨ 楚在齐南，故曰"前"。县，联系之也。

⑩ 燕在齐北，故曰"后"。鳍，蹴也，藉也。如蹴踏于后。《庄子》风谓蛇曰："鳍我必胜我。"本亦作"蹲吾后"也。

⑪ 魏在齐西，故曰"右"。"钩"谓如钩取物也。西壤，齐西界之地。若绳，言细也。

⑫ 襄贲、开阳，楚二邑，在齐之东者也。《汉书·地理志》二县皆属东海郡。贲音肥。

⑬ 一国谋齐则三国乘其敝。

⑭ 三国分齐则断为四，谓楚取其二，魏、燕各取其一也。

⑮ 言齐如三国之寄城耳，不久当归之也。

⑯ 天下必笑其无谋灭亡，问以为何如也。

⑰ 两者，胜人之道与胜人之势。一则天下归，一则天下笑，问何者可

为也。

　　⑱ “世”谓继也。

　　⑲ “埶”谓国籍之所在也。

　　⑳ 其数亿万。

　　㉑ 偁然，高举之貌。举，皆也。犇与奔同。

　　㉒ 反音翻。翻然，改变貌。恶，乌路反。

　　㉓ 假设问答。

　　㉔ “污漫”谓秽污不修洁也。或曰：“漫”谓欺诳也。污，乌路反。漫，莫但反。

　　㉕ 辟读为譬。称，尺证反。

　　㉖ 统，制治也。

　　㉗ 而往，犹已上也。言有兵四五万已上者，若能崇信，则足以自致强胜，不必更待与国之众也。若不崇信，虽有与国之众，犹无益，故曰“非众之力也”。

　　㉘ 有数百里之地，修政则安固，不必更在广也。荀卿尝言汤、武以百里之地王天下，今言此者，若言常人之理，非论圣人也。

　　㉙ “陶”当为梼杌之“梼”。或曰：当为“逃”，谓逃匿其情。“与”谓党与之国也。

　　㉚ “突”谓相凌犯也。

　　㉛ 损，减也。重，多也。“不足”谓信与政，“有余”谓众与地也。

　　㉜ 咶与舐同。经，缢也。救缢而引其足，缢愈急也。

　　㉝ 上“行”下孟反，下“行”如字。

　　㉞ 渠，大也。渠冲，攻城之大车也。《诗》曰：“临冲闲闲。”《韩子》曰：“奏百。狸首射侯，不当强弩趋发；平城距冲，不若埋内伏橐。”或作“距冲”，盖言可以距石矣。

　　㉟ 屈大就小，务于苟得，故羞而不为也。

　　㊱ “劲”当为“刿”。

　　㊲ 《诗·大雅·版》之篇。义已解上。

力术止，义术行。曷谓也？曰：秦之谓也。①威强乎汤、武，广大乎舜、禹，然而忧患不可胜校也，②谍谍然③常恐天下之一合而轧己也，此所谓"力术止"也。曷谓乎"威强乎汤、武"？汤、武也者，乃能使说己者使耳。④今楚父死焉，国举焉，负三王之庙而辟于陈、蔡之间，⑤视可司间，案欲剚其胫而以蹈秦之腹，⑥然而秦使左案左，使右案右，是乃使雠人役也，⑦此所谓"威强乎汤、武"也。曷谓"广大乎舜、禹"也？曰：古者百王之一天下、臣诸侯也，未有过封内千里者也。⑧今秦南乃有沙羡与俱，是乃江南也，⑨北与胡貉为邻，西有巴戎，⑩东在楚者乃界于齐，⑪在韩者逾常山乃有临虑，⑫在魏者乃据圉津，即去大梁百有二十里耳，⑬其在赵者剡然有苓而据松柏之塞，⑭负西海而固常山，⑮是地遍天下也。威动海内，强殆中国，⑯然而忧患不可胜校也，谍谍然常恐天下之一合而轧己也，此所谓"广大乎舜、禹"也。然则奈何？曰：节威反文，⑰案用夫端诚信全之君子治天下焉，⑱因与之参国政，正是非，治曲直，听咸阳，⑲顺者错之，不顺者而后诛之。⑳若是则兵不复出于塞外而令行于天下矣，若是则虽为之筑明堂于塞外而朝诸侯殆可矣。㉑假今之世，益地不如益信之务也。

① 力术，强兵之术。义术，仁义之术。"止"谓不能进取霸王也。言用力术则止，用义术则行，发此论以谓秦也。《新序》："李斯问孙卿曰：'当今之时，为秦奈何？'孙卿曰：'力术止，义术行，秦之谓也。'"

② 校，计。

③ 谍，思里反。

④ 说音悦。

⑤ 此楚顷襄王之时也。"父"谓怀王，为秦所虏而死也。至二十一年，秦将白起遂拔我鄢、郢，烧先王墓于夷陵。襄王兵散，遂不复战，东北保陈城庙主也。辟，如字，谓自屏远也。或曰：读为避。

⑥ "视可"谓观其可伐也。刘，亦斩也。

⑦ 秦能使雠人为之徒役。谓楚襄王七年迎妇于秦城，十五年与秦伐燕，二十七年复与秦平而入太子质之类也。

⑧ 封畿之内。

⑨《汉书·地理志》沙羡县属江夏郡。此地俱属秦，是有江南也。

⑩ 巴在西南，戎在西，皆隶属秦。

⑪ 谓东侵土地，所得者乃与齐为界也。

⑫《汉书·地理志》临虑，县名，属河内，今属相州也。

⑬ "圉"当为"围"。《汉书》"曹参下修武，度围津"，颜师古曰："在东郡。"岂古名围津，转写为"圉"？ 或作"韦津"，今有韦城，岂是邪？《史记》无[1]忌谓魏安厘王曰："秦固有怀、茅、邢丘，城垝津以临河内，河内共、汲必危。"垝、围声相近，疑同。垝，居委反。

⑭ 刘然，侵削之貌。苓，地名，未详所在。或曰：苓与灵同。《汉书·地理志》常山郡有灵寿县，今属真定。或曰："苓"当为"卷"。案，卷县属河南，非赵地也。松柏之塞，盖赵树松柏与秦为界，今秦据有之。

⑮ 负，背也。常山本赵山，秦今有之，言秦背西海，东向以常山为固也。

⑯ 秦之强能危殆中国。"殆"或为"治"。

⑰ 节减威强，复用文理。

⑱ "全"谓德全。

⑲ 使听咸阳之政。

⑳ 错，置也。谓舍而不伐。

㉑ 明堂，天子布政之宫。"于塞外"三字衍也，以前有"兵不复出于塞

---

[1]　无：原作"朱"，据《史记·魏世家》改。

外",故误重写此三字耳。殆,庶几也。秦若使贤人为政,虽筑明堂,朝诸侯,庶几可矣。或曰:塞外,境外也。明堂,坛也。谓巡狩至方岳之下,会诸侯,为宫方三百步,四门,坛十有二寻,深四尺,加方明于其上。《左氏传》"为王宫于践土",亦其类也。或曰,"筑明堂于塞外"谓使他国为秦筑帝宫也。《战国策》韩王谓张仪曰:"请比秦郡县,筑帝宫,祠春秋,称东蕃"是也。

应侯问孙卿子曰:"入秦何见?"①孙卿子曰:"其固塞险,形埶便,山林川谷美,②天材之利多,③是形胜也。④入境观其风俗,其百姓朴,其声乐不流污,⑤其服不挑,⑥甚畏有司而顺,古之民也。及都邑官府,⑦其百吏肃然,莫不恭俭、敦敬、忠信而不楛,古之吏也。⑧入其国,观其士大夫,出于其门入于公门,出于公门归于其家,无有私事也,不比周,不朋党,倜然莫不明通而公也,古之士大夫也。⑨观其朝廷,其闲听决百事不留,恬然如无治者,古之朝也。⑩故四世有胜,非幸也,数也。是所见也。故曰:'佚而治,约而详,不烦而功,治之至也。'秦类之矣。⑪虽然,则有其諰矣。⑫兼是数具者而尽有之,然而县之以王者之功名,则倜倜然其不及远矣。⑬是何也?则其殆无儒邪。故曰:'粹而王,⑭驳而霸,无一焉而亡。'此亦秦之所短也。"

① 应侯,秦相范睢,封于应也,杜元凯云"应国,在襄阳城父县西南"也。

② 谓多良材及溉灌之利也。

③ 所出物产多也。

④ 形,地形。便而物产多,所以为胜,故曰"如高屋之上而建瓴水"也。

⑤ 流,邪淫也。污,浊也。"不流污"言清雅也。

⑥ 挑,偷也。不为奇异之服。《诗序》曰"长民者衣服不贰,从容有常,

以齐其民,则民德归壹"也。

⑦ 及,至也。至县邑之解署。

⑧ 楛音苦,滥恶也。或曰:读为王事靡盬之"盬"。盬,不坚固也。

⑨ 倜然,高远貌。

⑩ 其闲,朝退也,古苋反。恬然,安闲貌。如无治者,如都无听治处也。

⑪ 虽佚而治,虽约而详,虽不烦而有功,古之至治有如此者,今秦似之。

⑫ 谡,惧。

⑬ 县音悬,谓联系。

⑭ "粹"谓全用儒道。

　　积微,月不胜日,时不胜月,岁不胜时。①凡人好敖慢小事,大事至然后兴之务之,如是则常不胜夫敦比于小事者矣。②是何也? 则小事之至也数,其县日也博,其为积也大;③大事之至也希,其县日也浅,其为积也小。④故善日者王,善时者霸,补漏者危,大荒者亡。⑤故王者敬日,⑥霸者敬时,⑦仅存之国危而后戚之,⑧亡国至亡而后知亡,至死而后知死,亡国之祸败不可胜悔也。⑨霸者之善箸焉,可以时托也,⑩王者之功名不可胜日志也。⑪财物货宝以大为重,政教功名反是,能积微者速成。《诗》曰:"德辖如毛,民鲜克举之。"此之谓也。⑫

① 积微细之事月不如日,言常须日日留心于庶事,不可怠忽也。

② 敦比,精审躬亲之谓。

③ 数音朔。"博"谓所县系时日多也。"大"谓积小以成大,若蚁垤然也。

④ 时日既浅,则所积亦少也。

⑤"善"谓爱惜不怠弃也。"补漏"谓不能积功累业,至于敝漏然后补之。"大荒"谓都荒废不治也。

⑥"敬"谓不敢慢也,故曰"吉人为善,惟日不足"。

⑦ 动作皆不失时。或曰:时变则惧治之不立也。

⑧ 戚,忧。

⑨ 所悔之事不可胜举,言多甚也。

⑩ 霸者其善明箸,以其所托不失时也。

⑪ 日记识其政事,故能功名不可胜数。

⑫《诗·大雅·烝民》之篇。辎,轻也。引之以明积微至箸之功。

　　凡奸人之所以起者,以上之不贵义、不敬义也。①夫义者,所以限禁人之为恶与奸者也。今上不贵义、不敬义,如是则下之人百姓皆有弃义之志而有趋奸之心矣,此奸人之所以起也。且上者下之师也,夫下之和上,譬之犹响之应声、影之象形也,故为人上者不可不顺也。②夫义者,内节于人而外节于万物者也,③上安于主而下调于民者也。④内外上下节者,义之情也。⑤然则凡为天下之要,义为本而信次之。古者禹、汤本义务信而天下治,桀、纣弃义倍信而天下乱。故为人上者必将慎礼义、务忠信然后可,此君人者之大本也。⑥

① 上行下效。

② 不可不顺义。或曰:当为"慎"。

③ "节"即谓限禁也。

④ 得其节,则上安而下调也。

⑤ 义之情皆在得其节。

⑥ "慎"或为"顺"。

堂上不粪则郊草不瞻旷芸，①白刃扞乎胸则目不见流矢，②拔戟加乎首则十指不辞断，③非不以此为务也，疾养缓急之有相先者也。④

　　① 旷，空也。空，谓无草也。"芸"谓有草可芸锄也。堂上犹未粪除，则不暇瞻视郊野之草有无也。言近者未理，不暇及远。鲁连子谓田巴曰："堂上不粪者，郊草不芸也。"

　　② 扞，蔽也。扞蔽于胸，谓见斩刺也。惧白刃之甚，不暇忧流矢也。

　　③ 言不惜十指而救首也。"拔"或作"校"，或作"枝"。

　　④ 疾，痛也。养与痒同。言非不以郊草、流矢、十指为务，痛痒缓急有所先救者也。言此者，明人君当先务礼义，然后及他事也。

天论篇第十七

天行有常，不为尧存，不为桀亡。应之以治则吉，应之以乱则凶。①强本而节用则天不能贫，②养备而动时则天不能病，③修道而不贰则天不能祸，④故水旱不能使之饥渴，寒暑不能使之疾，祅怪不能使之凶。⑤本荒而用侈则天不能使之富，养略而动罕则天不能使之全，⑥倍道而妄行则天不能使之吉，故水旱未至而饥，寒暑未薄而疾，⑦祅怪未至而凶。受时与治世同，而殃祸与治世异，不可以怨天，其道然也。⑧故明于天人之分，则可谓至人矣。⑨不为而成，不求而得，夫是之谓天职。⑩如是者，虽深其人不加虑焉，虽大不加能焉，虽精不加察焉，夫是之谓不与天争职。⑪天有其时，地有其财，人有其治，夫是之谓能参。⑫舍其所以参而愿其所参，则惑矣。⑬列星随旋，日月递炤，四时代御，阴阳大化，风雨博施，⑭万物各得其和以生，各得其养以成，不见其事而见其功，夫是之谓神。⑮皆知其所以成，莫知其无形，夫是之谓天。⑯唯圣人为不求知天。⑰天职既立，天功既成，形具而神生，好恶、喜怒、哀乐臧焉，夫是之谓天情；⑱耳目鼻口形能各有接而不相能也，夫是之谓天官；⑲心居中虚以治五官，夫是之谓天君；⑳财非其类以养其类，夫是之谓天养；㉑顺其类者谓之福，逆其类者谓之祸，夫是之谓天政。㉒暗其天君，㉓乱其天官，㉔弃其天养，㉕逆其天政，㉖背其天情，㉗以丧天功，㉘夫是之谓大凶。㉙圣人清其天君，正其天官，备其天养，顺其天政，养其天情，以全其天功，如是，则知其所为，知其所不为矣，㉚则天地官而万物役矣。㉛其行曲治，其养曲适，其生不伤，夫是之谓知天。㉜故大巧在所不为，大智在所不虑。㉝所志于天者，已其见象之可以期者矣；�34所志于地者，已其见宜之可以息者矣；�35所志于四时者，已其见数之可以事者矣；�36所志于阴阳者，已其见知之可以治者矣。�37官人守天而自为守道也。�38

① 天自有常行之道也。

② 吉凶由人，非天爱尧而恶桀也。

③ "本"谓农桑。

④ "养备"谓使人衣食足。"动时"谓劝人勤力不失时，亦不使劳苦也。

养生既备,动作以时,则疾疹不作也。

⑤ 贰即倍也。

⑥ 畜积有素,故水旱不能使之饥渴。既无饥寒之患,则疫疠所不能加之也。

⑦ 略,减少也。罕,希也。"养略"谓使人衣食不足也。动希,言怠惰也。衣食减少而又怠惰,则天不能全也。

⑧ 薄,迫也,音博。

⑨ 非天降灾,人自使然。

⑩ 知在人不在天,斯为至人。

⑪ 不为而成,不求而得,四时行焉,百物生焉。天之职任如此,岂爱憎于尧、桀之间乎?

⑫ 其人,至人也。言天道虽深远,至人曾不措意测度焉,以其无益于理。若措其在人者,慕其在天者,是争职也。《庄子》曰"六合之外,圣人存而不论"也。

⑬ 人能治天时地财而用之,则是参于天地。

⑭ 舍人事而欲知天意,斯惑矣。

⑮ 列星,有列位者,二十八宿也。随旋,相随回旋也。炤与照同。"阴阳大化"谓寒暑变化万物也。"博施"谓广博施行,无不被也。

⑯ "和"谓和气,"养"谓风雨。不见和养之事,但见成功,斯所以为神,若有真宰然也。

⑰ 言天道之难知。或曰:当为"夫是之谓天功",脱"功"字耳。

⑱ 既天道难测,故圣人但修人事,不务役虑于知天也。

⑲ 言人之身亦天职、天功所成立也。"形"谓百骸九窍,"神"谓精魂。天情,所受于天之情也。

⑳ 耳辨声,目辨色,鼻辨臭,口辨味,形辨寒热疾痒。其所能皆可以接物而不能互相为用。官,犹任也。言天之所付任有如此也。

㉑ 心居于中空虚之地,以制耳、目、鼻、口、形之五官,是天使为形体之君也。

㉒ 财与裁同。饮食衣服与人异类，裁而用之，可使养口腹形体，故曰"裁非其类以养其类"，是天使奉养之道如此也。

㉓ "顺其类"谓能裁者也，"逆其类"谓不能裁者也。"天政"言如赏罚之政令。自"天职既立"已上，并论天所置立之事，已下论逆天、顺天之事在人所为也。

㉔ 昏乱其心。

㉕ 声色臭味过度。

㉖ 不能务本节用。

㉗ 不能养其类也。

㉘ 好恶、喜怒、哀乐无节。

㉙ 丧其生成之天功，使不蕃滋也。

㉚ 此皆言不修政违天之祸。

㉛ 知务导达，不攻异端。

㉜ 言圣人自修政则可以任天地、役万物也。

㉝ 其所自修行之政曲尽其治，其所养人之术曲尽其适，其生长万物无所伤害，是谓知天也。言明于人事则知天，物其要则曲尽也。

㉞ 此明不务知天是乃知天也，亦犹大巧在所不为，如天地之成万物也，若偏有所为则其巧小矣；大智在所不虑，如圣人无为而治也，若偏有所虑则其智窄矣。

㉟ 志，记识也。圣人虽不务知天，犹有记识以助治道。所以记识于天者，其见垂象之文可以知其节候者是也。谓若尧"命羲、和，钦若昊天，历象日月星辰，敬授人时"者也。

㊱ 所以记识于地者，其见土宜可以蕃息嘉谷者是也。

㊲ "数"谓春作、夏长、秋敛、冬藏必然之数。"事"谓顺时理其事也。所记识于四时者，取顺时之数而令生长收藏者也。

㊳ "知"谓知其生杀也。所以记识阴阳者，为知其生杀，效之为赏罚以治之也。"知"或为"和"。

㊴ 官人，任人。欲任人守天，在于自守道也。皆明不务知天之义也。

治乱天邪？曰：日月、星辰、瑞历，是禹、桀之所同也，[①]禹以治，桀以乱，治乱非天也。时邪？曰：繁启、蕃长于春、夏，[②]畜积、收藏于秋、冬，是又禹、桀之所同也，禹以治，桀以乱，治乱非时也。地邪？曰：得地则生，失地则死，是又禹、桀之所同也，禹以治，桀以乱，治乱非地也。[③]《诗》曰："天作高山，大王荒之。彼作矣，文王康之。"此之谓也。[④]

① 或曰：当时星辰书之名也。
② 繁，多也。蕃，茂也。
③ 皆言在人，不在天、地与时也。
④《诗·周颂·天作》之篇。引此以明吉凶由人，如大王之能尊大岐山也。

天不为人之恶寒也辍冬，地不为人之恶辽远也辍广，君子不为小人匈匈也辍行。[①]天有常道矣，地有常数矣，君子有常体矣。君子道其常而小人计其功。[②]《诗》曰："何恤人之言兮。"此之谓也。[③]

① 匈匈，喧哗之声，与讻同，音凶，又许用反。行，下孟反。
② 道，言也。君子常造次必守其道，小人则计一时之功利，因物而迁之也。
③ 逸《诗》也。以言苟守道不违，何畏人之言也。

楚王后车千乘，非知也；君子啜菽饮水，非愚也，是节然也。[①]若夫心意修，德行厚，知虑明，生于今而志乎古，则是其在我者也。故君子敬其在己者而不慕其在天者，[②]小人错其在己者而慕其在天者。③君子敬其在己者而不慕其在天者，是以日进也；④小人错其在己者而慕其在天者，是以日退也。⑤故君子之所以日进与小人之所以日退，一也。⑥君子、小人之所以相县者在此耳。

① "节"谓所遇之时命也。

② "在天"谓富贵也。

③ 错，置。

④ 求己而不苟，故日进。

⑤ 望徼幸而不求己，故日退也。

⑥ 皆有慕有不慕。

星队、木鸣，国人皆恐。曰：是何也？曰：无何也，①是天地之变，阴阳之化，物之罕至者也。②怪之可也，而畏之非也。③夫日月之有蚀，风雨之不时，怪星之党见，④是无世而不常有之。上明而政平，则是虽并世起，无伤也；⑤上暗而政险，则是虽无一至者，无益也。夫星之队、木之鸣，是天地之变，阴阳之化，物之罕至者也，怪之可也，而畏之非也。物之已至者，人祆则可畏也。⑥楛耕伤稼，耘耨失薉，政险失民，⑦田薉稼恶，籴贵民饥，道路有死人，夫是之谓人祆；政令不明，举错不时，本事不理，夫是之谓人祆；⑧礼义不修，内外无别，男女淫乱则父子相疑，上下乖离，寇难并至，夫是之谓人祆。祆是生于乱，三者错，无安国。⑨其说甚尔，其菑甚惨。⑩勉力不时则牛马相生、六畜作祆，⑪可怪也而不可畏也。传曰："万物之怪，书不说。⑫无用之辩，不急之察，弃而不治。"

若夫君臣之义、父子之亲、夫妇之别,则日切瑳而不舍也。

① 假设问答。"无何也"言不足忧也。

② 星队,天地之变。木鸣,阴阳之化。罕,希也。

③ 以其罕至,谓之怪异则可,因遂畏惧则非。

④ 党见,频见也,言如朋党之多。见,贤遍反。

⑤ "并世起"谓一世之中并起也。

⑥ 物之既至,可畏者在人之祅也。

⑦ "楛耕"谓粗恶不精也。"失薉"谓耘耨失时,使秽也。政险,威虐也。薉与秽同。

⑧ "举"谓起兵动众。"错"谓怀安失于事机也。本事,农桑之事也。

⑨ 三者,三人祅也。错,置也。置此三祅于中,国则无有安也。

⑩ 尔,近也。三人祅之说,比星队、木鸣为浅近,然其灾害人则甚惨毒也。

⑪ 勉力,力役也,不时则人多怨旷,其气所感,故生非其类也。

⑫ "书"谓六经也。可以劝戒则明之,不务广说万物之怪也。

雩而雨,何也? 曰:无何也,犹不雩而雨也。①日月食而救之,天旱而雩,卜筮然后决大事,非以为得求也,以文之也。②故君子以为文,而百姓以为神,以为文则吉,以为神则凶也。③

① 雩,求雨之祷也。或者问:岁旱,雩则得雨,此何祥也? 对以与不雩而雨同,明非求而得也。《周礼·司巫》"国大旱则率巫而舞雩"也。

② 得求,得所求也。言为此以示急于灾害,顺人之意,以文饰政事而已。

③ 顺人之情,以为文饰则无害,淫祀求福则凶也。

　　在天者莫明于日月，在地者莫明于水火，在物者莫明于珠玉，在人者莫明于礼义。故日月不高则光晖不赫，水火不积则晖润不博，珠玉不睹乎外则王公不以为宝，礼义不加于国家则功名不白。故人之命在天，国之命在礼。君人者隆礼尊贤而王，重法爱民而霸，好利多诈而危，权谋、倾覆、幽险而尽亡矣。①大天而思之，孰与物畜而制之？②从天而颂之，孰与制天命而用之？③望时而待之，孰与应时而使之？④因物而多之，孰与骋能而化之？⑤思物而物之，孰与理物而勿失之也。⑥愿于物之所以生，孰与有物之所以成？故错人而思天，则失万物之情。⑦

　　①"幽险"谓隐匿其情而凶虐难测也。权谋、多诈、幽险三者，尽亡之道也。

　　②尊大天而思慕之，欲其丰富，孰与使物畜积而我裁制之也。

　　③颂者，美盛德也。从天而美其盛德，岂如制裁天之所命而我用之。谓若曲者为轮、直者为桷，任材而用也。

　　④"望时而待"谓若农夫之望岁也，孰与应春生夏长之候，使不失时也。

　　⑤因物之自多，不如骋其智能而化之使多也，若后稷之播种然也。

　　⑥思得万物以为己物，孰与理物皆得其宜，不使有所失丧。

　　⑦物之生虽在天，成之则在人也。此皆言理平丰富，在人所为，不在天也。若废人而妄思天，虽劳心苦思犹无益也。

　　百王之无变，足以为道贯。①一废一起，应之以贯，②理贯不乱。③不知贯，不知应变，④贯之大体未尝亡也。乱生其差，治尽其详。⑤故道之所善，中则可从，畸则不可为，匿则大惑。⑥水行者表深，表不明则陷；⑦治民者表道，表不明则乱。

礼者表也,非礼,昏世也。昏世,大乱也。^⑧故道无不明,外内异表,隐显有常,民陷乃去。^⑨

①　无变,不易也。百王不易者,谓礼也。言礼可以为道之条贯也。

②　虽质文废起时有不同,然其要归以礼为条贯。《论语》孔子曰:"殷因于夏礼,所损益可知也;周因于殷礼,所损益可知也。其或继周者,虽百代可知也。"

③　知礼则其条贯不乱也。

④　不知以礼为条贯,则不能应变,言必差错而乱也。

⑤　差,谬也。所以乱者生于条贯差谬,所以治者在于精详也。

⑥　畸者,不偶之名,谓偏也。道之所善,得中则从,偏侧则不可为。"匿"谓隐匿其情。礼者,明示人者也,若隐匿则大惑。畸音羁。

⑦　表,标准也。陷,溺也。

⑧　"昏世"谓使世昏暗也。

⑨　道,礼也。"外"谓朝聘,"内"谓冠、昏,所表识章示各异也。隐显,即内外也。"有常"言有常法也。如此,民陷溺之患乃去也。

　　万物为道一偏,一物为万物一偏,愚者为一物一偏,^①而自以为知道,无知也。^②慎子有见于后无见于先,^③老子有见于诎无见于信,^④墨子有见于齐无见于畸,^⑤宋子有见于少无见于多。^⑥有后而无先则群众无门,^⑦有诎而无信则贵贱不分,^⑧有齐而无畸则政令不施,^⑨有少而无多则群众不化。^⑩《书》曰:"无有作好,遵王之道。无有作恶,遵王之路。"此之谓也。^⑪

①　愚者不能尽一物也。

② 以偏为知道,岂有知哉?

③ 慎到本黄、老之术,明不尚贤、不使能之道。故庄子论慎到曰"块不失道",以其无争先之意,故曰"见后而不见先"也。《汉书·艺文志》慎子著书四十二篇,班固曰"先申、韩,申、韩称之"也。

④ 老子,周之守藏史,姓李,字伯阳,号称老聃,孔子之师也。著五千言,其意多以屈为伸、以柔胜刚,故曰"见诎而不见信"也。信读为伸。

⑤ "畸"谓不齐也。墨子著书有《上同》、《兼爱》,是"见齐而不见畸"也。

⑥ 宋子,名钘,宋人也,与孟子同时。下篇云:"宋子以人之情为欲寡,而皆以己之情为欲多,为过也。"据此说,则是"见[1]少而不见多"也。钘音形,又胡泠反。《汉书·艺文志》有《宋子》十八篇,班固曰:"荀卿道宋子,其言黄、老意。"

⑦ 失群众在上之开导,皆处后而不处先,群众无门户也。

⑧ 贵者伸而贱者诎,则分别矣。若皆贵柔弱卑下,则无贵贱之别也。

⑨ 夫施政令,所以治不齐者。若上同,则政令何施也?

⑩ 夫欲多则可以劝诱为善。若皆欲少,则何能化之?

⑪《书·洪范》。以喻偏好则非遵王道也。

---

[1] 见:原无,据文义及注例补。

卷第十二

正论篇第十八

世俗之为说者曰"主道利周"，是不然。①主者民之唱也，上者下之仪也。②彼将听唱而应，视仪而动。唱默则民无应也，仪隐则下无动也，不应不动则上下无以相有也。③若是，则与无上同也，不祥莫大焉。故上者下之本也，上宣明则下治辨矣，④上端诚则下愿悫矣，上公正则下易直矣。⑤治辨则易一，愿悫则易使，易直则易知。易一则强，易使则功，易知则明，是治之所由生也。上周密则下疑玄矣，⑥上幽险则下渐诈矣，⑦上偏曲则下比周矣。疑玄则难一，⑧渐诈则难使，比周则难知。⑨难一则不强，难使则不功，难知则不明，是乱之所由作也。故主道利明不利幽，利宣不利周。故主道明则下安，主道幽则下危。⑩故下安则贵上，下危则贱上。⑪故上易知则下亲上矣，上难知则下畏上矣。下亲上则上安，下畏上则上危。⑫故主道莫恶乎难知，莫危乎使下畏己。传曰："恶之者众则危。"《书》曰："克明明德。"⑬《诗》曰："明明在下。"⑭故先王明之，岂特玄之耳哉。⑮

① 此一篇皆论世俗之乖谬，荀卿以正论辨之。周，密也。谓隐匿其情，不使下知也。世俗以为主道利在如此也。

② 谓下法上之表仪也。

③ 上不导其下，则下无以效上，是不相须也。

④ 宣，露。辨，别也。下知所从，则明别于事也。

⑤ 上公正，则下不敢险曲也。

⑥ "玄"谓幽深难知。或读为眩，惑也，下同。

⑦ 幽，隐也。险，难测也。渐，进也，如字。又曰：渐，浸也，谓浸成其诈也，子廉反。

⑧ 疑或不知所从，故难一也。

⑨ 人人怀私亲比，则上不可知其情。《礼记》曰"下难知则君长劳"也。

⑩ 下知所从则安，不知所从则自危也。

⑪ 贵犹爱也，贱犹恶也。

⑫ 畏则谋上。

⑬ 《书·多方》曰，成汤"至于帝乙，罔不明德慎罚"。

⑭ 《诗·大雅·大明》之篇。言文王之德明明在下，故赫赫然著见于天也。

⑮ 特犹直也。

　　世俗之为说者曰"桀、纣有天下，汤、武篡而夺之"，是不然。以桀、纣为常有天下之籍则然，①亲有天下之籍则不然，②天下谓在桀、纣则不然。古者天子千官，诸侯百官。以是千官也，令行于诸夏之国，谓之王；③以是百官也，令行于境内，国虽不安，不至于废易遂亡，谓之君。④圣王之子也，⑤有天下之后也，执籍之所在也，天下之宗室也，然而不材不中，⑥内则百姓疾之，外则诸侯叛之，近者境内不一，遥者诸侯不听，令不行于境内，甚者诸侯侵削之、攻伐之。若是，则虽未亡，吾谓之无天下矣。圣王没，有执籍者罢不足以县天下，⑦天下无君，⑧诸侯有能德明威积，海内之民莫不愿得以为君师。⑨然而暴国独侈，安能诛之，⑩必不伤害无罪之民，诛暴国之君若诛独夫。⑪若是，则可谓能用天下矣。能用天下之谓王。汤、武非取天下也，⑫修其道，行其义，兴天下之同利，除天下之同害，而天下归之也。桀、纣非去天下也，⑬反禹、汤之德，乱礼义之分，禽兽之行，积其凶，全其恶，而天下去之也。天下归之之谓王，天下去之之谓亡。故桀、纣无天下而汤、武不弑君，由此效之也。⑭汤、武者，民之父母也；桀、纣者，民之怨贼也。今世俗之为说者，以桀、纣为君而以汤、武为弑，然则是诛民之父母而师民之怨贼也，⑮不祥莫大焉。以天下之合为君，则天下未尝合于桀、纣也，然则以汤、武为弑，则天下未尝有说也，直堕之耳。⑯故天子唯其人。天下者，至重也，非至强莫之能任；⑰至大也，非至辨莫之能分；⑱至众也，非至明莫之能和。⑲此三至者，非圣人莫之能尽。故非圣人莫之能王。⑳圣人备道全美者也，是县天下之权称也。㉑桀、纣者，其知虑至险也，其至意至暗也，㉒其行之为至乱也，亲者疏之，贤者贱之，生民怨之，禹、汤之后也而不得一人之与。剖比干，囚箕子，身死国亡，为天下之大僇，后世之言恶者必稽焉，㉓是不容妻子之数也。㉔故至贤畴四海，汤、武是也；至罢不容妻子，桀、纣是也。㉕今世俗之为说者，以桀、纣为有天下而臣汤、武，岂不过甚矣哉！㉖譬之是犹伛巫、跛匡大自以为有知也。㉗故可以有夺人国，不可以有夺人天下；可以有窃国，不可以有窃天下也。㉘可以夺之者可以有国，而不可以有天下；窃可以得国，而不可以得天下。是何也？曰：国，小具也，可以小人有也，可以小道得也，可以小力持也；天下者，大具也，不可以小人有也，不可以小道得也，不可以小力持也。国者，小人可以有之，然而未必不亡也；㉕天下者，至大也，非圣人莫之能有也。

① 以常主天下之图籍则然。

② 躬亲能有天下则不然，以其不能治之也。

③ 夏，大也。中原之大国。

④ 仅存之君。

⑤ 子，子孙也。

⑥ "不中"谓处事不当也。中，丁仲反。

⑦ 圣王，禹、汤也。"有埶籍者"谓其子孙也。"罢"谓弱不任事也。县，系也，音悬。

⑧ 桀、纣不能治天下，是无君。

⑨ 师，长。

⑩ 暴国，即桀、纣也。"侈"谓奢汰、放纵。

⑪ 天下皆去，无助之者，若一夫然。

⑫ 非夺桀、纣之天下也。

⑬ 非天下自去也。

⑭ 天下皆去桀、纣，是无天下也。汤、武诛独夫耳，其为弑君乎？由，用也。效，明也。用此论明之。

⑮ 师，长。

⑯ 自古论说未尝有此，世俗之人堕损汤、武耳。

⑰ 物之至强者乃能胜重任。

⑱ 至大则难详，故非小智所能分别也。

⑲ 天下之人至众，非极知其情伪不能和辑也。

⑳ 重大如此三者，非圣人安能王乎？王，于况反。

㉑ 悬天下如权称之悬，总知轻重也。称，尺证反。

㉒ "至意"当为"志意"。

㉓ 言恶者必稽考桀、纣以为龟镜也。

㉔ 不能容有其妻子,是如此之人数也,犹言不能保妻子之徒也。《列子》梁王谓杨朱曰,"先生有一妻一妾不能治"也。

㉕ "畴四海"谓以四海为畴域。或曰:畴与筹同,谓计度也。

㉖ 以桀、纣为君,以汤、武为臣而杀之,是过甚也。

㉗ 尫读为尪,废疾之人。《王霸》篇曰"贱之如尪",与此"尫"同。《礼记》曰:"吾欲暴尫而奚若?"言世俗此说,犹巫尫大自以为神异也。

㉘ 一国之人易服,故可以有窃者;天下之心难归,故不可也。窃国,田常、六卿之属是也。

㉙ 小人既可以有之则易灭亡,明取国与取天下殊也。

世俗之为说者曰"治古无肉刑而有象刑,^①墨黥,^②慅婴,^③共艾毕,^④菲对屦,^⑤杀赭衣而不纯。^⑥治古如是",^⑦是不然。以为治邪? 则人固莫触罪,非独不用肉刑,亦不用象刑矣。以为人或触罪矣,而直轻其刑,然则是杀人者不死、伤人者不刑也,罪至重而刑至轻,庸人不知恶矣,乱莫大焉。^⑧凡刑人之本,禁暴恶恶,且徵其未也。^⑨杀人者不死而伤人者不刑,是谓惠暴而宽贼也,非恶恶也。故象刑殆非生于治古,并起于乱今也。^⑩治古不然,凡爵列、官职、赏庆、刑罚皆报也,以类相从者也。^⑪一物失称,乱之端也。^⑫夫德不称位,能不称官,赏不当功,罚不当罪,不祥莫大焉。昔者武王伐有商,诛纣,断其首县之赤旆。^⑬夫征暴诛悍,治之盛也。杀人者死、伤人者刑,是百王之所同也,未有知其所由来者也。刑称罪则治,不称罪则乱,故治则刑重,乱则刑轻。^⑭犯治之罪固重,犯乱之罪固轻也。^⑮《书》曰:"刑罚世轻世重。"此之谓也。⑯

① 治古，古之治世也。肉刑，墨、劓、荆、宫也。象刑，异章服耻辱其形象，故谓之象刑也。《书》曰"皋陶方施，象刑惟明"，孔安国云："象，法也。"案，《书》之象刑亦非谓形象也。

② 世俗以为古之重罪以墨涅其面而已，更无劓、刖之刑也。或曰："墨黥"当为"墨帻"，但以墨巾帻其头而已。

③ 当为"澡婴"，谓澡濯其布为缨。郑云："凶冠之饰，令罪人服之。"《礼记》曰"缌冠澡缨"，郑云："有事其布以为缨也。"澡或读为草，《慎子》作"草缨"也。

④ 共，未详，或衍字耳。艾，苍白色。毕与韠同，绂也，所以蔽前，君以朱，大夫素，士爵韦。令罪人服之，故以苍白色为韠也。

⑤ 菲，草屦也。"对"当为"綦"，传写误耳。綦，枲也，《慎子》作"綦"。言罪人或菲或枲为屦，故曰"菲綦屦"。綦，方孔反。"对"或为"菲"，《礼》有"疏屦"，传曰："藨蒯之菲也。"

⑥ 以赤土染衣，故曰"赭衣"。纯，缘也。杀之，所以异于常人之服也。纯音准。杀，所介反。《慎子》曰"有虞氏之诛，以画跪当黥，以草缨当劓，以履綦当刖，以艾毕当宫"，此有虞之诛。又《尚书大传》曰："唐虞之象刑，上刑赭衣不纯，中刑杂屦，下刑墨帻。"帻，巾也。

⑦ 世俗说以治古如是。

⑧ 恶，乌路反。

⑨ 徵读为惩。"未"谓将来。

⑩ 今之乱世妄为此说。

⑪ "报"谓报其善恶。各以类相从，谓善者得其善、恶者得其恶也。

⑫ "失称"谓失其所称，类不相从也。称，尺证反。

⑬ 《史记》"武王斩纣头，悬之大白旗"，此云"赤旗"，所传闻各异也。《礼记·明堂位》说旗曰"殷之大白，周之大赤"，即《史记》之说非也。

⑭ 治世刑必行则不敢犯，故重；乱世刑不行则人易犯，故轻。李奇注

《汉书》曰:"世所以治,乃刑重;所以乱,乃刑轻也。"

⑮治世家给人足,犯法者少,有犯则众恶之,罪固当重也;乱世人迫于饥寒,犯法者多,不可尽用重典,当轻也。

⑯《书·甫刑》。以言世有治乱,故法有轻重也。

世俗之为说者曰"'汤、武不能禁令',是何也?①曰:楚、越不受制",是不然。汤、武者,至天下之善禁令者也。汤居亳,武王居鄗,皆百里之地也,天下为一,诸侯为臣,通达之属莫不振动从服以化顺之,②曷为楚、越独不受制也?彼王者之制也,视形埶而制械用,③称远迩而等贡献,岂必齐哉?④故鲁人以榶,卫人用柯,齐人用一革,⑤土地刑制不同者,械用备饰不可不异也。故诸夏之国同服同仪,⑥蛮夷戎狄之国同服不同制,⑦封内甸服,⑧封外侯服,⑨侯卫宾服,⑩蛮夷要服,⑪戎狄荒服。⑫甸服者祭,侯服者祀,宾服者享,要服者贡,荒服者终王。⑬日祭、月祀、时享、岁贡,⑭夫是之谓视形埶而制械用,称远近而等贡献,是王者之至也。⑮彼楚、越者,且时享、岁贡、终王之属也,必齐之日祭、月祀之属然后曰受制邪?是规磨之说也,⑯沟中之瘠也,⑰则未足与及王者之制也。语曰:"浅不足与测深,愚不足与谋知,坎井之鼃不可与语东海之乐。"此之谓也。⑱

①言不能施禁令,故有所不至者。

②振与震同,恐也。

③即《礼记》所谓"广谷大川异制,民生其间者异俗,器械异制,衣服异宜"也。

④ 称，尺证反。等，差也。

⑤ 未详。或曰：《方言》云"盌谓之榶，盂谓之柯"。或曰：《方言》"榶，张也"，郭云："谓敷张也。"

⑥ "仪"谓风俗也。诸夏迫近京师，易一以教化，故同服同仪也。

⑦ 夷狄退远，又各在一方，虽同为要、荒之服，其制度不同也。

⑧ 王畿之内也。《禹贡》"五百里甸服"，孔安国曰："为天子服治田也"。

⑨ 畿外也。《禹贡》"五百里侯服"，孔云："甸服之外五百里也。侯，候也。斥候而服事王也。"韦昭云："侯服，侯圻也。"

⑩ 韦昭注《国语》曰："侯，侯圻。卫，卫圻。自侯圻至卫圻，其间五圻，圻五百里，五五二千五百里，中国之界也。谓之宾服，常以服贡宾见于王。五圻者，侯圻之外甸圻，甸圻之外男圻，男圻之外采圻，采圻之外卫圻，《康诰》曰'侯、甸、男、采、卫'是也。"此据《周官·职方氏》，与《禹贡》异制也。

⑪ 《职方氏》云："卫服之外五百里曰蛮服，又其外五百里曰夷服。"孔安国云："'要'谓要束以文教。"要，一昭反。

⑫ 《职方氏》所谓"镇服"、"蕃服"也。韦昭曰："各相去五百里。九州之外，荒裔之地与戎狄同俗，故谓之'荒'。荒忽无常之言也。"

⑬ 韦昭曰："日祭，祭于祖考，上食也。近汉亦然。月祀于曾祖也，时享于二祧也，岁贡于坛墠也。'终'谓世终，朝嗣王也。"

⑭ 此下当有"终王"二字，误脱耳。

⑮ "至"当为"志"，所以志识远近也。

⑯ 规磨之说，犹言差错之说也。规者正圆之器，磨久则偏尽而不圆，失于度程也。《文子》曰："水虽平必有波，衡虽正必有差。"《韩子》曰："'规有磨而水有波，我欲更之，无奈之何。'此通于权者言也。"

⑰ 谓行乞之人在沟壑中赢瘠者，以喻智虑浅也。

⑱ 言小不知大也。司马彪曰："坎井，坏井也。蠅，虾蟆类也。"事出《庄子》。"坎井"或作"坛井"。蠅，户娲反。

世俗之为说者曰"尧舜擅让"，①是不然。天子者，执位至尊,无敌于天下,夫有谁与让矣?②道德纯备,智惠甚明,南面而听天下,生民之属莫不振动从服以化顺之,天下无隐士、无遗善,③同焉者是也,异焉者非也,夫有恶擅天下矣?④曰"死而擅之",⑤是又不然。圣王在上,图德而定次,量能而授官,皆使民载其事而各得其宜,不能以义制利,不能以伪饰性,则兼以为民。⑥圣王已没,天下无圣,则固莫足以擅天下矣。⑦天下有圣而在后者,则天下不离,⑧朝不易位,国不更制,天下厌焉与乡无以异也,⑨以尧继尧,夫又何变之有矣?⑩圣不在后子而在三公,则天下如归,犹复而振之矣,⑪天下厌然与乡无以异也,以尧继尧,夫又何变之有矣?⑫唯其徙朝改制为难。⑬故天子生则天下一隆,致顺而治,论德而定次,⑭死则能任天下者必有之矣。夫礼义之分尽矣,擅让恶用矣哉!⑮曰"老衰而擅",是又不然。血气筋力则有衰,若夫智虑取舍则无衰。曰"老者不堪其劳而休也",是又畏事者之议也。⑯天子者,埶至重而形至佚,心至愉而志无所诎,而形不为劳,尊无上矣。衣被则服五采,杂间色,⑰重文绣,加饰之以珠玉;食饮则重大牢而备珍怪,期臭味,⑱曼而馈,⑲代睪而食,⑳《雍》而彻乎㉑五祀,执荐者百人侍西房;㉒居则设张容,负依而坐,诸侯趋走乎堂下;㉓出户而巫觋有事,㉔出门而宗祝有事,㉕乘大路、趋越席以养安,㉖侧载睪芷以养鼻,㉗前有错衡以养目,㉘和鸾之声,步中《武》、《象》、骤中《韶》、《护》以养耳,㉙三公奉轭持纳,㉚诸侯持轮、挟舆、先马,㉛大侯编后,大夫次之,㉜小侯、元士次之,㉝庶士介而夹[1]

---

[1] 夹:原作"坐",据《周礼》及王念孙说改。注中两"夹"字同。

道，㉞庶人隐窜莫敢视望。居如大神，动如天帝，㉟持老养衰，犹有善于是者与？不老者休也，休犹有安乐恬愉如是者乎？㊱故曰：诸侯有老，天子无老，㊲有擅国无擅天下，古今一也。㊳夫曰"尧、舜擅让"，是虚言也，是浅者之传、陋者之说也，不知逆顺之理，小大、至不至之变者也，㊴未可与及天下之大理者也。

① 擅与禅同，墠亦同义。谓除地为墠，告天而传位也，后因谓之禅位。世俗以为尧、舜德厚，故禅让圣贤，后世德薄，故父子相继。荀卿言尧、舜相承，但传位于贤而已，与传子无异，非谓求名而禅让也。案《书序》曰"将逊于位，让于虞舜"，是亦有让之说。此云非禅让，盖《书序》美尧之德，虽是传位，与逊让无异，非是先自有让意也。《孟子》亦云："万章曰：'尧以天下与舜，有诸？'孟子曰：'天子不能以天下与人。'曰：'孰与之？'曰：'天与之。'"又曰"天与贤则与贤，天与子则与子"也。

② 让者，埶位敌之名，若上下相县则无与让矣。有，读为又也。

③ 无隐藏不用之士也。

④ 夫自知不堪其事，则求贤而禅位，今以尧、舜之明圣，事无不理，又乌用禅位哉？

⑤ 或者既以生无禅让之事，因谓尧、舜预求圣贤，至死后而禅之。

⑥ "伪"谓矫其本性也。无能者则兼并之，令尽为民氓也。

⑦ 固无禅让。

⑧ 有圣继其后者，则天下有所归，不离叛也。

⑨ 厌然，顺服貌，一涉反。乡音向。

⑩ 言继位相承，与一尧无异，岂为禅让改变与他人乎？

⑪ 后子，嗣子，谓丹朱、商均也。三公，宰相，谓舜、禹。天下如归，言不归后子而归三公也。"复而振之"谓犹如天下已去而衰息，今使之来复而振起也。

⑫ 疑此三句重也。

⑬ 谓殊徽号、异制度也。舜、禹相继，与父子无异，所难而不忍者，在徙朝改制也。后世见其改易，遂以为擅让也。

⑭ "天下一隆"谓天下之人皆得其崇厚也。致，极也。

⑮ 夫让者礼义之名，今圣王但求其能任天下者传之，则是尽礼义之分矣，岂复更求禅让之名哉？

⑯ 或者自以畏惮劳苦，以为圣王亦然也。

⑰ "衣被"谓以衣被身。"服五采"言备五色也。间色，红、碧之属。《礼记》曰"衣正色，裳间色"也。

⑱ 重，多也。谓重多之以太牢也。珍怪，奇异之食也。"期"当为"綦"，极也。

⑲ "曼"当为"万"。馈，进食也。列万舞而进食。

⑳ 罜，未详，盖香草也。或曰：罜读为藁，即所谓兰茞本也。或曰：当为"泽"，泽兰也。《既夕礼》"茵著用茶，实绥泽焉"，俗书"泽"字作水傍罜，传写误遗其水耳。"代罜而食"谓焚香气歇，即更以新者代之。

㉑《雍》，《诗·周颂》乐章名。奏《雍》而彻馔。《论语》曰"三家者以《雍》彻"，言其僭也。

㉒《周礼·宗伯》"以血祭祭社稷、五祀"，郑云，"五祀，四时迎五行之气于四郊而祭五德之帝"也。或曰：此"五祀"谓祫、祠、烝、尝及大祫也。或曰：《国语》展禽曰："禘、郊、祖、宗、报，此五者，国之祀典也。"皆王者所亲临之祭，非谓户、灶、中霤、门、行之五祀也。"荐"谓所荐陈之物，笾豆之属也。侍，侍立也。西房，西厢。"侍"或为"待"也。

㉓ 居，安居也，听朝之时也。"容"谓羽卫也。居则设张其容仪，负依而坐也。户牖之间谓之依，亦作"扆"，扆、依音同。或曰：《尔雅》云"容谓之防"，郭璞云"如今床头小曲屏风，唱射者所以自防隐"也。言施此容于户牖间，负之而坐也。

㉔ "出户"谓出内门也。女曰巫，男曰觋。有事，祓除不祥。

㉕ "出门"谓车驾出国门。宗者，主祭祀之官。"祀"当为"祝"。"有事"

谓祭行神也。《国语》曰："使名姓之后能知四时之生，牺牲之物，玉帛之类，采服之仪，彝器之量，次主之度，屏摄之位，坛场之所，上下之神祇，氏姓之所出，而心帅旧典者，为之宗。"又曰："使先圣之后能知山川之号，宗庙之事，昭穆之世，齐敬之勤，礼节之宜，威仪之则，容貌之崇，忠信之质，禋絜之服，而敬恭明神者，为之祝。"韦昭曰："宗，大宗伯也，掌祭祀之礼。祝，大祝，掌祈福祥也。"

㉖ 大路，祭天车。《礼记》曰："大路，繁缨一就。""趋"，衍字耳。越席，结蒲为席。"养安"言恐其不安，以此和养之。按，礼以大路、越席为质素，此云养安以为盛饰，未详其意。或曰：古人以质为重也。

㉗ 翠芷，香草也，已解上。于车上傍侧载之，用以养鼻也。

㉘ 《诗》曰"约軧错衡"，毛云："错衡，文衡。"

㉙ 和、鸾，皆车上铃也。《韩诗外传》云："鸾在衡，和在轼前。"升车则马动，马动则鸾鸣，鸾鸣则和应，皆所以为行节也。许慎曰："和取其敬，鸾以象鸟之声。"《武》、《象》、《韶》、《护》皆乐名。"骀"当为"趋"。步谓车缓行，趋谓车速行。《周礼·大驭》云"凡驭路，行以《肆夏》，趋以《采齐》，以鸾和为节"，郑云："'行'谓大寝至路门，'趋'谓路门至应门也。"

㉚ 軏，辕前也。纳与軜同。軜，谓骖马内辔系轼前者，《诗》曰："鋈以觼軜。"

㉛ 挟舆，在车之左右也。先马，导马也。或持轮者，或挟舆者，或先马者。

㉜ 大侯，国稍大，在五等之列者。

㉝ 小侯，僻远小国及附庸也。元士，上士也。《礼记》曰："庶方、小侯，入天子之国曰某人。"又曰"天子之元士视附庸"也。

㉞ 庶士，军士也。介而夹道，被甲夹于道侧，以御非常也。

㉟ 言畏敬之甚也。

㊱ 不老，老也，犹言不显，显也。或曰："不"字衍耳。夫老者，休息之名，言岂更有休息安乐过此？

㊲ 诸侯供职贡朝聘，故有筋力衰竭求致仕者，与天子异也。

㊳ 让者,埶位敌之名。一国事轻,则有请于天子而让贤,天下则不然也。

㊴ "小"谓一国,"大"谓天下。至不至,犹言当不当也。

世俗之为说者曰"尧、舜不能教化,是何也? 曰:朱、象不化",是不然也。尧、舜,至天下之善教化者也,南面而听天下,生民之属莫不振动从服以化顺之。①然而朱、象独不化,是非尧、舜之过,朱、象之罪也。②尧、舜者天下之英也,③朱、象者天下之嵬、一时之琐也。④今世俗之为说者不怪朱、象而非尧、舜,岂不过甚矣哉? 夫是之谓嵬说。⑤羿、蠭门者,天下之善射者也,不能以拨弓曲矢中;⑥王梁、造父者,天下之善驭者也,不能以辟马毁舆致远;⑦尧、舜者,天下之善教化者也,不能使嵬琐化。何世而无嵬,何时而无琐,自太皞、燧人莫不有也。⑧故作者不祥,学者受其殃,非者有庆。⑨《诗》曰:"下民之孽,匪降自天,噂沓背憎,职竞由人。"此之谓也。⑩

① 言天下无不化。

② 朱、象乃罪人之当诛戮者,岂尧、舜之过哉?《论语》曰"上智与下愚不移"是也。

③ 郑康成注《礼记》云:"'英'谓俊选之尤者。"

④ 言嵬琐之人,虽被尧、舜之治犹不可化,言教化所不及。嵬琐,已解在《非十二子》之篇。

⑤ 狂妄之说。

⑥ 拨弓,不正之弓。中,丁仲反。

⑦ 辟与躄同,必亦反。

⑧ 太皞，伏羲也。燧人，太皞前帝王，始作火化者。

⑨ 作鬼琐者不祥也。"有庆"言必无刑戮也。

⑩《诗·小雅·十月之交》篇。言下民相为妖孽，灾害非从天降，噂噂沓沓然相对谈语，背则相憎，为此者盖由人耳。

世俗之为说者曰"太古薄葬，棺厚三寸，衣衾三领，葬田不妨田，故不掘也。①乱今厚葬饰棺，故抇也"，是不及知治道，而不察于抇不抇者之所言也。②凡人之盗也必以有为，③不以备不足，足则以重有余也。而圣王之生民也，皆使当厚优犹不知足，而不得以有余过度。④故盗不窃，贼不刺，⑤狗豕吐菽粟而农贾皆能以货财让，⑥风俗之美，男女自不取于涂而百姓羞拾遗。故孔子曰："天下有道，盗其先变乎！"⑦虽珠玉满体，文绣充棺，黄金充椁，加之以丹矸，重之以曾青，⑧犀象以为树，⑨琅玕、龙兹、华觐以为实，⑩人犹且莫之抇也。是何也？则求利之诡缓而犯分之羞大也。⑪夫乱今然后反是，上以无法使，下以无度行，知者不得虑，能者不得治，贤者不得使。⑫若是，则上失天性，下失地利，中失人和，故百事废、财物诎而祸乱起，王公则病不足于上，庶人则冻馁羸瘠于下，于是焉桀、纣群居而盗贼击夺以危上矣。⑬安禽兽行，虎狼贪，故脯巨人而炙婴儿矣。若是，则有何尤抇人之墓、抉人之口而求利矣哉？⑭虽此倮而薶之，犹且必抇也，安得葬薶哉？⑮彼乃将食其肉而龁其骨也。夫"太古薄葬故不抇也，乱今厚葬故抇也"，是特奸人之误于乱说，以欺愚者而潮陷之以偷取利焉，夫是之谓大奸。⑯传曰："危人而自安，害人而自利。"此之谓也。⑰

① 此盖言古之人君也。三领,三称也。《礼记》"君陈衣于序东,西领南上",故以"领"言。"葬田不妨田"言所葬之地不妨农耕也。殷已前平葬,无丘垅之识也。

② 扪,穿也,谓发冢也,胡骨反。

③ 其意必有所云为也。

④ "当"谓得中也,丁浪反。优犹宽泰也。"不知足","不"字亦衍耳。言圣王之养民,轻赋薄敛,皆使宽泰而知足也,又有禁限,不得以有余过度也。

⑤ 盗贼,通名。分而言之,则私窃谓之盗,劫杀谓之贼。

⑥ 农贾庶人犹让,则其余无不让也。

⑦ 衣食足,知荣辱。

⑧ 丹矸,丹砂也。曾青,铜之精,形如珠者,其色极青,故谓之曾青。加以丹矸、重以曾青,言以丹青采画也。

⑨ 树之于圹中也。

⑩ 琅玕似珠,昆仑山有琅玕树。龙兹,未详。"觐"当为"瑾"。"华"谓有光华者也。或曰:龙兹即今之龙须席。《公羊传》曰:"卫侯朔属负兹。"《尔雅》曰:"蓐谓之兹。"《史记》曰"卫叔封布兹",徐广曰:"兹者,藉席之名。"《列女传》无盐女谓齐宣王曰:"渐台五重,黄金、白玉、琅玕、龙疏、翡翠、珠玑,莫落连饰,万民疲极,此二殆也。"疑龙兹即龙疏,疏、须音相近也。曹大家亦不解。"实"谓实于棺椁中。或曰:兹与毙同。

⑪ 诡,诈也。求利诡诈之心缓也。

⑫ 不得在位使人。

⑬ 言在上位者尽如桀、纣也。

⑭ 抉,挑也。抉人口取其珠也。

⑮ 不可得葬薶而不发。

⑯ 言是乃特奸人自误惑于乱说,因以欺愚者,犹于泥潮之中陷之,谓使陷于不仁不孝也。"以偷取利"谓背弃死者而苟取其利于生者也。是时墨子之徒说薄葬以惑当世,故以此讥之。

⑰危害死者以利生者，与此义同。

子宋子曰："明见侮之不辱，使人不斗。①人皆以见侮为辱，故斗也；知见侮之为不辱，则不斗矣。"应之曰：然则亦以人之情为不恶侮乎？曰："恶而不辱也。"②曰：若是，则必不得所求焉。③凡人之斗也，必以其恶之为说，非以其辱之为故也。④今俳优、侏儒、狎徒、詈侮而不斗者，是岂钜知见侮之为不辱哉？⑤然而不斗者，不恶故也。今人或入其央渎，窃其猪彘，⑥则援剑戟而逐之，不避死伤，是岂以丧猪为辱也哉？然而不惮斗者，恶之故也。虽以见侮为辱也，不恶则不斗；⑦虽知见侮为不辱，恶之则必斗。⑧然则斗与不斗邪，亡于辱之与不辱也，乃在于恶之与不恶也。夫今子宋子不能解人之恶侮，而务说人以勿辱也，岂不过甚矣哉？⑨金舌弊口，犹将无益也。⑩不知其无益则不知，⑪知其无益也，直以欺人则不仁，不仁不知，辱莫大焉。⑫将以为有益于人，则与无益于人也，⑬则得大辱而退耳。说莫病是矣。⑭子宋子曰："见侮不辱。"应之曰：凡议，必将立隆正然后可也，⑮无隆正则是非不分而辨讼不决。故所闻曰："天下之大隆，是非之封界，分职名象之所起，王制是也。"⑯故凡言议期命，是非以圣王为师，⑰而圣王之分，荣辱是也。⑱是有两端矣，⑲有义荣者、有埶荣者，有义辱者、有埶辱者。志意修，德行厚，知虑明，是荣之由中出者也，夫是之谓义荣。爵列尊，贡禄厚，形埶胜，⑳上为天子诸侯，下为卿相士大夫，是荣之从外至者也，夫是之谓埶荣。流淫污僈，㉑犯分乱理，骄暴贪利，是辱之由中出者也，夫是之谓义辱。詈侮捽搏，㉒捶笞膑脚，㉓斩断枯磔，㉔藉靡舌缪，㉕是辱之由外至者也，夫是之谓埶辱。是荣辱之两端也。故君子可以有埶辱而不可以有义辱，小人可以有埶荣而不可以有义荣。有埶辱无害为尧，有埶荣无害为桀。义荣、埶荣，唯君子然后兼有之；义辱、埶辱，唯小人然后兼有之。是荣辱之分也。圣王以为法，士大夫以为道，官人以为守，百姓以为成俗，万世不能易也。㉖今子宋子案不然，独诎容为己，虑一朝而改之，说必不行矣。㉗譬之是犹以塼涂塞江海也，以焦侥而戴太山也，㉘蹎跌碎折不待顷矣。㉙二三子之善于子宋子者，殆不若止之，将恐得伤其体也。㉚

① 宋子，已解在《天论》篇。宋子言若能明侵侮而不以为辱之义，则可使人不斗也。《庄子》说宋子曰"见侮不辱，救民之斗"，《尹文子》曰"见侮不辱，见推不矜，禁暴息兵，救世之斗，此人君之德，可以为王矣"，宋子盖尹文弟子。何休注《公羊》曰："以子冠氏上者，著其师也。"言此者，盖以难宋子之徒也。

② 虽恶其侮而不以为辱。恶，乌路反，下同。

③ 求不斗必不得。

④ 凡斗在于恶，不在于辱也。

⑤ 狎，戏也。鉅与遽同。言此倡优岂遽知宋子有见侮不辱之论哉？

⑥ 央渎，中渎也，如今人家出水沟也。

⑦ 不知宋子之论者也。

⑧ 知宋子之论也。

⑨ 解，达也。不知人情恶侮，而使见侮不辱，是过甚也。解如字。说读为税。

⑩ 金舌，以金为舌。金舌弊口，以喻不言也。虽子宋子见侵侮，金舌弊口而不对，欲以率先，犹无益于不斗也。扬子《法言》曰："金口而木舌。"金

或读为噤。

⑪ 不知此说无益，是不知也。

⑫ 发论而不仁不知，辱无过此也。

⑬ 与读为预。本谓有益于人，反预于无益人之论也。

⑭ 本欲使人见侮不辱，反自得大辱耳。

⑮ 崇高正直，然后可也。

⑯ "名"谓指名，"象"谓法象。"王制"谓王者之旧制。

⑰ 期，物之所会也；命，名物也，皆以圣王为法也。

⑱ 圣王以荣辱为人之大分，岂如宋子以见侮为不辱哉？

⑲ 荣辱各有二也。

⑳ "贡"谓所受贡赋，谓天子诸侯也。"禄"谓受君之禄，卿相士大夫也。"形埶"谓执位也。

㉑ 污，秽行也。"僈"当为"漫"，已解在《荣辱》篇。

㉒ 捽，持头也。搏，手击也。

㉓ 捶、笞皆杖击也。膑，膝骨也。脚，古"脚"字。膑脚，谓刖其膝骨也。邹阳曰："司马喜膑脚于宋，卒相中山。"

㉔ 断如字。枯，弃市暴尸也。磔，车裂也。《周礼》"以疈辜祭四方百物"，注谓披磔牲体也。或者枯与疈辜义同欤？《韩子》曰："楚南之地，丽水之中生金，民多窃采之。采金之禁，得而辄辜磔。所辜磔甚众，而民窃金不止。"疑辜即枯也。又《庄子》有"辜人"，谓犯罪应死之人也。

㉕ 藉，见凌藉也，才夜反。靡，系缚也，与縻义同，即谓胥靡也，谓刑徒之人以铁锁相连系也。舌绁，未详。或曰：《庄子》云"公孙龙口呿而不合，舌举而不下"，谓辞穷，亦耻辱也。

㉖ 言上下皆以荣辱为治也。士大夫，主教化者。官人，守职事之官也。

㉗ 言宋子不知圣人以荣辱为大分，独欲屈容受辱为己之道，其谋虑乃欲一朝而改圣王之法，说必不行也。

㉘ 塼涂，以涂垒塼也。焦侥，短人长三尺者。

㉙ 蹎与颠同，踬也。顷，少顷也。

　　㉚　二三子,慕宋子道者也。"止"谓息其说也。"伤其体"谓受大辱。

　　子宋子曰:"人之情欲寡,而皆以己之情欲为多,是过也。"①故率其群徒,辨其谈说,明其譬称,将使人知情欲之寡也。②应之曰:然则亦以人之情为欲。目不欲綦色,耳不欲綦声,口不欲綦味,鼻不欲綦臭,形不欲綦佚。此五綦者,亦以人之情为不欲乎?曰:"人之情欲是已。"曰:若是,则说必不行矣。以人之情为欲此五綦者而不欲多,譬之是犹以人之情为欲富贵而不欲货也,好美而恶西施也。古之人为之不然,以人之情为欲多而不欲寡,故赏以富厚而罚以杀损也,③是百王之所同也。故上贤禄天下,次贤禄一国,下贤禄田邑,愿悫之民完衣食。④今子宋子以是之情为欲寡而不欲多也。然则先王以人之所不欲者赏而以人之所欲者罚邪?乱莫大焉。⑤今子宋子严然而好说,⑥聚人徒,立师学,成文曲,⑦然而说不免于以至治为至乱也,岂不过甚矣哉!

　　①　宋子以凡人之情所欲在少,不在多也。《庄子》说宋子曰"以禁攻寝兵为外,以情欲寡少为内"也。
　　②　"称"谓所宜也。称,尺证反。"情欲之寡"或为"情之欲寡"也。
　　③　谓以富厚赏之,以杀损罚之。杀,减也,所介反。
　　④　以人之情为欲多,故使德重者受厚禄,下至愿悫之民犹得完衣食,皆所以报其功。
　　⑤　如宋子之说,乃大乱之道。
　　⑥　严读为俨。好说,自喜其说也。好,呼报反。
　　⑦　文曲,文章也。

礼论篇第十九①

礼起于何也？曰：人生而有欲，欲而不得则不能无求，求而无度量分界则不能不争。②争则乱，乱则穷。③先王恶其乱也，故制礼义以分之，以养人之欲、给人之求。④使欲必不穷乎物，物必不屈于欲，两者相持而长，是礼之所起也。⑤故礼者，养也。刍豢、稻粱，五味调香，所以养口也；椒兰、芬苾，所以养鼻也；雕琢、刻镂、黼黻、文章，所以养目也；钟鼓、管磬、琴瑟、竽笙，所以养耳也；疏房、檖貌、越席、床第、几筵，所以养体也。⑥故礼者，养也。君子既得其养，又好其别。曷谓别？曰：贵贱有等，长幼有差，贫富、轻重皆有称者也。⑦故天子大路越席，所以养体也；侧载睪芷，所以养鼻也；前有错衡，所以养目也；和鸾之声，步中《武》、《象》，趋中《韶》、《护》，所以养耳也；⑧龙旗九斿，所以养信也；⑨寝兕、⑩持虎、⑪蛟韅、⑫丝末、⑬弥龙，所以养威也；⑭故大路之马必倍至教顺然后乘之，所以养安也。⑮孰知夫出死要节之所以养生也，⑯孰知夫出费用之所以养财也，⑰孰知夫恭敬辞让之所以养安也，⑱孰知夫礼义文理之所以养情也。⑲故人苟生之为见，若者必死；⑳苟利之为见，若者必害；㉑苟怠惰偷懦之为安，若者必危；㉒苟情说之为乐，若者必灭。㉓故人一之于礼义则两得之矣,一之于情性则两丧之矣。[@]故儒者将使人两得之者也,墨者将使人两丧之者也,是儒、墨之分也。

① 旧目录第二十三,今升在论议之中,于文为比。

② 量,力向反。

③ "穷"谓计无所出也。

④ 有分然后欲可养、求可给。

⑤ 屈,竭也。先王为之立中道,故欲不尽于物,物不竭于欲,欲与物相扶持,故能长久,是礼所起之本意者也。

⑥ 疏,通也。疏房,通明之房。貌,古"貌"字。楼貌,未详。或曰:楼读为邃。貌,庙也。庙者,宫室尊严之名。或曰:貌读为邈,言屋宇深邃绵邈也。第,床栈也。越席,剪蒲席也,古人所重。司马贞曰:"疏,窗也。"

⑦ "称"谓各当其宜,尺证反。

⑧ 并解在《正论》篇。

⑨ 龙旗,画龙旗。《尔雅》曰:"素升龙于缯,练斿九。"旗正幅为缯,斿所以属之者也。"信"谓使万人见而信之,识至尊也。养犹奉也。

⑩ 谓武士寝处于甲胄者也。

⑪ 谓以虎皮为弓衣,武士执持者也。《诗》曰"虎韔镂膺",刘氏云"画虎于铃竿及楯"也。

⑫ 鞬,马服之革,盖象蛟形。徐广曰:"以蛟鱼皮为之。"

⑬ 末与幦同。《礼记》曰"君羔幦虎犆",郑云:"覆笭也。"丝幦,盖织丝为幦,亡狄反。

⑭ 弥如字,又读为弭。弭,末也。谓金饰衡轭之末为龙首也。徐广曰:"乘舆车以金薄缪龙为舆倚较,文虎伏轼,龙首衔轭。"

⑮ "倍至"谓倍加精至也。或以"必倍"为句。"倍"谓反之,车在马前,令马熟识车也。至极教顺,然后乘之,备惊奔也。

⑯ 勃,甚也。出死,出身死寇难也。要节,自要约以节义,谓立节也。使其勃知出死要节,尽忠于君,是乃所以受禄养生也。若不能然,则乱而不

保其生也。要,一遥反。

⑰ 费用财以成礼,谓问遗之属,是乃所以求奉养其财,不相侵夺也。

⑱ 无恭敬辞让,则乱而不安也。

⑲ 无礼义文理,则纵情性不知所归也。

⑳ 言苟唯以生为所见,不能出死要节,若此者必死也。

㉑ 苟唯以利为所见,不能用财以成礼,若此者必遇害也。

㉒ 懦读为儒。言苟以怠惰为安居,不能恭敬辞让,若此者必危也。

㉓ 说读为悦。言苟以情悦为乐,不知礼义文理,恣其所欲,若此者必灭亡也。

㉔ 专一于礼义则礼义、情性两得,专一于情性则礼义、情性两丧也。

礼有三本,天地者,生之本也;先祖者,类之本也;①君师者,治之本也。无天地恶生?无先祖恶出?无君师恶治?三者偏亡焉,无安人。②故礼,上事天,下事地,尊先祖而隆君师,是礼之三本也。③故王者天太祖,④诸侯不敢坏,⑤大夫士有常宗,⑥所以别贵始。贵始,得之本也。⑦郊止乎天子而社止于诸侯,道及士大夫,⑧所以别尊者事尊,卑者事卑,宜大者巨,宜小者小。故有天下者事十世,⑨有一国者事五世,有五乘之地者事三世,⑩有三乘之地者事二世,⑪持手而食者不得立宗庙,⑫所以别积厚。积厚者流泽广,积薄者流泽狭也。⑬大飨尚玄尊,俎生鱼,先大羹,贵食饮之本也。⑭飨尚玄尊而用酒醴,先黍稷而饭稻粱;⑮祭齐大羹而饱庶羞,贵本而亲用也。⑯贵本之谓文,亲用之谓理,⑰两者合而成文,以归大一,夫是之谓大隆。⑱故尊之尚玄酒也,俎之尚生鱼也,豆[1]之先大羹也,一也。⑲利爵之不醮也,成事之俎不尝也,三臭之不

---

[1] 豆:原作"俎",据王先谦说改。

食也，一也。㉑大昏之未发齐也，大庙之未入尸也，始卒之未小敛也，一也。㉑大路之素未集也，郊之麻絻也，丧服之先散麻也，一也。㉒三年之丧，哭之不文也；《清庙》之歌，一倡而三叹也；县一钟，尚拊之膈，朱弦而通越也，一也。㉓凡礼，始乎梲，成乎文，终乎悦校。㉔故至备，情文俱尽；㉕其次，情文代胜；㉖其下，复情以归大一也。㉗天地以合，日月以明，四时以序，星辰以行，江河以流，万物以昌，好恶以节，喜怒以当，㉘以为下则顺，以为上则明，万物变而不乱，贰之则丧也。礼岂不至矣哉！㉙立隆以为极，而天下莫之能损益也。㉚本末相顺，㉛终始相应，㉜至文以有别，至察以有说。㉝天下从之者治，不从者乱；从之者安，不从者危；从之者存，不从者亡。小人不能测也。礼之理诚深矣，坚白、同异之察入焉而溺；其理诚大矣，擅作典制辟陋之说入焉而丧；其理诚高矣，暴慢、恣睢，轻俗以为高之属入焉而队。㉞故绳墨诚陈矣则不可欺以曲直，衡诚县矣则不可欺以轻重，规矩诚设矣则不可欺以方圆，君子审于礼则不可欺以诈伪。故绳者直之至，衡者平之至，规矩者方圆之至，礼者人道之极也。然而不法礼、不足礼，谓之无方之民；法礼、足礼，谓之有方之士。㉟礼之中焉能思索，谓之能虑；礼之中焉能勿易，谓之能固。㊱能虑、能固，加好者焉，斯圣人矣。故天者高之极也，地者下之极也，无穷者广之极也，㊲圣人者道之极也。故学者固学为圣人也，非特学为无方之民也。礼者，以财物为用，㊳以贵贱为文，㊴以多少为异，㊵以隆杀为要。㊶文理繁，情用省，是礼之隆也；㊷文理省，情用繁，是礼之杀也；㊸文理、情用相为内外表里，并行而杂，是礼之中流也。^㊹故君子上致其隆，下尽其杀，而中处其中，^㊺步骤、驰骋、厉骛不外是矣，是君子之坛宇、宫廷也。^㊻人有是，士君子也；外是，民也；^㊼于是其中焉，方皇周挟，曲得其次序，是圣人也。^㊽故厚者礼之积也，大者礼之广也，高者礼之隆也，明者礼之尽也。^㊾《诗》曰："礼仪卒度，笑语卒获。"此之谓也。^㊿

① 类，种。

② "偏亡"谓阙一也。

③ 所以奉其三本。

④ 谓以配天也。太祖，若周之后稷。

⑤ 谓不祧其庙，若鲁周公。《史记》作"不敢怀"，司马贞云"思也"，盖误耳。

⑥ 继别子之后，为族人所常宗，百世不迁之大宗也。别子，若鲁三桓也。

⑦ "得"当为"德"。言德之本在贵始，《榖梁传》有此语。

⑧ 道，通也。言社自诸侯通及士大夫也。或曰：道，行神也。《祭法》大夫适士皆得祭门及行。《史记》"道"作"蹈"，亦作"啗"，司马贞曰："啗音含，苞也。"言士大夫皆得苞立社。倞谓，当是"道"误为"蹈"，传写又误以"蹈"为"啗"耳。

⑨ "十"当为"七"，《榖梁传》作"天子七庙"。

⑩ 古者十里为成，成出革车一乘。"五乘之地"谓大夫有菜地者得立三庙也。

⑪《祭法》所谓"适士立二庙"也。

⑫ 持其手而食，谓农工食力也。

⑬ 积与绩同，功业也。《榖梁传》僖公十五年"震夷伯之庙"，夷伯，鲁大夫，因此以见天子至于士皆有庙也。天子七庙，诸侯五，大夫三，士二，故德

厚者流光，德薄者流卑。是以贵始，德之本也。

⑭ 大飨，祫祭先王也。尚，上也。玄酒，水也。大羹，肉汁无盐梅之味者也。"本"谓造饮食之初。《礼记》曰"郊血，大飨腥"也。

⑮ 飨与享同，四时享庙也。"用"谓酌献也。以玄酒为上而献以酒醴，先陈黍稷而后饭以稻粱也。

⑯ 祭，月祭也。齐读为哜，至齿也。谓尸举大羹，但至齿而已矣，至庶羞而致饱也。"用"谓可用食也。

⑰ "文"谓修饰，"理"谓合宜。

⑱ 贵本、亲用，两者相合然后备成文理。大读为太。太一，谓太古时也。《礼记》曰："夫礼必本于太一。"言虽备成文理，然犹不忘本而归于太一，是谓大隆之礼。司马贞曰："隆，盛也。得礼文理，归于太一，是礼之盛也。"

⑲ "一"谓一于古也。此以象太古时，皆贵本之义，故云"一也"。

⑳ 醮，尽也。谓祭祀毕，告利成，利成之时，其爵不卒，奠于筵前也。《史记》作"不啐"。"成事"谓尸既饱礼成，不尝其俎。《仪礼》"尸又三饭，上[1]佐食，受尸牢肺、正脊加于肵。"是"臭"谓歆其气，谓食毕也，许又反。皆谓礼毕无文饰，复归于朴，亦象太古时也。《史记》作"三侑之不食"，司马贞云："礼，祭必立侑以劝尸食，至三饭而止。每饭有侑一人，故曰三侑。既是劝尸，故不自食也。"

㉑ 皆谓未有威仪节文，象太古时也。《史记》作"大昏之未废齐也"，司马贞曰："'废齐'谓婚礼父亲醮子而迎，故《曲礼》云'齐戒以告鬼神'。"此三者皆礼之初始，质而未备，故云"一也"。

㉒ 大路，殷祭天车，王者所乘也。未集，不集丹漆也。《礼记》云："大路素而越席。"又曰："丹漆雕几之美，素车之乘。"麻絻，缉麻为冕，所谓大裘而冕，不用衮龙之属也。《士丧礼》："始死，主人散带，垂长三尺。"《史记》作"大路之素帱"，司马贞曰："帱音稠，谓车盖素帷，示质也。"

---

[1] 　上：原作"士"，据《仪礼·少牢馈食礼》改。

㉓ "不文"谓无曲折也。《礼记》曰："斩衰之哭,若往而不反。""《清庙》之歌"谓工以乐歌《清庙》之篇也。一人倡,三人叹,言和之者寡也。县一钟,比于编钟为简略也。尚拊之膈,未详。或曰:"尚"谓上古也。拊,乐器名,膈,击也,即所谓"戛击鸣球,搏拊琴瑟"也,尚古乐所以示质也。扬子云《长杨赋》曰"拮膈鸣球",韦昭曰:"古文'膈'为'击'。"或曰:"膈"当为"搏"。《大戴礼》作"搏拊",一名相。《礼记》曰:"治乱以相拊,所以辅乐。"相亦辅之义。《书》曰"搏拊琴瑟",孔安国曰:"搏拊,以韦为之,实之以穅,所以节乐也。"《周礼》:"大祭祀,登歌令奏击拊。"司马贞说:"拊鬲,谓县钟格也。不击其钟而拊其格,不取其声,示质也。"朱弦疏越,郑玄云:"朱弦,练朱弦也。练则声浊。越,瑟底孔也,所以发越其声,故谓之越。疏通之,使声迟也。"《史记》作"洞越"。或曰:膈读为戛也。

㉔ 《史记》作"始乎脱,成乎文,终乎税",言礼始于脱略,成于文饰,终于税减。《礼记》曰:"礼主其减。"校,未详。《大戴礼》作"终于隆",隆,盛也。

㉕ 情文俱尽,乃为礼之至备。"情"谓礼意,丧主哀、祭主敬之类。"文"谓礼物、威仪也。

㉖ 不能至备,或文胜于情、情胜于文,是亦礼之次也。

㉗ 虽无文饰,但复情以归质素,是亦礼也。若潢污行潦之水可荐于鬼神也。

㉘ 言礼能上调天时,下节人情,若无礼以分别之,则天时、人事皆乱也。"昌"谓各遂其生也。

㉙ 礼在下位则使人顺,在上位则治万变而不乱。"贰"谓不一在礼。丧,亡也。

㉚ 立隆盛之礼以极尽人情,使天下不复更能损益也。

㉛ 司马贞曰:"礼之盛,文理合以归太一;礼之杀,复情以归太一,是本末相顺也。"

㉜ 司马贞曰:"礼始于脱略,终于税。税亦杀也,杀亦脱略,是终始相应也。"

㉝ 言礼之至文,以其有尊卑贵贱之别;至察,以其有是非分别之说。司

马贞曰："说音悦。言礼之至察,有以明隆杀委曲之情文,足以悦人心也。"

㉞ 队,古"坠"字,堕也。以其深,故能使坚白者溺;以其大,故能使擅作者丧;以其高,故能使暴慢者坠。司马贞曰："恣睢,毁訾也。"

㉟ "足"谓无阙失。方犹道也。

㊱ 勿易,不变也。若不在礼之中,虽能思索、勿易,犹无益。

㊲ 东西南北无穷。

㊳ 以贡献问遗之类为行礼之用也。

㊴ 以车服旗章为贵贱文饰也。

㊵ 多少异制,所以别上下也。

㊶ 隆,丰厚。杀,减降也。要,当也。礼或厚或薄,唯其所当为贵也。

㊷ "文理"谓威仪,"情用"谓忠诚。若享献之礼,宾主百拜,情唯主敬,文过于情,是礼之隆盛也。

㊸ 若尊之尚玄酒,本于质素,情过于文,虽减杀,是亦礼也。

㊹ 或丰或杀,情文代胜,并行相杂,是礼之中流。"中流"言如水之清浊相混也。

㊺ 君子,知礼者。致,极也。言君子于大礼则极其隆厚,小礼则尽其降杀,中用得其中,皆不失礼也。

㊻ 厉骛,疾骛也,《史记》作"广骛"。言虽驰骋,不出于隆杀之间。坛宇、宫廷,已解于上。

㊼ 是,犹此也。民,民氓无所知者。

㊽ 方皇读为仿偟,犹徘徊也。挟读为浃,帀也。言于是礼之中徘徊周帀,委曲皆得其次序而不乱,是圣人也。

㊾ 圣人所以能厚重者,由积礼也;能弘大者,由广礼也;崇高者,由隆礼也;明察者,由尽礼也。司马贞曰："言君子圣人有厚大之德,则为礼之所归积益弘广也。"

㊿ 引此明有礼,动皆合宜也。

礼者,谨于治生死者也。①生,人之始也;死,人之终也。

终始俱善，人道毕矣。故君子敬始而慎终，终始如一，是君子之道、礼义之文也。夫厚其生而薄其死，是敬其有知而慢其无知也，是奸人之道而倍叛之心也。君子以倍叛之心接臧榖犹且羞之，而况以事其所隆亲乎！②故死之为道也，一而不可得再复也，臣之所以致重其君，子之所以致重其亲，于是尽矣。③故事生不忠厚、不敬文谓之野，④送死不忠厚、不敬文谓之瘠。⑤君子贱野而羞瘠，故天子棺椁十重，诸侯五重，大夫三重，士再重，⑥然后皆有衣衾多少、厚薄之数，皆有翣菨文章之等，以敬饰之，⑦使生死终始若一，一足以为人愿，是先王之道，忠臣孝子之极也。⑧天子之丧动四海，属诸侯；诸侯之丧动通国，属大夫；大夫之丧动一国，属修士；修士之丧动一乡，属朋友；⑨庶人之丧合族党，动州里；刑余罪人之丧不得合族党，独属妻子，棺椁三寸，衣衾三领，不得饰棺，不得昼行，以昏殣，凡缘而往埋之，⑩反无哭泣之节，无衰麻之服，无亲疏月数之等，各反其平，各复其始，已葬埋，若无丧者而止，夫是之谓至辱。⑪礼者，谨于吉凶不相厌者也。⑫紸纩听息之时，则夫忠臣孝子亦知其闵已，⑬然而殡敛之具未有求也；⑭垂涕恐惧，然而幸生之心未已，持生之事未辍也；卒矣，然后作、具之。⑮故虽备家，必逾日然后能殡，三日而成服，⑯然后告远者出矣，备物者作矣。故殡，久不过七十一日，速不损五十日。⑰是何也？曰：远者可以至矣，百求可以得矣，百事可以成矣，其忠至矣，其节大矣，其文备矣。⑱然后月朝卜日，月夕卜宅，然后葬也。⑲当是时也，其义止，谁得行之？其义行，谁得止之？⑳故三月之葬，其貌以生设饰死者也，殆非直留死者以安生也，^⑧是致隆思慕之义也。

① 谨，严。

② 臧，已解在《王霸》篇。《庄子》曰"臧与榖相与牧羊"，《音义》云："孺子曰榖。"或曰：榖读为"鬭榖於菟"之"榖"。榖，乳也，谓哺乳小儿也。所隆亲，所厚之亲也。

③ 以其一死不可再复，臣、子于极重之道不可不尽也。

④ 忠厚，忠心笃厚。敬文，恭敬有文饰。野，野人，不知礼者也。

⑤ 瘠，薄。

⑥《礼记》曰："天子之棺四重，水兕革棺被之，其厚三寸，杝棺一，梓棺二，四者皆周。棺束，缩二、衡三，衽每束一。柏椁以端，长六尺。"又《礼器》曰"天子七月而葬，五重八翣"，郑云："'五重'谓抗木与茵也。"今十重，盖以棺椁与抗木合为十重也。诸侯已下与《礼记》多少不同，未详也。

⑦ "衣"谓衣衾，《礼记》所谓"君陈衣于庭，百称"之比者也。"衾"谓君锦衾，大夫缟衾，士缁衾也。"食"谓遣车所苞。遣，奠也。"翣菨"当为"萎蒌"，郑康成云"萎蒌，棺之墙饰"也。翣，以木为筐，衣以白布，画为云气，如今之摄也。《周礼·缝人》"衣翣柳之材"，郑云："必先缠衣其木，乃以张饰也。柳之言聚也，诸饰所聚。"柳以象宫室也。刘熙《释名》云："舆棺之车，其盖曰柳。""文章之等"谓君龙帷，三池，振容，黼荒，火三列，黻三列，素锦褚，加帷荒，缫纽六，齐，五采，五贝，黼翣二，黻翣二，画翣二，皆戴圭，鱼跃拂池。君缫戴六，缫披六。大夫以下各有差也。

⑧ 生死如一，则人愿皆足，忠孝之极在此也。

⑨ "属"谓付托之，使主丧也。"通国"谓通好之国也。"一国"谓同在朝之人也。修士，士之进修者，谓上士也。"一乡"谓一乡内之姻族也。《春秋传》曰："天子七月而葬，同轨毕至；诸侯五月而葬，同盟至；大夫三月，同位至；士逾月，外姻至。"

⑩ 刑余，遭刑之余死者。《墨子》曰："桐棺三寸，葛以为缄。"赵简子亦云。然则厚三寸，刑人之棺也。《丧大记》："士陈衣于序东，三十称。"今云

"三领",亦贬损之甚也。殣,道死人也。《诗》曰:"行有死人,尚或殣之。"今昏殣,如掩道路之死人,恶之甚也。凡,常也。缘,因也。言其妻子如常日所服而埋之,不更加绖杖也。今犹谓无盛饰为缘身也。

⑪ 此盖论墨子薄葬是以至辱之道奉君父也。

⑫ 厌,掩也,乌甲反。谓不使相侵掩也。或曰:不使相厌恶,非也。

⑬ 迬读为注。注圹即属圹也,言此时知其必至于忧闵也。或曰:"迬"当为"绖"。绖,苦化反。以为"粧"字,非也。

⑭ 所谓不相厌也。

⑮ 作之、具之。

⑯ 备,丰足也。

⑰ 此皆据《士丧礼》首尾三月者也。损,减也。

⑱ 忠,诚也。节,人子之节也。文,器用仪制也。子思曰:"丧三日而殡,凡附于身者,必诚必信,勿之有悔焉耳。三月而葬,凡附于棺者,必诚必信,勿之有悔焉耳。"

⑲ 月朝,月初也。月夕,月末也。先卜日知其期,然后卜宅,此大夫之礼也。士则筮宅。《士丧礼》先筮宅,后卜日,此云"月朝卜日,月夕卜宅",未详也。

⑳ 圣人为之节制,使贤者抑情,不肖者企及。

㉑ 貌,象也。言其象以生之所设器用饰死者,三月乃能备也。

　　丧礼之凡,①变而饰,②动而远,③久而平。④故死之为道也,不饰则恶,恶则不哀;尒则玩,⑤玩则厌,厌则忘,忘则不敬。一朝而丧其严亲,而所以送葬之者不哀、不敬,则嫌于禽兽矣,君子耻之。故变而饰所以灭恶也,动而远所以遂敬也,⑥久而平所以优生也。⑦礼者,断长续短,损有余,益不足,达爱敬之文而滋成行义之美者也。⑧故文饰粗恶,声乐哭泣,恬愉忧戚,是反也,⑨然而礼兼而用之,时举而代御。⑩故文饰、声乐、恬愉，所以持平奉吉也；粗衰、哭泣、忧戚，所以持险奉凶也。⑪故其立文饰也不至于窕冶，⑫其立粗衰也不至于瘠弃，⑬其立声乐、恬愉也不至于流淫惰慢，其立哭泣、哀戚也不至于隘慑伤生，是礼之中流也。⑭故情貌之变足以别吉凶，明贵贱亲疏之节，期止矣，⑮外是奸也，虽难，君子贱之。故量食而食之，量要而带之。相高以毁瘠，是奸人之道也，非礼义之文也，非孝子之情也，将以有为者也。⑯故说豫、娩泽，忧戚、萃恶，是吉凶忧愉之情发于颜色者也；⑰歌谣、敖笑、哭泣、谛号，是吉凶忧愉之情发于声音者也；⑱刍豢、稻粱、酒醴、餰鬻、鱼肉、菽藿、酒浆，是吉凶忧愉之情发于食饮者也；⑲卑绁、黼黻、文织、资粗、衰绖、菲缌、菅屦，是吉凶忧愉之情发于衣服者也；⑳疏房、檖貌、越席、床第、几筵、属茨、倚庐、席薪、枕块，是吉凶忧愉之情发于居处者也。㉑两情者，人生固有端焉。㉒若夫断之继之，博之浅之，益之损之，类之尽之，盛之美之，使本末终始莫不顺比，足以为万世则，则是礼也，㉓非顺孰修为之君子莫之能知也。㉔故曰：性者，本始材朴也；伪者，文理隆盛也。无性则伪之无所加，无伪则性不能自美。㉕性伪合，然后圣人之名一，天下之功于是就也。㉖故曰：天地合而万物生，阴阳接而变化起，性伪合而天下治。天能生物，不能辨物也；地能载人，不能治人也。宇中万物、生人之属，待圣人然后分也。《诗》曰："怀柔百神，及河乔岳。"此之谓也。㉗丧礼者，以生者饰死者也，大象其生以送其死也。故如死如生，如亡如存，终始一也。㉘始卒，沐浴、鬠体、饭唅，象生执也。㉙不沐则濡栉三律而止，不浴则濡巾三式而止。[30]充耳而设瑱，[31]饭以生稻，唅以槁骨，反生术矣。[32]说亵衣，袭三称，缙绅而无钩带矣。[33]设掩面儇目，鬠而不冠笄矣。[34]书其名，置于其重，则名不见而柩独明矣。[35]荐器，则冠有鍪而毋縰，[36]瓮庑虚而不实，[37]有簟席而无床笫，[38]木器不成斫，陶器不成物，薄器不成内，[39]笙竽具而不和，琴瑟张而不均，[40]舆藏而马反，告不用也。[41]具生器以适墓，象徙道也。[42]略而不尽，貌而不功，趋舆而藏之，金革辔靷而不入，明不用也。[43]象徙道，又明不用也，[44]是皆所以重哀也。[45]故生器文而不功，明器貌而不用。[46]凡礼，事生，饰欢也；送死，饰哀也；祭祀，饰敬也；师旅，饰威也。是百王之所同，古今之所一也，未有知其所由来者也。故圹垅，其貌象室屋也；[47]棺椁，其貌象版、盖、斯、象、拂也；[48]无帾丝歶缕翣，其貌以象菲、帷、帱、尉也；[49]抗折，其貌以象槾茨、番、阏也。[50]故丧礼者，无它焉，明死生之义，送以哀敬而终周藏也。故葬埋，敬藏其形也；[51]祭祀，敬事其神也；其铭诔系世，敬传其名也。[52]事生，饰始也；送死，饰终也。终始具而孝子之事毕，圣人之道备矣。刻死而附生谓之墨，刻生而附死谓之惑，[53]杀生而送死谓之贼。[54]大象其生以送其死，使死生终始莫不称宜而好善，是礼义之法式也，儒者是矣。

① "凡"谓常道。

② 谓殡敛每加饰。

③《礼记》子游云："饭于牖下，小敛于户内，大敛于阼，殡于客位，祖于庭，葬于墓，所以即远也。"

④ 久则哀杀如平常也。

⑤ 尒与迩同。玩,戏狎也。

⑥ 遂,成也。迩则惧敬不成也。

⑦ 优养生者,谓送死有已,复生有节也。

⑧ 皆谓使贤不肖得中也。贤者则达爱敬之文而已,不至于灭性;不肖者用此成行义之美,不至于禽兽也。

⑨ 是相反也。

⑩ 御,进用也。时吉则吉,时凶则凶也。

⑪ 持,扶助也。"险"谓不平之时。

⑫ 窕读为姚。姚冶,妖美也。

⑬ 立粗衰以为居丧之饰,亦不使羸瘠自弃。

⑭ 隘,穷也。愒犹戚也,之怯反。中流,礼之中道也。

⑮ "期"当为"斯"。

⑯ 非礼义之节文,孝子之真情,将有作为,以邀名求利,若演门也。

⑰ 说读为悦。豫,乐也。婉,媚也,音晚。泽,颜色润泽也。萃与悴同。恶,颜色恶也。发,见也。

⑱ 謸与傲同,戏谑也。《说文》云"謸,悲声",与此义不同。谛读为啼,《管子》曰"豕人立而谛",古字通用。号,胡刀反。

⑲ 飦鬻、菽藿,丧者之食。

⑳ 卑绖,与裨冕同,衣裨衣而服冕也。裨之言卑也。天子六服,大裘为上,其余为卑,以事尊卑服之,诸侯以下皆服焉。文织,染丝织为文章也。资与齐同,即齐衰也。粗,粗布也。今粗布亦谓之资。菲,草履,盖如蒉然,或当时丧者有服此也。總,總衰也。郑玄云:"總衰,小功之缕,四升半之衰也。凡布细而疏者谓之總,今南阳有邓總布。"菅,茅也,《春秋传》曰"晏子杖菅屦"也。

㉑ 茨,盖屋草也。属茨,令茨相连属而已,至疏漏也。倚庐,郑云"倚木为庐",谓一边著地,如倚物者。既葬,柱楣涂庐也。

㉒ "两情"谓吉与凶、忧与愉。言此两情固自有端绪,非出于礼也。

㉓ 人虽自有忧愉之情,必须礼以节制进退,然后终始合宜。"类之"谓

触类而长。比，附会也，毗至反。

㉔ 顺，从也。孰，精也。修，治也。为，作也。

㉕ 之，往。

㉖ "一"谓不分散。言性伪合，然后成圣人之名也。

㉗ 引此谕圣人能并治之。《诗·周颂·时迈》之篇。

㉘ 不以死异于生、亡异于存。

㉙《仪礼》"鬠用组"，郑云："用组，组，束发也。古文'鬠'皆为'括'。""体"谓爪揃之属。《士丧礼》"主人左扱米，实于右三，实一贝，左、中亦如之。凡实米，唯盈"，郑云："于右，尸口之右。唯盈，取满而已。"是饭含之礼也。"象生执"谓象生时所执持之事。"执"或为"持"。

㉚ 律，理发也。今秦俗犹以枇发为栗。濡，湿也。式与拭同。《士丧礼》尸无有不沐浴者，此云"不"，盖末世多不备礼也。

㉛《士丧礼》"瑱用白纩"，郑云："瑱，充耳。纩，新绵也。"

㉜ 生稻，米也。槁，枯也。槁骨，贝也。术，法也。前说象其生也，此已下说反于生之法也。

㉝ 缙与搢同，扱也。绅，大带也。"搢绅"谓扱于带。钩之所用弛张也，今不复解脱，故不设钩也。褒衣，亲身之衣也。《士丧礼》饭唅后"乃袭三称，明衣不在算，设韐带，搢笏"。《礼记》曰"季康子之母死，陈褒衣"，郑玄云："褒衣非上服，陈之将以敛也。"

㉞《士丧礼》："掩用练帛，广终幅，长五尺。"儇与还同，绕也。《士丧礼》："幎目用缁，方尺二寸，䞓里，著组系。"幎读如幂，䞓与还义同。鬠而不笄，谓但鬠发而已，不加冠及笄也。《士丧礼》"笄用桑"，又云"鬠用组，乃笄"，此云"不笄"，或后世略也。

㉟ 书其名于旌也。《士丧礼》："为铭各以其物，亡则以缁，长半幅，䞓末长终幅，广三寸。书铭于末曰'某氏某之柩'。"重，以木为之，长三尺。夏祝鬻余饭，用二鬲，县于重，幂用苇席。书其名，置于重，谓见所书置于重，则名已无，但知其柩也。《士丧礼》："祝取铭置于重。"案，铭皆有名，此云"无"，盖后世礼变，今犹然。

㊱ "荐器"谓陈明器也。鍪,冠卷如兜鍪也。缁,韬发者也。《士冠礼》:"缁纚广终幅,长六尺。"谓明器之冠也,有如兜鍪加首之形,而无韬发之缁也。鍪之言蒙也、冒也,所以冒首,莫侯反,或音冒。

㊲《士丧礼》:"甒三,醴酏屑,甒二,醴酒。"皆有幂。盖丧礼陈鬼器、人器,鬼器虚,人器实也。《礼记》:"宋襄公葬其夫人,醯醢百甕。曾子曰:'既曰明器,而又实之。'"

㊳ 此言棺中不施床第,大敛、小敛则皆有也。

㊴ 木不成于雕琢,不加功也。瓦不成于器物,不可用也。薄器,竹苇之器。"不成内"谓有其外形,内不可用也。"内"或为"用"。《礼记》曰"竹不成用,瓦不成味",郑云:"成,善也。竹不可善用,谓筥无縢也。'味'当作'沫'。沫,靧也。"

㊵ 郑云"无宫商之调"也。

㊶ "舆"谓辁轴也,国君谓之辒。"藏"谓埋之也。"马"谓驾辁轴之马。告,示也、言也。《士丧礼》"既启,迁于祖庙,用轴",《礼记》"君葬用辒,四绰二碑,夫人葬用辒,二绰二碑,士葬用团车",皆至葬时埋之也。

㊷ 生器,用器也,弓矢、盘盂之属。徙,迁改也。徙道,其生时之道,器当在家,今以适墓,以象人行,不从常行之道,更徙它道也。

㊸ "略而不尽"谓简略而不尽备也。貌,形也。言但有形貌,不加功精好也。"趋舆而藏之"谓以舆趋于墓而藏之。趋者,速藏之意。"金"谓和鸾。革,车轨也。《说文》云:"靳,所以引轴者也。"杜元凯云:"靳在马胸。"或曰:貌读如邈,像也。今谓画物为貌,下"貌"皆同义。

㊹ 以器适墓,象其改易生时之器,亦所以明不用。

㊺ 有异生时,皆所以重孝子之哀也。

㊻ 生器,生时所用之器,《士丧礼》曰"用器",弓矢、耒耜、两敦、两杆、盘匜之属。明器,鬼器,木不成斫、竹不成用、瓦不成沫之属。《礼记》曰"周人兼用之",以言不知死者有知无知,故杂用生器与明器也。

㊼ 圹,墓中。垅,冢也。《礼记》曰:"适墓不登垅。"貌犹意也,言其意以象生时也,或音邈。

㊽"版"谓车上障蔽者。盖,车盖也。斯,未详。"象",衍字。拂即茀也。《尔雅·释器》云"舆革,前谓之鞎,后谓之茀",郭云:"以韦靶车轼及后户也。"

㊾无读为帗。帗,覆也,所以覆尸者也,《士丧礼》"帗用敛衾、夷衾"是也。帾与褚同。《礼记》曰"素锦褚",又曰"褚幕丹质",郑云:"所以覆棺也。"丝嬰,未详,盖亦丧车之饰也。或曰:丝读为绥,《礼记》曰"画翣二,皆载绥",郑云"以五采羽注于翣首"也。嬰读为鱼,谓以铜鱼县于池下,《礼记》曰"鱼跃拂池"。缕读为柳,"萎"字误为"缕"字耳。"菲"谓编草为蔽,盖古人所用障蔽门户者,今贫者犹然。或曰:"菲"当为"厞",隐也,谓隐奥之处也。或曰:菲读为扉,户扇也。帱读为帐。尉读为罻。罻,网也。帷帐如网也。

㊿《士丧礼》"陈明器于乘车之西,折横覆之",郑云:"折如床,缩者三,横者五,无簀,窆事毕,加之圹上,以承抗席。"抗,御也,所以御止土者。楬,杙也。茨,盖屋也。楬茨,犹墼茨也。楬,莫于反。番读为藩。藩,篱也。"阏"谓门户壅阏风尘者。抗所以御土,折所以承抗,皆不使外物侵内,有象于楬茨、藩、阏也。

五一葬也者,藏也。所以为葬埋之礼,敬藏其形体也。

五二"铭"谓书其功于器物,若孔悝之鼎铭者。"诔"谓诔其行状以为谥也。"系世"谓书其传袭,若今之谱谍也,皆所以敬传其名于后世也。

五三刻,损减。附,增益也。墨,墨子之法。"惑"谓惑乱过礼也。

五四殉葬杀人,与贼同也。

三年之丧何也?曰:称情而立文,①因以饰群别、亲疏、贵贱之节而不可益损也,故曰:无适不易[1]之术也。②创巨者其日久,痛甚者其愈迟,三年之丧,称情而立文,所以为至

---

[1] 易:原作"是",据注及郝懿行说改。

痛极也；③齐衰、苴杖、居庐、食粥、席薪、枕块，所以为至痛饰也。④三年之丧，二十五月而毕，哀痛未尽，思慕未忘，然而礼以是断之者，岂不以送死有已，复生有节也哉！⑤凡生乎天地之间者，有血气之属必有知，有知之属莫不爱其类。今夫大鸟兽则失亡其群匹，越月逾时则必反铅过故乡，则必徘徊焉，鸣号焉，踟蹰焉，踯躅焉，然后能去之也。⑥小者是燕爵，犹有啁噍之顷焉，然后能去之。⑦故有血气之属莫知于人，故人之于其亲也，至死无穷。⑧将由夫愚陋淫邪之人与？则彼朝死而夕忘之，然而纵之，则是曾鸟兽之不若也，彼安能相与群居而无乱乎？将由夫修饰之君子与？则三年之丧，二十五月而毕，若驷之过隙，然而遂之，则是无穷也。⑨故先王圣人安为之立中制节，一使足以成文理，则舍之矣。⑩然则何以分之？⑪曰：至亲以期断。⑫是何也？⑬曰：天地则已易矣，四时则已遍矣，其在宇中者莫不更始矣，⑭故先王案以此象之也。然则三年何也？⑮曰：加隆焉，案使倍之，故再期也。⑯由九月以下何也？⑰曰：案使不及也。⑱故三年以为隆，缌、小功以为杀，期、九月以为间。⑲上取象于天，下取象于地，中取则于人，人所以群居和一之理尽矣。⑳故三年之丧，人道之至文者也。夫是之谓至隆，㉑是百王之所同，古今之所一也。㉒君之丧所以取三年，何也？㉓曰：君者，治辨之主也，文理之原也，情貌之尽也，相率而致隆之，不亦可乎？㉔《诗》曰："恺悌君子，民之父母。"彼君子者，固有为民父母之说焉。父能生之不能养之，㉕母能食之不能教诲之，㉖君者，已能食之矣，又善教诲之者也，㉗三年毕矣哉！㉘乳母，饮食之者也，而三月；慈母，衣被之者也，而九月；君，曲备之者也，三年毕乎哉！㉙得之则治，失之则乱，文之至也；㉚得之则安，失之则危，情之至也。㉛两至者俱积焉，以三年事之犹未足也，直无由进之耳。㉜故社，祭社也；稷，祭稷也；㉝郊者，并百王于上天而祭祀之也。㉞三月之殡何也？㉟曰：大之也，重之也，所致隆也，所致亲也，将举错之，迁徙之，离宫室而归丘陵也，先王恐其不文也，是以缛其期、足之日也。㊱故天子七月，诸侯五月，大夫三月，皆使其须足以容事，事足以容成，成足以容文，文足以容备，曲容备物之谓道矣。㊲祭者，志意思慕之情也。愅诡、唈僾而不能无时至焉。㊳故人之欢欣和合之时，则夫忠臣孝子亦愅诡而有所至矣。㊴彼其所至者甚大动也，㊵案屈然已，则其于至意之情者惆然不嗛，其于礼节者阙然不具。㊶故先王案为之立文，尊尊、亲亲之义至矣。㊷故曰：祭者，志意思慕之情也，忠信爱敬之至矣，礼节文貌之盛矣，苟非圣人，莫之能知也。圣人明知之，士君子安行之，官人以为守，百姓以成俗。其在君子以为人道也，其在百姓以为鬼事也。㊸故钟鼓、管磬、琴瑟、竽笙，《韶》、《夏》、《护》、《武》、《汋》、《桓》、《箾》、简《象》，是君子之所以为愅诡其所喜乐之文也；㊹齐衰、苴杖、居庐、食粥、席薪、枕块，是君子之所以为愅诡其所哀痛之文也；㊺师旅有制，刑法有等，莫不称罪，是君子之所以为愅诡其所敦恶之文也。㊻卜筮视日，斋戒修涂，几筵、馈荐、告祝，如或飨之；㊼物取而皆祭之，如或尝之；㊽毋利举爵，㊾主人有尊，如或觞之；㊿宾出，主人拜送，反易服，即位而哭，如或去之。㉛哀夫敬夫！事死如事生，事亡如事存，状乎无形影，然而成文。⑳

①郑康成曰："称人之情轻重而制其礼也。"

②"群别"谓群而有别也。适，往也。无往不易，言所至皆不可易此术。或曰：适读为敌。

③创，伤也，楚良反。日久、愈迟，互言之也。皆言久乃能平，故重丧必待三年乃除，亦为至痛之极，不可期月而已。

④"齐衰"，《礼记》作"斩衰"。"苴杖"谓以苴恶色竹为之杖。郑云："'饰'谓章表也。"

⑤断，决也，丁乱反。郑云："'复生'谓除丧反生者之事也。"

⑥铅与沿同，循也。《礼记》作"反巡过故乡"。徘徊，回旋飞翔之貌。踯躅，以足击地也。踟蹰，不能去之貌。

⑦燕爵与鷰雀同。

⑧鸟兽犹知爱其群匹，良久乃去，况人有生之最智，则于亲丧，悲哀之情至死不穷已，故以三年节之也。

⑨隙，壁孔也。郑云："喻疾也。'遂之'谓不时除也。"

⑩《礼记》作"焉为之立中制节"，郑云："焉，犹然。'立中制节'谓服之年月也。舍，除也。"王肃云："一，皆也。"

⑪分，半也。半于三年矣。

⑫断，决也。郑云："言服之正，虽至亲皆期而除也。"

⑬郑云："问服断于期之义也。"

⑭"宇中者"谓万物。

⑮郑云："法此变易可以期，何乃三年为？"

⑯郑云："言于父母加厚其恩，使倍期也。"

⑰由，从也。从大功以下也。

⑱郑云："言使其恩不若父母。"

⑲隆，厚也。杀，减也，所介反。间，厕其间也，古苋反。情在隆杀之间也。

㉠ 郑云："取象于天地,谓法其变易也。自三年以至缌,皆岁时之数。言既象天地,又足尽人聚居粹厚之恩也。"

㉡ 至文饰人道,使成忠孝。郑云："言三年之丧,丧礼之最盛也。"

㉢ "一"谓不变。

㉣ 问君之丧何取于三年之制。

㉤ "治辨"谓能治人,使有辨别也。文理,法理条贯也。原,本也。情,忠诚也。貌,恭敬也。致,至也。言人所施忠敬,无尽于君者,则臣下相率服丧而至于三年,不亦可乎?

㉥ "养"谓哺乳之也。"养"或谓食。

㉦ 食音嗣也。

㉧ "食"谓禄廪。"教诲"谓制命也。

㉨ 君者兼父母之恩,以三年报之犹未毕也。

㉩ "曲备"谓兼饮食、衣服。

㉪ "文"谓法度也。治乱所系,是有法度之至也。

㉫ "情"谓忠厚。使人去危就安,是忠厚之至也。

㉬ 直,但也。

㉭ 社,土神,以句龙配之;稷,百谷之神,以弃配之,但各止祭一神而已。

㉮ 百王,百神也。或"神"字误为"王"。言社稷唯祭一神,至郊天则兼祭百神,以喻君兼父母者也。

㉯ 此"殡"谓葬也。

㉰ 所至厚至亲,将徙而归丘陵,不可急遽无文饰,故繇其期足之日然后葬也。繇读为由,从也。

㉱ 须,待也,谓所待之期也。事,丧具也。道者,委曲容物备物者也。

㉲ 悼,变也;诡,异也,皆谓变异感动之貌。唈偯,气不舒,愤郁之貌。《尔雅》云"偯,唈也",郭云:"呜唈,短气也。"言人感动或愤郁不能无时而至,言有待而至也。悼音革。唈音邑。偯音爱。

㉳ 欢欣之时,忠臣孝子则感动而思君亲之不得同乐也。

㉴ 言所至之情甚大感动也。

㊶ 屈,竭也。屈然,空然也。惆然,怅然也。嗛,足也。言若无祭祀之礼,空然而已,则忠臣孝子之情怅然不足,礼节又阙然不具也。

㊷ "文"谓祭祀节文。

㊸ 以为人道则安而行之,以为鬼事则畏而奉之。

㊹ 因说祭,遂广言喜乐、哀痛、敦恶之意本皆因于感动而为之文饰也。喜乐不可无文饰,故制为钟鼓、《韶》、《夏》之属。簡音朔,贾逵曰:"舞曲名。"《武》、《汋》、《桓》皆《周颂》篇名。简,未详。《象》,周武王伐纣之乐也。

㊺ 感动其所哀痛而不可无文饰,故制为齐衰、苴杖之属。言本皆因于感动也。

㊻ 师旅,所以讨有罪。"制"谓人数也。有等,轻重异也。敦,厚也。厚恶,深恶也。或曰:敦读为顿。顿,困踬也。本因感动敦恶,故制师旅刑法以为文饰。

㊼ 视日之吉凶。《史记》"周文为项燕视日修涂",谓修自宫至庙之道涂也。"几筵"谓祝筵几于室中东面也。馈,献牲体也。荐,进黍稷也。"告祝"谓尸命祝以嘏于主人曰"皇尸命工祝,承致多福无疆于女孝孙,来女孝孙,使女受禄于天,宜稼于田,眉寿万年,勿替引之",如或歆飨其祀然也。

㊽ 物取,每物皆取也。谓祝命授祭,尸取菹换于醢,祭于豆间,佐食取黍稷肺授尸啐祭之,又取肝换于盐,振祭哜之是也。"如或尝之"谓以尸啐哜之,如神之亲尝然也。

㊾ 当云"无举利爵",即上文云"利爵之不醮也"。

㊿ 谓主人设尊酌以献尸,尸饮之,如神饮其觞然。

○51 此杂说丧祭也。易服,易祭服,反丧服也。宾出,祭事毕,即位而哭,如神之去然也。

○52 状,类也。言祭祀不见鬼神,有类乎无形影者,然而足以成人道之节文也。

卷第十四

乐论篇第二十

　　夫乐者，乐也，人情之所必不免也，故人不能无乐。乐则必发于声音，形于动静，而人之道，声音、动静、性术之变尽是矣。故人不能不乐，乐则不能无形，形而不为道，则不能无乱。先王恶其乱也，故制《雅》、《颂》之声以道之，使其声足以乐而不流，使其文足以辨而不谒，使其曲直、繁省、廉肉、节奏足以感动人之善心，使夫邪污之气无由得接焉。是先王立乐之方也，而墨子非之，奈何！故乐在宗庙之中，君臣上下同听之则莫不和敬；闺门之内，父子兄弟同听之则莫不和亲；乡里族长之中，长少同听之则莫不和顺。故乐者，审一以定和者也，比物以饰节者也，合奏以成文者也，足以率一道，足以治万变。是先王立乐之术也，而墨子非之，奈何！故听其《雅》、《颂》之声而志意得广焉；执其干戚，习其俯仰屈伸而容貌得庄焉；行其缀兆，要其节奏而行列得正焉，进退得齐焉。故乐者，出所以征诛也，入所以揖让也。征诛、揖让，其义一也。出所以征诛则莫不听从，入所以揖让则莫不从服。故乐者，天下之大齐也，中和之纪也，人情之所必不免也。是先王立乐之术也，而墨子非之，奈何！且乐者，先王之所以饰喜也；军旅铁钺者，先王之所以饰怒也。

先王喜怒皆得其齐焉,是故喜而天下和之,怒而暴乱畏之。先王之道,礼乐正其盛者也,而墨子非之。故曰:墨子之于道也,犹瞽之于白黑也,犹聋之于清浊也,犹欲之楚而北求之也。夫声乐之入人也深,其化人也速,故先王谨为之文。乐中平则民和而不流,乐肃庄则民齐而不乱。民和齐则兵劲城固,敌国不敢婴也。如是,则百姓莫不安其处,乐其乡,以至足其上矣。然后名声于是白,光辉于是大,四海之民莫不愿得以为师。是王者之始也。乐姚冶以险则民流僈鄙贱矣。流僈则乱,鄙贱则争,乱争则兵弱城犯,敌国危之。如是,则百姓不安其处,不乐其乡,不足其上矣。故礼乐废而邪音起者,危削侮辱之本也。故先王贵礼乐而贱邪音。其在序官也,曰"修宪命,审诛赏,禁淫声,以时顺修,使夷俗邪音不敢乱雅,太师之事也"。墨子曰:"乐者,圣王之所非也,而儒者为之,过也。"君子以为不然。乐者,圣人之所乐也,而可以善民心,其感人深,其移风易俗,故先王导之以礼乐而民和睦。夫民有好恶之情而无喜怒之应则乱,先王恶其乱也,故修其行、正其乐而天下顺焉。故齐衰之服、哭泣之声使人之心悲,带甲婴軸、歌于行伍使人之心伤,姚冶之容、郑卫之音使人之心淫,绅端章甫、舞《韶》歌《武》使人之心庄。故君子耳不听淫声,目不视女色,口不出恶言。此三者,君子慎之。凡奸声感人而逆气应之,逆气成象而乱生焉;正声感人而顺气应之,顺气成象而治生焉。唱和有应,善恶相象,故君子慎其所去就也。君子以钟鼓道志,以琴瑟乐心。动以干戚,饰以羽旄,从以磬管。故其清明象天,其广大象地，其俯仰周旋有似于四时。故乐行而志清，礼修而行成，耳目聪明，血气和平，移风易俗，天下皆宁，莫善于乐。故曰：乐者乐也，君子乐得其道，小人乐得其欲。以道制欲，则乐而不乱；以欲忘道，则惑而不乐。故乐者所以道乐也，金石丝竹所以道德也。乐行而民乡方矣。故乐者，治人之盛者也，而墨子非之。且乐也者，和之不可变者也；礼也者，理之不可易者也。乐合同，礼别异。礼乐之统，管乎人心矣。穷本极变，乐之情也；著诚去伪，礼之经也。墨子非之，几遇刑也。明王已没，莫之正也。愚者学之，危其身也。君子明乐，乃其德也。乱世恶善，不此听也。於乎哀哉！不得成也。弟子勉学，无所营也。声乐之象，鼓大丽，钟统实，磬廉制，竽笙箫和，筦籥发猛，埙篪翁博，瑟易良，琴妇好，歌清尽，舞意天道兼。鼓其乐之君邪！故鼓似天，钟似地，磬似水，竽笙、箫和、筦籥似星辰日月，鞉、柷、拊、鞷、椌、楬似万物。曷以知舞之意？曰：目不自见，耳不自闻也，然而治俯仰、诎信、进退、迟速莫不廉制，尽筋骨之力以要钟鼓俯会之节，而靡有悖逆者，众积意𫍯𫍯乎！

吾观于乡而知王道之易易也。主人亲速宾及介，而众宾皆从之，至于门外，主人拜宾及介而众宾皆入，贵贱之义别矣。三揖至于阶，三让以宾升，拜至，献酬，辞让之节繁。及介省矣。至于众宾，升受，坐祭，立饮，不酢而降，[1]隆杀之义辨矣。工人，升歌三终，主人献之；笙入，三终，主人献之；间歌三终，合乐三终，工告乐备，遂出。二人扬觯，乃立

---

[1]　降：原无，据王念孙说补。

司正。焉知其能和乐而不流也。宾酬主人，主人酬介，介酬众宾，少长以齿，终于沃者。焉知其能弟长而无遗也。降，说屦，升坐，修爵无数。饮酒之节，朝不废朝，莫不废夕。宾出，主人拜送，节文终遂。焉知其能安燕而不乱也。贵贱明，隆杀辨，和乐而不流，弟长而无遗，安燕而不乱，此五行者是足以正身安国矣。彼国安而天下安，故曰"吾观于乡而知王道之易易也"。

乱世之徵，其服组，其容妇，其俗淫，其志利，其行杂，其声乐险，其文章匿而采，其养生无度，其送死瘠墨，贱礼义而贵勇力，贫则为盗，富则为贼。治世反是也。

卷第十五

解蔽篇第二十一①

凡人之患，蔽于一曲而暗于大理。②治则复经，两疑则惑矣。③天下无二道，圣人无两心。今诸侯异政，百家异说，则必或是或非，或治或乱。乱国之君，乱家之人，此其诚心莫不求正而以自为也，妒缪于道而人诱其所迨也。④私其所积，唯恐闻其恶也；⑤倚其所私以观异术，唯恐闻其美也。⑥是以与治虽走而是己不辍也，⑦岂不蔽于一曲而失正求也哉！心不使焉，则白黑在前而目不见，雷鼓在侧而耳不闻，况于使者乎！⑧德道之人，⑨乱国之君非之上，乱家之人非之下，岂不哀哉！⑩

① 蔽者，言不能通明，滞于一隅，如有物壅蔽之也。

② 一曲，一端之曲说。是时各蔽于异端曲说，故作此篇以解之。

③ 言治世用礼义，则自复经常之正道。"两疑"谓不知一于正道，而疑蔽者为是。一本作"两则疑惑矣"。

④ 迨，近也。"近"谓所好也。言乱君、乱人本亦求理，以其嫉妒迷缪于道，故人因其所好而诱之，谓若好俭则墨氏诱之、好辩则惠氏诱之也。

⑤ 积，习。

⑥ 倚，任也。或曰：偏倚也，犹傍观也。言妒于异术也。

⑦ 走，并驰。"治"谓正道也。既私其所习，妒缪于道，虽与治并驰，而自是不辍。"虽"或作"离"。

⑧雷鼓,大鼓声如雷者。使,役也。以论不役心于正道,则自无闻见矣,况乎役心于异术,岂复更闻正求哉?

⑨有贤德也。

⑩上下共非,故可哀也。

数为蔽,①欲为蔽,恶为蔽,始为蔽,终为蔽,远为蔽,近为蔽,博为蔽,浅为蔽,古为蔽,今为蔽。②凡万物异则莫不相为蔽,此心术之公患也。③昔人君之蔽者,夏桀、殷纣是也。桀蔽于末喜、斯观而不知关龙逢,以惑其心而乱其行;④纣蔽于妲己、飞廉而不知微子启,以惑其心而乱其行。⑤故群臣去忠而事私,百姓怨非而不用,⑥贤良退处而隐逃,此其所以丧九牧之地而虚宗庙之国也。⑦桀死于亭山,⑧纣县于赤旆,⑨身不先知,人又莫之谏,此蔽塞之祸也。成汤监于夏桀,故主其心而慎治之,⑩是以能长用伊尹而身不失道,此其所以代夏王而受九有也。文王监于殷纣,故主其心而慎治之,是以能长用吕望而身不失道,此其所以代殷王而受九牧也。⑪远方莫不致其珍,故目视备色,耳听备声,口食备味,形居备宫,名受备号,生则天下歌,死则四海哭,夫是之谓至盛。《诗》曰:"凤凰秋秋,其翼若干,其声若箫,有凤有凰,乐帝之心。"此不蔽之福也。⑫昔人臣之蔽者,唐鞅、奚齐是也。⑬唐鞅蔽于欲权而逐载子,⑭奚齐蔽于欲国而罪申生。⑮唐鞅戮于宋,奚齐戮于晋。逐贤相而罪孝兄,身为刑戮然而不知,此蔽塞之祸也。故以贪鄙、背叛、争权而不危辱灭亡者,自古及今未尝有之也。鲍叔、宁戚、隰朋仁知且不蔽,故能持管仲而名利福禄与管仲齐;⑯召公、吕望仁知且不蔽,故能持周公而名利福禄与周公齐。传曰："知贤之谓明,辅贤之谓强,勉之强之,其福必长。"此之谓也。此不蔽之福也。⑰昔宾孟之蔽者,乱家是也。⑱墨子蔽于用而不知文,⑲宋子蔽于欲而不知得,⑳慎子蔽于法而不知贤,㉑申子蔽于埶而不知知,㉒惠子蔽于辞而不知实,㉓庄子蔽于天而不知人。㉔故由用谓之道尽利矣,㉕由俗谓之道尽嗛矣,㉖由法谓之道尽数矣,㉗由埶谓之道尽便矣,㉘由辞谓之道尽论矣,㉙由天谓之道尽因矣,㉚此数具者皆道之一隅也。夫道者,体常而尽变,一隅不足以举之。㉛曲知之人观于道之一隅而未之能识也,㉜故以为足而饰之,㉝内以自乱,外以惑人,上以蔽下,下以蔽上,此蔽塞之祸也。孔子仁知且不蔽,故学乱术足以为先王者也。㉞一家得周道举而用之,[1]不蔽于成积也。㉟故德与周公齐,名与三王并,此不蔽之福也。圣人知心术之患,见蔽塞之祸,故无欲无恶、无始无终、无近无远、无博无浅、无古无今,兼陈万物而中县衡焉。㊱是故众异不得相蔽以乱其伦也。㊲何谓衡?曰:道。㊳故心不可以不知道,心不知道,则不可道而可非道。㊴人孰欲得恣而守其所不可,以禁其所可?㊵以其不可道之心取人,则必合于不道人而不知合于道人。㊶以其不可道之心与不道人论道人,乱之本也。㊷夫何以知?㊸曰:心知道然后可道,可道然后能守道以禁非道。以其可道之心取人,则合于道人而不合于不道之人矣。以其可道之心与道人论非道,治之要也。㊹何患不知?㊺故治之要

---

[1] 注读此句为"一家得、周道举,而用之",郝懿行谓当读作"一家得周道,举而用之",王先谦是之。

在于知道。人何以知道？⁴⁶曰：心。⁴⁷心何以知？曰：虚壹而静。⁴⁸心未尝不臧也，然而有所谓虚；⁴⁹心未尝不满也，然而有所谓一；⁵⁰心未尝不动也，然而有所谓静。⁵¹人生而有知，知而有志。志也者，臧也。⁵²然而有所谓虚，不以己所臧害所将受谓之虚。⁵³心生而有知，知而有异，异也者同时兼知之，同时兼知之，两也。然而有所谓一，不以夫一害此一谓之壹。⁵⁴心，卧则梦，偷则自行，使之则谋。⁵⁵故心未尝不动也，然而有所谓静，不以梦剧乱知谓之静。⁵⁶未得道而求道者，谓之虚壹而静。⁵⁷作之，则将须道者之虚则人，将事道者之壹则尽，尽将思道者静则察。⁵⁸知道察，知道行，体道者也。⁵⁹虚壹而静，谓之大清明。⁶⁰万物莫形而不见，莫见而不论，莫论而失位。⁶¹坐于室而见四海，处于今而论久远，疏观万物而知其情，参稽治乱而通其度，⁶²经纬天地而材官万物，制割大理而宇宙里矣。⁶³恢恢广广，孰知其极？睪睪广广，孰知其德？涫涫纷纷，孰知其形？明参日月，大满八极，夫是之谓大人。夫恶有蔽矣哉！⁶⁴心者，形之君也，而神明之主也，出令而无所受令。⁶⁵自禁也，自使也，自夺也，自取也，自行也，自止也。⁶⁶故口可劫而使墨云，形可劫而使诎申，心不可劫而使易意，是之则受，非之则辞。⁶⁷故曰：心容，其择也无禁，必自见其物也杂博，⁶⁸其情之至也不贰。⁶⁹《诗》云："采采卷耳，不盈顷筐。嗟我怀人，寘彼周行。"⁷⁰顷筐易满也，卷耳易得也，然而不可以贰周行。⁷¹故曰：心枝则无知，倾则不精，贰则疑惑。以赞稽之，万物可兼知也。⁷²身尽其故则美，⁷³类不可两也，故知者择一而壹焉。⁷⁴农精于田而不可以为田师，贾精于市而不可以为贾师，工精于器而不可以为器师，⑦有人也，不能此三技而可使治三官，曰：精于道者也，⑦精于物者也。精于物者以物物，⑦精于道者兼物物。⑦故君子壹于道而以赞稽物。⑦壹于道则正，以赞稽物则察，以正志行察论，则万物官矣。⑧昔者舜之治天下也，不以事诏而万物成。⑧处一危之，其荣满侧；养一之微，荣矣而未知。⑧故道经曰："人心之危，道心之微。"⑧危微之几，惟明君子而后能知之。⑧故人心譬如槃水，正错而勿动，则湛浊在下而清明在上，⑧则足以见须眉而察理矣；⑧微风过之，湛浊动乎下，清明乱于上，则不可以得大形之正也。心亦如是矣，故导之以理，养之以清，物莫之倾，⑧则足以定是非、决嫌疑矣。小物引之则其正外易，其心内倾则不足以决庶理矣。⑧故好书者众矣而仓颉独传者，壹也；⑧好稼者众矣而后稷独传者，壹也；好乐者众矣而夔独传者，壹也；好义者众矣而舜独传者，壹也。倕作弓，浮游作矢，而羿精于射；⑧奚仲作车，乘杜作乘马，而造父精于御。自古及今，未尝有两而能精者也。⑨曾子曰："是其庭可以搏鼠，恶能与我歌矣！"⑨空石之中有人焉，其名曰觙。⑨其为人也，善射以好思。⑨耳目之欲接则败其思，蚊虻之声闻则挫其精，是以辟耳目之欲而远蚊虻之声，闲居静思则通。⑨思仁若是，可谓微乎？⑨孟子恶败而出妻，可谓能自强矣；⑨有子恶卧而焠掌，可谓能自忍矣，未及好也。⑨辟耳目之欲，可谓能自强矣，未及思也。蚊虻之声闻则挫其精，可谓危矣，未可谓微也。⑨夫微者，至人也。⑩至人也，何强，何忍，何危？⑩故浊明外景，清明内景。⑩圣人纵其欲，兼其情，而制焉者理矣。夫何强，何忍，何危?⑱故仁者之行道也，无为也；圣人之行道也，无强也。⑲仁者之思也恭，圣人之思也乐，此治心之道也。⑳

① 数为蔽之端也。

② 此其所知、所好滞于一隅，故皆为蔽也。

③ 公，共也。所好异则相为蔽。

④ 末喜，桀妃。斯观，未闻。韩侍郎云："'斯'或当为'斟'。斟观，夏同姓国，盖其君当时为桀佞臣也。"《国语》史苏曰"昔夏桀伐有施，有施人以末喜女焉"，贾侍中云："有施，喜姓国也。"

⑤ 妲己，纣妃。飞廉，纣之佞臣，恶来之父，善走者，秦之祖也。微子，纣之庶兄，微国子爵，启其名也。《国语》曰"殷纣伐有苏，有苏氏以妲己女焉"，贾侍中云："有苏，己姓国也。"

⑥ 事，任也。不用，不为上用也。"非"或为"诽"。

⑦ 九牧，九州之牧。虚读为墟。

⑧ 亭山，南巢之山。或本作"鬲山"。案《汉书·地理志》庐江有灊县，当是误以"灊"为"鬲"，传写又误为"亭"。灊音潜。

⑨ 《史记》武王斩纣头县于大白旗，此云"赤斾"，所传闻异也。

⑩ "主其心"言不为邪佞所惑也。

⑪ 九有、九牧，皆九州也。抚有其地则谓之九有，养其民则谓之九牧。

⑫ 逸《诗》也。《尔雅》："鹥，凤，其雌凰。"秋秋，犹跄跄，谓舞也。干，楯也。此"帝"盖谓尧也，尧时凤凰巢于阿阁。言尧能用贤不蔽，天下和平，故有凤凰来仪之福也。

⑬ 唐鞅，宋康王之臣。《吕氏春秋》曰："宋康王染于唐鞅、田不禋。"奚齐，晋献公骊姬之子。《论衡》曰："宋王问唐鞅曰：'吾杀戮甚众而群臣愈不畏，何也?'对曰：'王之所罪尽不善者也，罪不善者，善者胡为畏? 王欲群臣之畏也，不若无辨其善与不善，一时罪之，则群臣畏矣。'宋王从之。"

⑭ 载读为戴。戴不胜，使薛居州傅王者，见《孟子》。或曰：戴子，戴驩也。《韩子》曰："戴驩为宋太宰，夜使人曰：'吾闻数夜有乘辒车至李史门者，谨为我司之。'使者报曰：'不见辒车，见有奉笥而与李史，史受笥。'"又戴驩谓齐王曰："王大仁于薛公，大不忍人。"据其时代，当是戴驩也。盖为唐鞅所逐奔齐也。

⑮ 申生，晋献公之太子，奚齐之兄。为骊姬所谮，献公杀之。《春秋穀梁传》曰："晋里克杀其君之子奚齐。'其君之子'云者，国人不子也，不正其杀世子申生而立之也。"

⑯ 持，扶翼也。

⑰ "勉之强之"言必勉强于知贤、辅贤，然后其福长也。强，直亮反。

⑱ 宾孟，周景王之佞臣，欲立王子朝者。"乱家"谓乱周之家事，使庶孽争位也。

⑲ 欲使上下勤力，股无胈，胫无毛，而不知贵贱等级之文饰也。

⑳ 宋子以人之情，欲寡而不欲多，但任其所欲则自治也，蔽于此说而不知得欲之道也。

㉑ 慎子本黄、老，归刑名，多明不尚贤、不使能之道，故其说曰："多贤不可以多君，无贤不可以无君。"其意但明得其法，虽无贤亦可为治，而不知法待贤而后举也。

㉒ 申子，名不害，河南京县人，韩昭侯相也。其说但贤得权埶，以刑法驭下，而不知权埶待才智然后治，亦与慎子意同。下"知"音智。

㉓ 惠子蔽于虚辞而不知实理。"虚辞"谓若山出口、丁子有尾之类也。

㉔ "天"谓无为自然之道。庄子但推治乱于天，而不知在人也。

㉕ 由，从也。若由于用，则天下之道无复仁义，皆尽于求利也。

㉖ "俗"当为"欲"。嗛与慊同，快也。言若从人所欲，不为节限，则天下之道尽于快意也。嗛，口簟反。

㉗ 由法而不由贤，则天下之道尽于术数也。

㉘ 便，便宜也。从埶而去智，则尽于逐便，无复修立。

㉙ 论，辨说也。

㉚ 因，任其自然，无复治化也。

㉛ 言道者体常尽变，犹天地常存，能尽万物之变化也。

㉜ “曲知”言不通于大道也。一隅犹昧，况大道乎？

㉝ 谓其持之有故，其言之成理也。

㉞ 乱，杂也。言其多才艺，足以及先王也。

㉟ “一家得”谓作《春秋》也。“周道举”谓删《诗》、《书》，定礼乐。成积，旧习也。言其所用不滞于众人旧习，故能功业如此。

㊱ 不滞于一隅，但当其中而县衡，揣其轻重也。

㊲ 伦，理。

㊳ “道”谓礼义。

㊴ 心不知道，则不以道为可。“可”谓合意也。

㊵ 人心谁欲得纵恣而肯守其不合意之事，以自禁其合意者？

㊶ 各求其类。

㊷ 必有妒贤害善。

㊸ 问何道以知道人也。

㊹ 必能惩奸去恶。

㊺ 心苟知道，何患不知道人。

㊻ 既知道人在于知道，问知道之术如何也？

㊼ 在心无邪。

㊽ 能然，则可以知道也。

㊾ 臧读为藏，古字通，下同。言心未尝不苞藏，然有所谓虚也。

㊿ “满”当为“两”。两，谓同时兼知。

(51) 虽动，不使害静也。

(52) 在心为志。

(53) 见善则迁，不滞于积习也。

(54) 既不滞于一隅，物虽辐凑而至，尽可以一待之也。

(55) 卧，寝也。自行，放纵也。使，役也。言人心有所思，寝则必梦，偷则必放纵，役用则必谋虑。

㊏ 梦,想象也。剧,嚣烦也。言处心有常,不蔽于想象、嚣烦,而介于胸中以乱其知,斯为静也。此皆明不蔽于一端,虚受之义也。

㊐ 有求道之心,不滞于偏见曲说,则是虚壹而静。

㊑ 此义未详,或恐脱误耳。或曰:此皆论虚壹而静之功也。作,动也。须,待也。将,行也。当为"须道者虚则将,事道者壹则尽,思道者静则察",其余字皆衍也。作之则行,言人心有动作则自行也。以虚心须道,则万事无不行;以一心事道,则万物无不尽;以静心思道,则万变无不察。此皆言执其本而末随也。

㊒ "知道察"谓思道者静则察也,"知道行"谓须道者虚则将也。"体"谓不离道也。

㊓ 言无有壅蔽者。

㊔ 既虚壹而静,则通于万物,故有形者无不见,见则无不能论说,论说则无不得其宜。

㊕ 疏,通。参,验。稽,考。度,制也。

㊖ "材"谓当其分。"官"谓不失其任。"里"当为"理"。"材"或为"裁"也。

㊗ 此皆明虚壹而静则通于神明,人莫能测也,又安能蔽哉?罩读为晔。晔晔,广大貌。涫涫,沸貌。纷纷,杂乱貌。涫音官,又音贯。

㊘ 心出令以使百体,不为百体所使也。

㊙ 此六者皆由心使之然,所以为形之君也。

㊚ 劫,迫也。云,言也。百体可劫,心不可劫,所以尤宜慎择所好,惧蔽塞之患也。

㊛ 容,受也。言心能容受万物,若其选择无所禁止,则见杂博不精,所以贵夫虚壹而静也。

㊜ 其情之至极,在一而不贰,若杂博则惑。

㊝ 《诗·周南·卷耳》之篇。毛公云:"采采,事采之也。卷耳,苓耳也。顷筐,畚属,易盈之器也。思君子置于周之列位也。"

㊞ 采易得之物,实易满之器,以怀人寘周行之心贰之,则不能满,况乎

难得之正道，而可以他术贰之乎？

⑫ 枝，旁引如树枝也。赞，助也。稽，考也。以一而不贰之道助考之，则可兼知万物，若博杂则愈不知也。

⑬ 故，事也。尽不贰之事则身美矣。

⑭ 凡事类皆不可两，故知者精于一道而专一焉，故异端不能蔽也。

⑮ 皆蔽于一技，故不可为师长也。

⑯ 精于一道，故可以理万事。

⑰ 谓能各物其一物，若农贾之属也。

⑱ 谓能兼治，各物其一物者也。

⑲ 一于道，所以助考物也。助考，谓兼治也。

⑳ 在心为志，发言为论。"官"谓各当其任无差错也。

㉑ 舜能一于道，但委任众贤而已，未尝躬亲以事告人。

㉒ "一"谓心一也。"危之"当为"之危"。"危"谓不自安，戒惧之谓也。"侧"谓迫侧，亦充满之义。微，精妙也。处心之危，言能戒惧，兢兢业业，终使之安也。养心之微，谓养其未萌，不使异端乱之也。处心之危有形，故其荣满侧可知也；养心之微无形，故虽荣而未知。言舜之为治，养其未萌也。

㉓ 今《虞书》有此语，而云"道经"，盖有道之经也。孔安国曰："危则难安，微则难明，故戒以精一，信执其中。"引此以明舜之治在精一于道，不蔽于一隅也。

㉔ 几，萌兆也，与机同。

㉕ 湛读为沈，泥滓也，下同。

㉖ 理，肌肤之文理。

㉗ "清"谓冲和之气。

㉘ 言此者，以喻心不一于道，为异端所蔽则惑也。

㉙ 仓颉，黄帝史官。言古亦有好书者，不如仓颉一于其道，异术不能乱之，故独传也。

㉚ 倕，舜之共工。《世本》云"夷牟作矢"，宋衷注云："黄帝臣也。"此云"浮游"，未详。或者浮游，夷牟之别名，或声相近而误耳。言倕、游虽作弓

矢，未必能射，而羿精之也。弓矢，舜已前有之，此云"倕作弓"，当是改制精巧，故亦言作也。

(91) 奚仲，夏禹时车正。黄帝时已有车服，故谓之轩辕。此云"奚仲"者，亦改制耳。《世本》云"相土作乘马"，杜与土同。乘马，四马也。四马驾车起于相土，故曰"作乘马"，以其作乘马之法，故谓之乘杜。乘，并音剩。相土，契孙也。《吕氏春秋》曰："乘马作一驾。"

(92)"是"盖当为"视"。曾子言有人视庭中可以搏击鼠，则安能与我成歌咏乎？言外物诱之思不精，故不能成歌咏也。

(93) 空石，石穴也。盖古有善射之人，处深山空石之中，名之曰觙。"觙"字及事并未详所出，或假设喻耳。

(94) 好，喜也。清静思其射之妙。

(95) 挫，损也。精，精诚也。辟，屏除也。言闲居静思不接外物，故能通射之妙。

(96) 言静思仁，如空石之人思射，则可谓微乎？假设问之辞也。

(97) 此已下答之之辞。孟子恶其败德而出其妻，可谓能自强于修身也。

(98) 有子，盖有若也。焠，灼也。恶其寝卧而焠其掌，若刺股然也。"未及好也"当为"未及好思也"，误分在下，更作一句耳。有子焠掌，可谓能自忍其身，则未及善射好思者也。若思道之至人，则自无寝，焉用焠掌乎？

(99)"可谓能自强矣，未及思也"十字并衍耳。"可谓危矣"言能辟耳目之欲，则可谓能自危而戒惧，未可谓微也。微者，精妙之谓也。

(100) 惟精惟一如舜者。

(101) 既造于精妙之域，则冥与理会，不在作为，苟未臻极，虽在空石之中犹未至也。

(102) 景，光色也。"浊"谓混迹，"清"谓虚白。

(103) 兼犹尽也。圣人虽纵欲尽情而不过制者，由于暗与理会故也，何必如空石之徒乎？

(104)"无为"谓知违理则不作，所谓造形而悟也。"无强"谓全无违理强制之萌也。

⑩ 思,虑也。"恭"谓乾乾夕惕也。"乐"谓性与天道无所不适。

　　凡观物有疑,中心不定则外物不清,①吾虑不清则未可定然否也。冥冥而行者,见寝石以为伏虎也,见植林以为后人也,冥冥蔽其明也。②醉者,越百步之沟以为蹞步之浍也,③俯而出城门以为小之闺也,酒乱其神也。④厌目而视者,视一以为两;掩耳而听者,听漠漠而以为哅哅,埶乱其官也。⑤故从山上望牛者若羊,而求羊者不下牵也,远蔽其大也;从山下望木者,十仞之木若箸,而求箸者不上折也,高蔽其长也。⑥水动而景摇,人不以定美恶,水埶玄也。⑦瞽者仰视而不见星,人不以定有无,用精惑也。⑧有人焉以此时定物,则世之愚者也。彼愚者之定物,以疑决疑,决必不当。夫苟不当,安能无过乎?⑨夏首之南有人焉,曰涓蜀梁。⑩其为人也,愚而善畏。⑪明月而宵行,俯见其影,以为伏鬼也;卬视其发,以为立魅也。⑫背而走,比至其家,失气而死。岂不哀哉!⑬凡人之有鬼也,必以其感忽之间、疑玄之时正之。⑭此人之所以无有而有无之时也,⑮而已以正事。故伤于湿而击鼓鼓痹,则必有敝鼓丧豚之费矣,而未有俞疾之福也。⑯故虽不在夏首之南,则无以异矣。⑰

① 清,明审也。

② 冥冥,暮夜也。

③ 蹞与跬同,半步曰跬。浍,小沟也。

④ 闺,小门也。

⑤ 厌,指按也,一涉反。漠漠,无声也。哅哅,喧声也。官,司主也。言

埶乱耳目之所主守。咰,许用反。

⑥ 皆知为高远所蔽,故不往求。然则守道者亦宜知异术之蔽类此也。

⑦ 玄,幽深也。或读为眩。

⑧ 精,目之明也。

⑨ 以疑决疑,犹慎、墨之属也。

⑩ 夏首,夏水之首。《楚词》云"过夏首而西浮,顾龙门而不见",王逸曰:"夏首,夏水口也。"涓蜀梁,未详何代人,姓涓,名蜀梁。《列仙传》有涓子,齐人,隐于宕山,饵术,能致风雨者也。

⑪ 善犹喜也。好有所畏。

⑫ 卬与仰同。

⑬ 背,弃去也。"失气"谓困甚气绝也。

⑭ 感,惊动也。感忽犹慌惚也。玄,亦幽深难测也。必以此时定其有鬼也。

⑮ "无有"谓以有为无也,"有无"谓以无为有也,此皆人所疑惑之时也。

⑯ "已以正事"谓人以此定事也。痹,冷疾也。伤于湿则患痹,反击鼓烹豚以祷神,何益于愈疾乎? 若以此定事,则与俗不殊也。俞读为愈。

⑰ 慎、墨之蔽亦犹是也。

凡以知人之性也,可以知物之理也。①以可以知人之性,求可以知物之理,而无所疑止之,则没世穷年不能遍也。②其所以贯理焉虽亿万,已不足以浃万物之变,与愚者若一。③学,老身长子而与愚者若一,犹不知错,夫是之谓妄人。④故学也者,固学止之也。恶乎止之? 曰:止诸至足。曷谓至足? 曰:圣也。⑤圣也者,尽伦者也;王也者,尽制者也。⑥两尽者,足以为天下极矣。⑦故学者以圣王为师,案以圣王之制为法,法其法以求其统类,类以务象效其人。⑧向是而务,士也;类是而几,君子也;⑨知之,圣人也。⑩故有知非以虑是则谓之惧,⑪有勇非以持是则谓之贼,⑫察孰非以分是则谓之篡,⑬多能非以修荡是则谓之知,⑭辩利非以言是则谓之谍。⑮传曰:"天下有二,非察是,是察非。"⑯谓合王制与不合王制也。⑰天下有不以是为隆正也,然而犹有能分是非、治曲直者邪?⑱若夫非分是非,非治曲直,非辨治乱,非治人道,虽能之无益于人,不能无损于人。案直将治怪说,玩奇辞,以相挠滑也;案强钳而利口,厚颜而忍诟,无正而恣睢,妄辨而几利;⑲不好辞让,不敬礼节,而好相推挤,此乱世奸人之说也,则天下之治说者方多然矣。⑳传曰:"析辞而为察,言物而为辨,君子贱之;博闻强志,不合王制,君子贱之。"此之谓也。㉑为之无益于成也,求之无益于得也,忧戚之无益于几也,㉒则广焉能弃之矣。不以自妨也,不少顷干之胸中。㉓不慕往,不闵来,无邑怜之心,㉔当时则动,物至而应,事起而辨,治乱可否,昭然明矣。

① 以知人之性推之,则可知物理也。

② "疑止"谓有所不为。穷年,尽其年寿。"疑"或为"凝"。

③ 贯,习也。浃,周也,子叶反。或当为"接"。

④ 错,置也,谓废舍也。身已老矣,子已长矣,犹不知废舍无益之学,夫是之谓愚妄人也。

⑤ 或曰:"圣"下更当有"王"字,误脱耳。言人所学当止于圣人之道及王道,不学异术也。圣王之道,是谓至足也。

⑥ 伦,物理也。制,法度也。

⑦ 所以为至足也。

⑧ 统类,法之大纲。

⑨ 几,近也。类圣人而近之则为君子。士者,修饰之名。君子,有道德

之称也。

⑩ 知圣王之道者。

⑪ 自知其非，以图虑于是，则谓之能戒惧也。

⑫ 勇于为非，以持制是也。

⑬ 孰，甚也。察甚其非，以分为是之心，此篡夺之人也。

⑭ 修，饰也。荡，动也。多能知非，修饰荡动而为是，则谓之知。言智者能变非为是也。

⑮ 辩说利口而饰非，以言乱是，则谓之讘。讘，多言也。《诗》曰："无然讘讘。"

⑯ 众以为是者而非之，以为非者而察之。

⑰ 所以非察是、是察非，观其合王制与否也。

⑱ 有不以合王制与不合为隆正者，而能分是非、治曲直乎？言必不能也。

⑲ 滑，乱也，音骨。强，强服人。钳，钳人口也。诟，詈也。恣睢，矜夸也。几，近也。妄辨几利，谓妄为辨说，所近者惟利也。

⑳ 慎、墨、宋、惠之属。

㉑ 所谓析言破律，乱名改作者也。

㉒ 言役心无益，复忧戚，亦不能近道也。

㉓ 广读为旷，远也。"不以自妨"谓不以无益害有益也。

㉔ "不慕往"谓不悦慕无益之事而往从之也。"不闵来"谓不忧闵无益之事而来正之也。或曰：往，古昔也。来，将来也。不慕往古、不闵将来，言惟义所在，无所系滞也。邑怜，未详。或曰：邑与悒同。悒，怏也。怜读为吝，惜也。言弃无益之事，更无悒怏吝惜之心，此皆明不为异端所蔽也。

　　周而成，泄而败，明君无之有也；①宣而成，隐而败，暗君无之有也。②故君人者，周则谗言至矣，直言反矣，小人迩而君子远矣。《诗》云："墨以为明，狐狸而苍。"此言上幽而下险也。③君人者,宣则直言至矣,而谗言反矣,君子迩而小人远矣。④《诗》曰:"明明在下,赫赫在上。"此言上明而下化也。⑤

①以周密为成,以漏泄为败,明君无此事也。明君日月之照临,安用周密也?

②以宣露为成,以隐蔽为败,暗君亦无此事也。暗君务在隐蔽,而不知昭明之功也。

③逸《诗》。"墨"谓蔽塞也。"狐狸而苍"言狐狸之色居然有异。若以蔽塞为明,则臣下诳君,言其色苍然无别,犹指鹿为马者也。幽,暗也。险,倾侧也。

④反,还也。谗言复归而不敢出矣。或曰:反,倍也。言与谗人相倍反也。

⑤《诗·大雅·大明》之篇。言文王之德明明在下,故赫赫然著见于天也。

卷第十六

正名篇第二十二①

后王之成名，②刑名从商，爵名从周，文名从《礼》。③散名之加于万物者则从诸夏之成俗曲期，④远方异俗之乡则因之而为通。⑤散名之在人者，⑥生之所以然者谓之性。⑦性之和所生，精合感应，不事而自然谓之性。⑧性之好恶、喜怒、哀乐谓之情。⑨情然而心为之择谓之虑。⑩心虑而能为之动谓之伪。⑪虑积焉能习焉而后成谓之伪。⑫正利而为谓之事。⑬正义而为谓之行。⑭所以知之在人者谓之知。知有所合谓之智。⑮智所以能之在人者谓之能。⑯能有所合谓之能。⑰性伤谓之病。⑱节遇谓之命。⑲是散名之在人者也，是后王之成名也。⑳故王者之制名，名定而实辨，道行而志通，则慎率民而一焉。㉑故析辞擅作名以乱正名，使民疑惑，人多辨讼，则谓之大奸，其罪犹为符节、度量之罪也。㉒故其民莫敢托为奇辞以乱正名。故其民悫，悫则易使，易使则公。其民莫敢托为奇辞以乱正名，故壹于道法而谨于循令矣。如是，则其迹长矣。㉓迹长功成，治之极也，是谨于守名约之功也。㉔今圣王没，名守慢，奇辞起，名实乱，是非之形不明，则虽守法之吏、诵数之儒亦皆乱也。㉕若有王者起，必将有循于旧名、有作于新名。㉖然则所为有名，与所缘有同异，与制名之枢要，不可

269

不察也。㉗异形离心㉘交喻,异物名实玄纽,㉙贵贱不明,同异不别。如是,则志必有不喻之患,而事必有困废之祸。故知者为之分别,制名以指实,㉚上以明贵贱,下以辨同异。贵贱明,同异别,如是,则志无不喻之患,事无困废之祸,此所为有名也。㉛然则何缘而以同异?㉜曰:缘天官。㉝凡同类、同情者,其天官之意物也同,故比方之疑似而通,是所以共其约名以相期也。㉞形体、色理以目异,㉟声音清浊、调竽奇声以耳异,㊱甘、苦、咸、淡、辛、酸奇味以口异,㊲香、臭、芬、郁、腥、臊、洒、酸奇臭以鼻异,㊳疾、养、沧、热、滑、铍、轻、重以形体异,㊴说、故、喜、怒、哀、乐、爱、恶、欲以心异。㊵心有徵知,㊶徵知则缘耳而知声可也,缘目而知形可也,㊷然而徵知必将待天官之当簿其类然后可也。㊸五官簿之而不知,心徵之而无说,则人莫不然谓之不知,此所缘而以同异也。㊹然后随而命之,㊺同则同之,异则异之,㊻单足以喻则单,单不足以喻则兼,㊼单与兼无所相避则共,虽共不为害矣。㊽知异实者之异名也,故使异实者莫不异名也,不可乱也,㊾犹使异实者莫不同名也。㊿故万物虽众,有时而欲遍举之,故谓之物,物也者大共名也,推而共之,共则有共,至于无共然后止;○51有时而欲遍举之,故谓之鸟兽,鸟兽也者大别名也,推而别之,别则有别,至于无别然后止。○52名无固宜,约之以命,约定俗成谓之宜,异于约则谓之不宜。○53名无固实,约之以命实,约定俗成谓之实名。○54名有固善,径易而不拂谓之善名。○55物有同状而异所者,○56有异状而同所者,○57可别也。状同而为异所者,虽可合,谓之二实;○58状变而实无别而为异者谓之

化，有化而无别，谓之一实。㊾此事之所以稽实定数也。㊿此制名之枢要也，㉛后王之成名不可不察也。㉜

① 是时公孙龙、惠施之徒乱名改作，以是为非，故作《正名》篇。《尹文子》曰："形以定名，名以定事，事以验名。察其所以然，则形名之与事物无所隐其理矣。名有三科，一曰命物之名，方圆、白黑是也；二曰毁誉之名，善恶、贵贱是也；三曰况谓之名，贤愚、爱憎是也。"

② 后之王者有素定成就之名。谓旧名可法效者也。

③ 商之刑法未闻。《康诰》曰"殷罚有伦"，是亦言殷刑之允当也。"爵名从周"谓五等诸侯及三百六十官也。"文名"谓节文、威仪。《礼》即周之《仪礼》也。

④ 成俗，旧俗方言也。期，会也。"曲期"谓委曲期会物之名者也。

⑤ 远方异俗，名之乖异者则因其所名，遂以为通而不改作也。

⑥ 举名之分散在人者。

⑦ 人生善恶，故有必然之理，是所受于天之性也。

⑧ 和，阴阳冲和气也。事，任使也。言人之性，和气所生，精合感应，不使而自然。言其天性如此也。"精合"谓若耳目之精灵与见闻之物合也。"感应"谓外物感心而来应也。

⑨ 人性感物之后，分为此六者，谓之情。

⑩ 情虽无极，心择可否而行，谓之虑也。

⑪ 伪，矫也。心有选择，能动而行之，则为矫拂其本性也。

⑫ 心虽能动，亦在积久习学，然后能矫其本性也。

⑬ 为正道之事利，则谓之事业，谓商农工贾者也。

⑭ 苟非正义，则谓之奸邪。行，下孟反。

⑮ "知之在人者"谓在人之心有所知者。"知有所合"谓所知能合于物也。

⑯ 智有所能，在人之心者谓之能。能，才能也。

⑰ "能"当为"耐"，古字通也。耐，谓堪任其事。耐，乃来、乃代二反。

271

⑱ 伤于天性,不得其所。

⑲ 节,时也。当时所遇谓之命。命者,如天所命然。

⑳ 略举此上事,是散名之在人者,而后王可因袭成就素定之名也。而或者乃为坚白之说,以是为非,斯乱名之尤也。

㉑ "道"谓制名之道。"志通"言可晓也。《礼记》曰:"黄帝正名百物以明民。""慎率民而一焉"言不敢以异端改作也。

㉒《新序》曰:"子产决邓析教民之难,约大狱袍衣,小狱襦袴。民之献袍衣、襦袴者不可胜数,以非为是,以是为非,郑国大乱,民口讙哗。子产患之,于是讨邓析而僇之,民乃服,是非乃定。"是其类也。

㉓ 迹,王者所立之迹也。下不敢乱其名,畏服于上,故迹长也。长,丁丈反。

㉔ 谨,严也。约,要约。

㉕ 奇辞乱实,故法吏迷其所守,偏儒疑其所习。

㉖ 名之善者循之,不善者作,故孔子曰:"必也正名乎。"

㉗ 缘,因也。枢要,大要总名也。物无名则不可分辨,故因而有名也。名不可一贯,故因耳目鼻口而制同异又不可常别,虽万物万殊,有时欲举其大纲,故制为名之枢要。谓若谓之禽,知其二足而羽;谓之兽,知其四足而毛。既为治在正名,则此三者不可不察而知其意也。

㉘ 万物之形各异,则分离人之心。言人心知其不同也。此已下覆明有名之意。

㉙ 玄,深隐也。纽,结也。若不为分别立名,使物物而交相譬喻之,则名实深隐,纷结难知也。

㉚ 无名则物杂乱,故智者为之分界制名,所以指明实事也。

㉛ 有名之意在此。

㉜ 设问覆明同异之意也。

㉝ 天官,耳目鼻口心体也。谓之官,言各有所司主也。"缘天官"言天官谓之同则同,谓之异则异也。

㉞ "同类同情"谓若天下之马虽白黑大小不同,天官意想其同类,所以

共其省约之名,以相期会而命之名也。

㉟ 形体,形状也。色,五色也。理,文理也。言万物形体色理,以目别异之而制名。

㊱ 清浊,宫、徵之属。"调竽"谓调和笙竽之声也。竽,笙类,所以导众乐者也。不言革木之属而言竽者,或曰:竽八音之首,故黄帝使伶伦取竹作管,是竹为声音之始。《庄子》"天籁"、"地籁"亦其义也。奇,奇异也。奇声,万物众声之异者也。

㊲ 奇味,众味之异者也。

㊳ 芬,花草之香气也。郁,腐臭也。《礼记》曰:"鸟鹏色而沙鸣。"郁、洒,未详。酸,暑溷之酸气也。奇臭,众臭之异者。气之应鼻者为臭,故香亦谓之臭,《礼记》曰"皆佩容臭"。或曰:"洒"当为"漏",篆文稍相似,因误耳。《礼记》曰"马黑脊而般臂,漏",郑音"蝼,蝼蛄臭"者也。

㊴ 疾,痛也。养与痒同。沧,寒也。滑与汩同,铍与披同,皆坏乱之名。或曰:滑如字,"铍"当为"皱",传写误耳,与涩同。"轻重"谓分铢与钧石也。此皆在人形体别异之而立名也。沧,初亮反,又楚陵反。

㊵ 说,读为脱,误也。脱故,犹律文之"故误"也。

㊶ 徵,召也。言心能召万物而知之。

㊷ 缘,因也。以心能召万物,故可以因耳而知声,因目而知形,为之立名,心虽有知,不因耳目,亦不可也。

㊸ 天官,耳目也。当,主也,丁浪反。簿,簿书也。"当簿"谓如各主当其簿书,不杂乱也。"类"谓可闻之物,耳之类;可见之物,目之类。言心虽能召所知,必将任使耳目,令各主掌其类,然后可也。言心亦不能自主之也。

㊹ 五官,耳、目、鼻、口、心也。五官能主之,而不能知,心能召而知之,若又无说,则人皆谓之不知也。以其如此,故圣人分别,因立同异之名,使人晓之也。

㊺ 既分同异之后,然后随所名而命之。此已下覆明制名枢要之意也。

㊻ 同类则同名,异类则异名。

㊼ 单，物之单名也。兼，复名也。喻，晓也。谓若止喻其物，则谓之马；喻其毛色，则谓之白马、黄马之比也。

㊽ 谓单名、复名有不可相避者，则虽共同其名，谓若单名谓之马，虽万马同名，复名谓之白马亦然，虽共，不害于分别也。

㊾ "知"谓人心知之。异实者异名则不乱也，谓若牛与马为异实也。

㊿ 恐异实异名卒不可遍举，故犹使异实者有时而同一名也。或曰："异实"当为"同实"，言使异实者异名，其不可相乱，犹如使同实者莫不同名也。

(51) 推此共名之理，则有共至于无共。言自同至于异也。起于总谓之物，散为万名，是异名者本生于别同名者也。

(52) 言自异至于同也。谓总其万名，复谓之物，是同名者生于欲都举异名也。言此者，所以别异名、同名之意。

(53) 名无故宜，言名本无定也。"约之以命"谓立其约而命之，若约为天，则人皆谓之天也。

(54) "实名"谓以名实各使成言语文辞。谓若天地日月之比也。

(55) 径疾平易而不违拂，谓易晓之名也。即谓呼其名遂晓其意，不待训解者。拂音佛。

(56) 谓若两马同状，各在一处之类也。

(57) 谓若老幼异状，同是一身也，蚕蛾之类亦是也。

(58) 即谓两马之类，名虽可合，同谓之马，其实二也。

(59) 状虽变而实不别为异所，则谓之化。化者，改旧形之名，若田鼠化为鴽之类，虽有化而无别异，故谓之一实，言其实一也。

(60) 稽考其实而定一二之数也。

(61) 此皆明制名之大意，是其枢要也。

(62) 此三者制名之实，后王可因其成名而名之，故不可不察也。

"见侮不辱"、"圣人不爱已"、"杀盗非杀人也"，此惑于用名以乱名者也。[①]验之所以为有名而观其孰行，则能禁之矣。②"山渊平"、"情欲寡"、"刍豢不加甘,大钟不加乐",此惑于用实以乱名者也。③验之所缘无以同异而观其孰调,则能禁之矣。④"非而谒楹有牛"、"马非马也",此惑于用名以乱实者也。⑤验之名约,以其所受悖其所辞,则能禁之矣。⑥凡邪说辟言之离正道而擅作者,无不类于三惑者矣。⑦故明君知其分而不与辨也。⑧夫民易一以道而不可与共故,⑨故明君临之以埶,道之以道,⑩申之以命,章之以论,禁之以刑。故其民之化道也如神,辨埶[1]恶用矣哉!⑪今圣王没,天下乱,奸言起,君子无埶以临之,无刑以禁之,故辨说也。⑫实不喻然后命,命不喻然后期,期不喻然后说,说不喻然后辨。⑬故期、命、辨、说也者,用之大文也,而王业之始也。⑭名闻而实喻,名之用也;⑮累而成文,名之丽也。⑯用、丽俱得,谓之知名。⑰名也者所以期累实也,⑱辞也者兼异实之名以论一意也,⑲辨说也者不异实名以喻动静之道也,⑳期命也者辨说之用也,㉑辨说也者心之象道也,㉒心也者道之工宰也,㉓道也者治之经理也。㉔心合于道,说合于心,辞合于说,㉕正名而期,质请而喻,辨异而不过,推类而不悖,听则合文,辨则尽故。以正道而辨奸,犹引绳以持曲直,是故邪说不能乱,百家无所窜。㉖有兼听之明而无奋矜之容,有兼覆之厚而无伐德之色,说行则天下正,说不行则白道而冥穷,是圣人之辨说也。㉗《诗》曰:"颙颙卬卬,如珪如璋,令闻令望。岂弟君子,四方为纲。"此之谓也。㉘

---

[1] 卢文弨谓,以注释"辨说"观之,正文"埶"乃"说"之讹。

① "见侮不辱"，宋子之言也。"圣人不爱己"，未闻其说，似庄子之意。"杀盗非杀人"，亦见《庄子》。宋子言"见侮不辱则使人不斗"，或言"圣人不爱己而爱人"，庄子又云"杀盗贼不为杀人"，言此三者徒取其名，不究其实，是惑于用名以乱正名也。

② 验其所为有名，本由不喻之患，困废之祸，因观"见侮不辱"之说精孰可行与否，则能禁也。言必不可行也。

③ "山渊平"，即《庄子》云"山与泽平"也。"情欲寡"，即宋子云"人之情，欲寡"也。"刍豢不加甘，大钟不加乐"，墨子之说也。古人以山为高、以泉为下，原其实亦无定，但在当时所命耳，后世遂从而不改。乱名之人既以高下是古人之一言，未必物之实也，则我以山、泉为平，奚为不可哉？古人言情欲多，我以为寡，刍豢甘、大钟乐，我尽以为不然亦可也。此惑于用实本无定，以乱古人之旧名。

④ 验其所缘同异，本由物一贯，则不可分别，故定其名而别之。今"山渊平"之说，以高为下，以下为高，若观其精孰，得调理与否，则能禁惑于实而乱名者也。

⑤ "非而谒楹有牛"，未详所出。"马非马"，是公孙龙白马之说也。《白马论》曰："言白，所以命色也；马，所以命形也。色非形，形非色，故曰'白马非马'也。"是惑于形色之名，而乱白马之实也。

⑥ 名约，即名之枢要也。以，用也。悖，违也。所受，心之所是。所辞，心之所非。验其名之大要，本以稽实定数，今"马非马"之说则不然。若用其心之所受者，违其所辞者，则能禁之也。

⑦ 辟读为僻。

⑧ 明君守圣人之名分，不必乱名辨说是非也。

⑨ 故，事也。言圣人谨守名器，以道一民，不与之共事，共则民以它事乱之。故《老子》曰"国之利器，不可以示人"也。

⑩ 道达之以正道。

⑪ 申，重也。章，明也。"论"谓先圣格言。但用此道驭之，不必更用辨说也。辨说，谓说其所以然也。

⑫ 荀卿自述正名及辨说之意也。

⑬ "命"谓以名命之也。期,会也。言物之稍难名,命之不喻者则以形状大小会之,使人易晓也。谓若白马,但言马则未喻,故更以白会之。若是事多,会亦不喻者,则说其所以然。若说亦不喻者,则反覆辨明之也。

⑭ 无期、命、辨、说,则万事不行,故为用之大文饰。王业之始在于正名,故曰"王业之始"也。

⑮ 名之用,本在于易知也。

⑯ 累名而成文辞,所以为名之华丽,《诗》、《书》之言皆是也。或曰:丽与俪同,配偶也。

⑰ 浅与深俱不失其所,则为知名。

⑱ 名者,期于累数其实,以成言语。或曰:"累实"当为"异实",言名者所以期于使实各异也。

⑲ 辞者,说事之言辞。"兼异实之名"谓兼数异实之名,以成言辞。犹若"元年,春,王正月,公即位",兼说亡实之名,以论公即位之一意也。

⑳ 动静,是非也。言辨说者不唯兼异常实之名,所以喻是非之理。辞者论一意,辨者明两端也。

㉑ "期"谓委曲为名以会物也。期与命,所以为辨说之用。

㉒ 辨说所以为心想象之道,故心有所明则辨说也。

㉓ 工能成物,宰能主物,心之于道亦然也。

㉔ 经,常也。理,条贯也。言道为理国之常法条贯也。

㉕ 言经为说,成文为辞。谓心能知道,说能合心,辞能成言也。

㉖ "正名而期"谓正其名以会物,使人不惑也。质,物之形质。"质请而喻"谓若形质自请其名然,因而喻知其实也。"辨异而不过"谓足以别异物则已,不过说也。"推类而不悖"谓推同类之物,使共其名,不使乖悖也。"听则合文,辨则尽故"谓听它人之说则取其合文理者,自辨说则尽其事实也。"正道"谓正名之道。持,制也。窜,匿也。百家无所隐窜,言皆知其奸诈也。

㉗ 是时百家曲说皆竞自矜伐,故述圣人辨说虽兼听兼覆,而无奋矜伐

德之色也。白道，明道也。冥，幽隐也。"冥穷"谓退而穷处也。

㉘《诗·大雅·卷阿》之篇。颙颙，体貌敬顺也。卬卬，志气高朗也。

　　辞让之节得矣，长少之理顺矣，忌讳不称，袄辞不出，以仁心说，以学心听，以公心辨，①不动乎众人之非誉，②不治观者之耳目，③不赂贵者之权埶，④不利传辟者之辞，⑤故能处道而不贰，吐而不夺，利而不流，贵公正而贱鄙争，是士君子之辨说也。⑥《诗》曰："长夜漫兮，永思骞兮。大古之不慢兮，礼义之不愆兮，何恤人之言兮。"此之谓也。⑦

　　①"以仁心说"谓务于开导，不骋辞辨也。"以学心听"谓悚敬而听它人之说，不争辨也。"以公心辨"谓以至公辨它人之说是非也。

　　② 不以众人是非而为之动，但自正其辞说也。

　　③ 其所辨说，不求夸眩于众人。

　　④ 不为货赂而移贵者之权埶也。

　　⑤ "利"谓悦爱之也。辟读为僻。

　　⑥ "吐而不夺"谓吐论而人不能夺。"利"或为"和"。

　　⑦ 逸《诗》也。"漫"谓漫漫，长夜貌。骞，咎也。引此以明辨说得其正，何忧人之言也。

　　君子之言，涉然而精，俛然而类，差差然而齐。彼正其名，当其辞，以务白其志义者也。①彼名辞也者，志义之使也，足以相通则舍之矣，苟之奸也。②故名足以指实、辞足以见极则舍之矣，③外是者谓之讱，是君子之所弃，而愚者拾以为己宝。④故愚者之言，芴然而粗，啧然而不类，诸诸然而沸。⑤彼诱其名、眩其辞而无深于其志义者也，⑥故穷藉而无极，甚劳而无功,贪而无名。⑦故知者之言也,⑧虑之易知也,行之易安也,持之易立也,成则必得其所好而不遇其所恶焉,而愚者反是。《诗》曰:"为鬼为蜮,则不可得。有靦面目,视人罔极。作此好歌,以极反侧。"此之谓也。⑨

① 涉然,深入之貌。俛然,俯就貌。"俛然而类"谓俯近于人,皆有统类,不虚诞也。差差,不齐貌。谓论列是非,似若不齐,然终归于齐一也。当,丁浪反。

② "通"谓得其理。使,所吏反。

③ 极,中也,本也。见,贤遍反。

④ 讱,难也。过于志义相通之外,则是务为难说耳,君子不用也。

⑤ 芴与忽同。忽然,无根本貌。粗,疏略也。嘖,争言也,助革反。或曰:与赜同,深也。谵谵,多言也。谓愚者言浅则疏略,深则无统类,又谵谵然沸腾也。

⑥ 诱,诳也。但欺诳其名而不正,眩惑其辞而不实,又不深明于志义相通之理也。

⑦ 藉,践履也,才夜反。谓践履于无极之地。"贪而无名"谓贪于立名而实无名也。

⑧ 知读为智。

⑨《诗·小雅·何人斯》之篇。毛云:"蜮,短狐也。靦,姡也。"郑云:"使女为鬼为蜮也,则女诚不可得见也。姡然有面目,女乃人也,人相视无有极时,终必与女相见。作此歌,求女之情,女之情展转极于是也。"

凡语治而待去欲者,无以道欲而困于有欲者也;①凡语治而待寡欲者,无以节欲而困于多欲者也。②有欲无欲,异类也,生死也,非治乱也;③欲之多寡,异类也,情之数也,非治乱也。④欲不待可得而求者从所可,⑤欲不待可得,所受乎天也；求者从所可，受乎心也。⑥所受乎天之一欲，制于所受乎心之多，固难类所受乎天也。⑦人之所欲，生甚矣；人之所恶，死甚矣。然而人有从生成死者，非不欲生而欲死也，不可以生而可以死也。⑧故欲过之而动不及，心止之也，⑨心之所可中理，则欲虽多，奚伤于治。⑩欲不及而动过之，心使之也，心之所可失理，则欲虽寡，奚止于乱。⑪故治乱在于心之所可，亡于情之所欲。⑫不求之其所在而求之其所亡，虽曰我得之，失之矣。⑬性者天之就也，情者性之质也，欲者情之应也。以欲为可得而求之，情之所必不免也。⑭以为可而道之，知所必出也。⑮故虽为守门，欲不可去，⑯性之具也。虽为天子，欲不可尽。⑰欲虽不可尽，可以近尽也；⑱欲虽不可去，求可节也。⑲所欲虽不可尽，求者犹近尽；欲虽不可去，所求不得，虑者欲节求也。⑳道者，进则近尽，退则节求，天下莫之若也。㉑

① 凡言治待使人尽去欲然后为治，则是无道欲之术，而反为有欲者所困也。

② 若待人之寡欲然后治之，则是无节欲之术，而反为多欲者所困。故能导欲则欲自去矣，能节欲则欲自寡矣。

③ 二者异类，如生死之殊，非治乱所系。治乱所系在于导欲则治，不导欲则乱也。

④ "情之数"言人情必然之数也。治乱所系在节欲则治，不节欲则乱，不在欲之多寡也。

⑤ 凡人之情欲虽未可得，以有欲之意求之，则从其所可得者也。

⑥ 天性有欲，心为之节制。

⑦ 此一节未详，或恐脱误耳。或曰：当为"所受乎天之一欲，制于所受乎心之计"，其余皆衍字也。一欲，大凡人之情欲也。言所受乎天之大欲，

皆制节于所受心之计度,心之计度亦受于天,故曰"所受"。

⑧ 此明心制欲之义。

⑨ "动"谓作为也。言欲过多,而所作为不及其欲,由心制止之也。

⑩ "所可"谓心以为可也。言若心止之而中理,欲虽多,无害于治也。

⑪ 心使之失理,则欲虽寡亦不能止乱。

⑫ 明在心不在欲。

⑬ 所在,心也。所亡,欲也。

⑭ 性者成于天之自然,情者性之质体,欲又情之所应,所以人必不免于有欲也。

⑮ 心以欲为可得而道达之,智虑必出于此也。

⑯ 夫人各有心,故虽至贱亦不能去欲也。

⑰ 具,全也。若全其性之所欲,虽为天子亦不能尽,秦皇、汉武之比也。

⑱ 以,用也。近尽,近于尽欲也。言天子虽不可尽欲,若知道则用可近尽而止之,不使故肆之也。

⑲ 虽至贱亦不可去欲,若知道则求节欲之道而为之也。

⑳ 为贱者之谋虑,皆在节其所求之欲也。

㉑ "道"谓中和之道,儒者之所守也。进退,亦谓贵贱也。道者,贵则可以知近尽,贱则可以知节求,天下莫及之也。

凡人莫不从其所可而去其所不可。知道之莫之若也,而不从道者,无之有也。①假之有人而欲南无多,而恶北无寡,岂为夫南者之不可尽也,离南行而北走也哉?②今人所欲无多,所恶无寡,岂为夫所欲之不可尽也,离得欲之道而取所恶也哉?③故可道而从之,奚以损之而乱;④不可道而离之,奚以益之而治。⑤故知者论道而已矣,小家珍说之所愿皆衰矣。⑥凡人之取也,所欲未尝粹而来也;其去也,所恶未尝粹而往也。故人无动而不可以不与权俱。⑦衡不正,则重县于仰而人以为轻,轻县于俛而人以为重,此人所以惑于轻重也;⑧权不正,则祸托于欲而人以为福,福托于恶而人以为祸,此亦人所以惑于祸福也。⑨道者,古今之正权也,离道而内自择,则不知祸福之所托。⑩易者,以一易一,人曰无得亦无丧也;⑪以一易两,人曰无丧而有得也;以两易一,人曰无得而有丧也。计者取所多,谋者从所可。以两易一,人莫之为,明其数也。从道而出,犹以一易两也,奚丧?⑫离道而内自择,是犹以两易一也,奚得?⑬其累百年之欲,易一时之嫌,然且为之,不明其数也。⑭有尝试深观其隐而难其察者,⑮志轻理而不重物者,无之有也;⑯外重物而不内忧者,无之有也;行离理而不外危者,无之有也;外危而不内恐者,无之有也。心忧恐,则口衔刍豢而不知其味,耳听钟鼓而不知其声,目视黼黻而不知其状,轻暖平簟而体不知其安。故向万物之美而不能嗛也,⑰假而得问而嗛之,则不能离也。⑱故向万物之美而盛忧,兼万物之利而盛害。如此者,其求物也?养生也?粥寿也?⑲故欲养其欲而纵其情,⑳欲养其性而危其形,欲养其乐而攻其心,欲养其名而乱其行。㉑如此者,虽封侯称君,其与夫盗无以异;乘轩戴絻,其与无足无以异。㉒夫是之谓以己为物役矣。㉓心平愉则色不及佣而可以养目,㉔声不及佣而可以养耳,蔬食菜羹而可以养口,粗布之衣、粗纟由之履而可以养体,㉕屋室庐庾、葭稾蓐、尚机筵而可以养形。㉖故无万物之美而可以养乐,无埶列之位而可以养名。㉗如是而加天下焉,其为天下多,其和乐少矣,㉘夫是之谓重己役物。㉙无稽之言,不见之行,不闻之谋,君子慎之。㉚

① 知节欲无过于道,则皆从道也。

② 有人欲往南而恶往北也。"欲南无多"谓南虽至多犹欲之也。"恶北无寡"谓北虽至寡犹恶之也。言此人既欲南而恶北,岂为夫南之不可得尽,因肯舍南而走北乎?

③ 今夫人情,欲虽至多犹欲之,恶虽至寡犹恶之,岂为欲之不可得尽,因肯取所恶哉?言圣人以道节欲,则各安其分矣。而宋、墨之徒不喻斯理,而强令去欲、寡欲,此何异使之离南而北走,舍欲而取恶,必不可得也。

④ 可道,合道也。损,减也。言若合道则从之,奚以损乱而过此也。

⑤ 不合道则离之,奚以益治而过此。此明上合道,虽为有欲之说,亦可从之;不合道,虽为去欲之说,亦可离之也。

⑥ 知治乱者,论合道与不合道而已矣,不在于有欲、无欲也。能知此者,则宋、墨之家自珍贵其说,愿人之去欲、寡欲者皆衰矣。

⑦ 粹,全也。凡人意有所取,其欲未尝全来,意有所去,其恶未尝全去,皆所不适也。权者,称之权,所以知轻重者也,能权变适时,故以喻道也。言人之欲恶常难适意,故其所举动而不可不与道俱,不与道俱则惑于欲恶矣。故达道者不戚戚于贫贱,不汲汲于富贵,故能遣夫得丧,欲恶不以介怀而欲自节矣。

⑧ 衡,称之衡也。"不正"谓偏举也。衡若均举之,则轻重等而平矣。若偏举之,则重县于仰、轻县于俛而犹未平矣,遂以此定轻重,是惑也。

⑨ "权不正"谓不知道而偏见,如称之权不正者也。"祸托于欲"谓无德而禄,因以为福,不知祸不旋踵也。"福托于恶"谓若有才未偶,因以为祸,不知先号后笑也。言不知道则惑于倚伏之理也。

⑩ 道能知祸福之正,如权之知轻重之正。离权则不知轻重,离道则不知祸福也。

⑪ "易"谓以物相易。

⑫ 从道则无所丧,儒术是也。

⑬ 离道则无所得,宋、墨是也。

⑭ 累,积也。嫌,恶也。此谓不以道求富贵,终遇祸也。

⑮ 有读为又。虽隐而难察,以下四事观之则可知也。

⑯ 理为道之精微。

⑰ 向读为享,献也。谓受其献也。嗛,足也、快也。《史记》乐毅曰:"先王以为嗛于志。"嗛,口簟反。

⑱ 假或有人问之,趋以为足其意,终亦不能离于不足也。

⑲ "也"皆当为"邪",问之辞。

⑳ 纵其情,则欲终不可养也。

㉑ 皆外重物之所致也。

㉒ 緵与冕同。

㉓ 己为物之役使。

㉔ 所视之物不及佣作之人,亦可养目。

㉕ 粗紃之履,粗麻屦也。

㉖ 庐,草屋也。庾,屋如廪庾者。葭,芦也。以庐庾为屋室,葭槀为席蓐,皆贫贱人之居也。尚机筵,未详。或曰:"尚"言尚古,犹若称《尚书》之"尚"也。尚机筵,质朴之机筵也。

㉗ 埶列,班列也。名,美名也。

㉘ 以是无贪利之心,加以天下之权,则为天下必多,为己之私和乐少矣。

㉙ 知道则心平愉,心平愉则欲恶有节,不能动,故能重己而役物。自"有尝试"已下,皆论知道不知道也。

㉚ 无稽之言,言无考验者也。"不见之行,不闻之谋"谓在幽隐人所不闻见者,君子尤当戒慎,不可忽也。《中庸》曰:"戒慎乎其所不睹,恐惧乎其所不闻,莫见乎隐,莫显乎微,故君子慎其独也。"《说苑》作"无类之说,不戒之行,不赞之辞,君子慎之"。此三句不似此篇之意,恐误在此耳。

卷第十七

性恶篇第二十三①

人之性恶,其善者伪也。②今人之性,生而有好利焉,顺是,故争夺生而辞让亡焉;③生而有疾恶焉,顺是,故残贼生而忠信亡焉;④生而有耳目之欲、有好声色焉,顺是,故淫乱生而礼义文理亡焉。⑤然则从人之性、顺人之情,必出于争夺,合于犯分乱理而归于暴。故必将有师法之化,礼义之道,⑥然后出于辞让,合于文理,而归于治。用此观之,然则人之性恶明矣,其善者伪也。故枸木必将待檃栝烝矫然后直,⑦钝金必将待砻厉然后利。⑧今人之性恶,必将待师法然后正,得礼义然后治。今人无师法则偏险而不正,无礼义则悖乱而不治。古者圣王以人之性恶,以为偏险而不正,悖乱而不治,是以为之起礼义、制法度,以矫饰人之情性而正之,以扰化人之情性而导之也,使皆出于治、合于道者也。⑨今之人,化师法,积文学、道礼义者为君子,纵性情、安恣睢而违礼义者为小人。用此观之,然则人之性恶明矣,其善者伪也。孟子曰:"人之学者,其性善。"⑩曰:是不然。是不及知人之性,而不察乎人之性、伪之分者也。⑪凡性者,天之就也,不可学,不可事;礼义者,圣人之所生也,人之所学而能,所事而成者也。⑫不可学、不可事而在人者谓之性,可学而能、可事而成之在人者谓之伪,是性、伪之分也。⑬今人之性,目可以见,耳可以听。夫可以见之明不离目,可以听之聪不离耳,⑭目明而耳聪,不可学明矣。⑮孟子曰:"今人之性善,将皆失丧其性故也。"⑯曰:若是则过矣。今人之性,生而离其朴,离其资,必失而丧之。⑰用此观之,然则人之性恶明矣。所谓性善者,不离其朴而美之,不离其资而利之也。⑱使夫资朴之于美,心意之于善,若夫可以见之明不离目,可以听之聪不离耳,⑲故曰"目明而耳聪"也。⑳今人之性,饥而欲饱,寒而欲暖,劳而欲休,此人之情性也。今人饥,见长而不敢先食者,将有所让也;劳而不敢求息者,将有所代也。㉑夫子之让乎父、弟之让乎兄,子之代乎父、弟之代乎兄,此二行者皆反于性而悖于情也。㉒然而孝子之道,礼义之文理也。故顺情性则不辞让矣,辞让则悖于情性矣。用此观之,然则人之性恶明矣,其善者伪也。

① 当战国时,竞为贪乱,不修仁义,而荀卿明于治道,知其可化,无势位以临之,故激愤而著此论。《书》曰"惟天生民有欲,无主乃乱,惟聪明时乂",亦与此义同也。旧第二十六,今以是荀卿论议之语,故亦升在上。

② 伪,为也,矫也,矫其本性也。凡非天性而人作为之者,皆谓之伪。故为字人傍为,亦会意字也。

③ 天生性也。"顺是"谓顺其性也。

④ 疾与嫉同。恶,乌路反。

⑤ "文理"谓节文条理也。

⑥ 道与导同。

⑦ 枸读为钩,曲也,下皆同。檃栝,正曲木之木也。"烝"谓烝之使柔。"矫"谓矫之使直也。

⑧ 砻、厉皆磨也。厉与砺同。

⑨ 矫,强抑也。扰,驯也。

⑩ 孟子言人之有学,适所以成其天性之善,非矫也。与告子所论者是也。

⑪ "不及知"谓智虑浅近不能及于知,犹言不到也。《书》曰"予冲人,不及知"也。

⑫ 圣人之所生,明非天性也。事,为也、任也。《周礼》太宰职"六曰事典,以富邦国,以任百官",郑云:"任,事也。"

⑬ "不可学、不可事"谓不学而能、不事而成也。

⑭ 可见之明常不离于目,可听之聪常不离于耳也。

⑮ 如目明耳聪之不假于学,是乃天性也。

⑯ 孟子言失丧本性,故恶也。

⑰ 朴,质也。资,材也。言人若生而任其性,则离其质朴而偷薄,离其资材而愚恶,其失丧必也。

⑱ 不离质朴资材,自得美利,不假饰而善,此则为天性。

⑲ 使质朴资材自善,如闻见之聪明常不离于耳目,此乃天性也。

⑳ 故曰如目明耳聪,此乃是其性,不然,则是矫伪使之也。

㉑ 所以代尊长也。

㉒ 悖,违。

问者曰:"人之性恶,则礼义恶生?"①应之曰:凡礼义者,是生于圣人之伪,非故生于人之性也。②故陶人埏埴而为器,③然则器生于工人之伪,非故生于人之性也;④故工人斫木而成器,然则器生于工人之伪,非故生于人之性也。圣人积思虑习伪,故以生礼义而起法度,然则礼义法度者,是生于圣人之伪,非故生于人之性也。⑤若夫目好色,耳好声,口好味,心好利,骨体肤理好愉佚,是皆生于人之情性者也,⑥

感而自然，不待事而后生之者也。⑦夫感而不能然，必且待事
而后然者，谓之生于伪，是性、伪之所生其不同之徵也。⑧故
圣人化性而起伪，⑨伪起于性而生礼义，⑩礼义生而制法度。
然则礼义法度者，是圣人之所生也。故圣人之所以同于众
其不异于众者，性也；所以异而过众者，伪也。⑪夫好利而欲
得者，此人之情性也。假之人有弟兄资财而分者，且顺情
性，好利而欲得，若是则兄弟相拂夺矣；⑫且化礼义之文理，
若是则让乎国人矣。故顺情性则弟兄争矣，化礼义则让乎
国人矣。凡人之欲为善者，为性恶也。⑬夫薄愿厚，恶愿美，
狭愿广，贫愿富，贱愿贵，苟无之中者，必求于外；故富而不
愿财，贵而不愿埶，苟有之中者，必不及于外。⑭用此观之，人
之欲为善者，为性恶也。⑮今人之性，固无礼义，故强学而求
有之也；性不知礼义，故思虑而求知之也。然则生而已，则
人无礼义，不知礼义。⑯人无礼义则乱，不知礼义则悖。然则
生而已，则悖乱在己。用此观之，人之性恶明矣，其善者
伪也。⑰

① 礼义从何而生？恶音乌。

② 故犹本也。言礼义生于圣人矫伪抑制，非本生于人性也。

③ 陶人，瓦工也。埏，击也。埴，黏土也。击黏土而成器。埏音羶。

④ 言陶器自是生于工人学而为之，非本生于人性自能为之也。或曰：
"工人"当为"陶人"。故犹本也。

⑤ 自是圣人矫人性而为之，如陶人、工人然也。

⑥ 肤理，皮肤文理也。佚与逸同。人劳苦则皮肤枯槁也。

⑦ 受性自尔，不待学而知也。

⑧ 徵,验。

⑨ 言圣人能变化本性而兴起矫伪也。

⑩ 老子曰:"智惠出,有大伪。"庄子亦云:"仁相伪也,义相亏也。"皆言非其本性也。

⑪ 圣人过众,在能起伪。

⑫ 拂,违戾也。或曰:"拂"字从木旁弗,击也。《方言》云:"自关而西谓之柫。"今之农器连枷也。且,发辞也。

⑬ 为其性恶,所以欲为善也。

⑭ 既有富贵于中,故不及财埶于外也。

⑮ 无于中,故求于外,亦犹贫愿富之比。

⑯ "生而已"谓不矫伪者。

⑰ 不矫而为之,则悖乱在己,以此知其性恶也。

　　孟子曰:"人之性善。"曰:是不然。凡古今天下之所谓善者,正理平治也;所谓恶者,偏险悖乱也。是善恶之分也已。①今诚以人之性固正理平治邪?则有恶用圣王,恶用礼义矣哉!②虽有圣王、礼义,将曷加于正理平治也哉?今不然,人之性恶。③故古者圣人以人之性恶,以为偏险而不正,悖乱而不治,故为之立君上之埶以临之,明礼义以化之,起法正以治之,重刑罚以禁之,使天下皆出于治、合于善也。是圣王之治,而礼义之化也。今当试去君上之埶,无礼义之化,去法正之治,无刑罚之禁,倚而观天下民人之相与也,④若是,则夫强者害弱而夺之,众者暴寡而哗之,⑤天下之悖乱而相亡不待顷矣。⑥用此观之,然则人之性恶明矣,其善者伪也。故善言古者必有节于今,善言天者必有徵于人。⑦凡论者,贵其有辨合、有符验。⑧故坐而言之,起而可设,张而可施行。今孟子曰"人之性善",无辨合符验,坐而言之,起而不可设,张而不可施行,岂不过甚矣哉！故性善则去圣王、息礼义矣,⑨性恶则兴圣王、贵礼义矣。故隈栝之生,为枸木也;绳墨之起,为不直也;立君上、明礼义,为性恶也。用此观之,然则人之性恶明矣,其善者伪也。直木不待隈栝而直者,其性直也;枸木必将待隈栝烝矫然后直者,以其性不直也。今人之性恶,必将待圣王之治、礼义之化,然后皆出于治、合于善也。用此观之,然则人之性恶明矣,其善者伪也。

① 善恶之分在此二者。分,扶问反。

② 有读为又。恶音乌。

③ 今以性善为不然者,谓人之性恶也。

④ 倚,任也。或曰:倚,偏倚,犹傍观也。

⑤ 众者陵暴于寡而喧哗之,不使得发言也。

⑥ 顷,少顷也。本或为"须",须臾也。

⑦ 节,准。徵,验。

⑧ 辨,别也。《周礼》小宰"听称责以傅别",郑司农云:"别之为两,两家各执其一。"符以竹为之,亦相合之物。言论议如别之合,如符之验,然可施行也。

⑨ 性善则不假圣王、礼义也。

问者曰:"礼义积伪者,是人之性,故圣人能生之也。"①应之曰:是不然。夫陶人埏埴而生瓦,然则瓦埴岂陶人之性也哉?②工人斫木而生器,然则器木岂工人之性也哉?夫圣人之于礼义也,辟则陶埏而生之也,③然则礼义积伪者,岂人之本性也哉?凡人之性者,尧、舜之与桀、跖,其性一也;

君子之与小人，其性一也。④今将以礼义积伪为人之性邪？然则有曷贵尧、禹，曷贵君子矣哉？⑤凡所贵尧、禹、君子者，能化性、能起伪，伪起而生礼义。然则圣人之于礼义积伪也，亦陶埏而生之也。⑥用此观之，然则礼义积伪者，岂人之性也哉？⑦所贱于桀、跖、小人者，从其性，顺其情，安恣睢，以出乎贪利争夺。故人之性恶明矣，其善者伪也。⑧天非私曾、骞、孝己而外众人也，⑨然而曾、骞、孝己独厚于孝之实而全于孝之名者，何也？以綦于礼义故也。⑩天非私齐鲁之民而外秦人也，然而于父子之义、夫妇之别不如齐、鲁之孝具敬父者，何也？⑪以秦人之从情性，安恣睢，慢于礼义故也，岂其性异矣哉？⑫

① 言礼义虽是积伪所为，亦皆人之天性自有，圣人能生之，众人但不能生耳。

② 岂陶人亦性而能瓦埴哉？亦积伪然后成也。

③ 辟读为譬。

④ 言皆恶也。

⑤ 所以贵尧、禹者，以其能化性异于众也。有读为又。

⑥ 圣人化性于礼义，犹陶人埏埴而生瓦。

⑦ 既类陶埏而生，明非本性也。

⑧ 桀、跖、小人，是人之本性也。

⑨ 曾、骞，曾参、闵子骞也；孝己，殷高宗之太子，皆有至孝之行也。

⑩ 三人能矫其性，极为礼义故也。

⑪ 孝具，能具孝道。"敬父"当为"敬文"，传写误耳。敬而有文，谓夫妇有别也。

⑫ 綦礼义则为曾、闵，慢礼义则为秦人，明性同于恶，唯在所化耳。若

以为性善，则曾、闵不当与众人殊，齐、鲁不当与秦人异也。

涂之人可以为禹，曷谓也？①曰：凡禹之所以为禹者，以其为仁义法正也。然则仁义法正有可知、可能之理，②然而涂之人也，皆有可以知仁义法正之质，皆有可以能仁义法正之具，然则其可以为禹明矣。今以仁义法正为固无可知、可能之理邪？然则唯禹不知仁义法正，不能仁义法正也。③将使涂之人固无可以知仁义法正之质，而固无可以能仁义法正之具邪？然则涂之人也，且内不可以知父子之义，外不可以知君臣之正。不然，④今涂之人者，皆内可以知父子之义，外可以知君臣之正，然则其可以知之质、可以能之具，其在涂之人明矣。今使涂之人者以其可以知之质、可以能之具，本夫仁义之可知之理、可能之具，然则其可以为禹明矣。今使涂之人伏术为学，专心一志，思索孰察，加日县久，积善而不息，则通于神明，参于天地矣。⑤故圣人者，人之所积而致矣。⑥曰："圣可积而致，然而皆不可积，何也？"曰：可以而不可使也。⑦故小人可以为君子而不肯为君子，君子可以为小人而不肯为小人。小人、君子者，未尝不可以相为也，然而不相为者，可以而不可使也。故涂之人可以为禹，则然；涂之人能为禹，未必然也。虽不能为禹，无害可以为禹。足可以遍行天下，然而未尝有能遍行天下者也。夫工匠农贾，未尝不可以相为事也，⑧然而未尝能相为事也。用此观之，然则可以为，未必能也；虽不能，无害可以为。然则能不能之与可不可，其不同远矣，其不可以相为明矣。⑨尧问于舜曰："人情何如？"舜对曰："人情甚不美，又何问焉？妻子具而孝衰于亲，嗜欲得而信衰于友，爵禄盈而忠衰于君。人之情乎，人之情乎，甚不美，又何问焉？唯贤者为不然。"⑩有圣人之知者，有士君子之知者，有小人之知者，有役夫之知者。多言则文而类，终日议其所以，言之千举万变，其统类一也，是圣人之知也；⑪少言则径而省、论而法，若佚之以绳，是士君子之知也；⑫其言也詔，其行也悖，其举事多悔，是小人之知也；⑬齐给便敏而无类，杂能旁魄而无用，⑭折速粹孰而不急，⑮不恤是非，不论曲直，以期胜人为意，是役夫之知也。⑯有上勇者，有中勇者，有下勇者。天下有中敢直其身，⑰先王有道敢行其意，⑱上不循于乱世之君，下不俗于乱世之民，⑲仁之所在无贫穷，仁之所亡无富贵，⑳天下知之则欲与天下同苦乐之，㉑天下不知之则傀然独立天地之间而不畏，是上勇也；㉒礼恭而意俭，大齐信焉而轻货财，㉓贤者敢推而尚之，不肖者敢援而废之，是中勇也；㉔轻身而重货，恬祸而广解，㉕苟免，不恤是非、然不然之情，以期胜人为意，是下勇也。繁弱、钜黍，古之良弓也，㉖然而不得排檠则不能自正。㉗桓公之葱，大公之阙，文王之录，庄君之曶，阖闾之干将、莫邪、钜阙、辟闾，此皆古之良剑也，㉘然而不加砥厉则不能利，不得人力则不能断。骅骝、骐骥、纤离、绿耳，此皆古之良马也，㉙然而前必有衔辔之制，后有鞭策之威，加之以造父之驭，然后一日而致千里也。夫人虽有性质美而心辩知，必将求贤师而事之，择良友而友之。得贤师而事之，则所闻者尧、舜、禹、汤之道也；得良友而友之，则所见者忠信、敬让之行也。身日进于仁义而不自知也者，靡使然也。㉚今与不善人处，则所闻者欺诬、诈伪也，所见者污漫、淫邪、贪利之行也，⑩身且加于刑戮而不自知者，靡使然也。传曰："不知其子视其友，不知其君视其左右。"靡而已矣，靡而已矣。

① 涂，道路也。旧有此语，今引以自难。言若性恶，何故涂之人皆可以为禹也？

② 人皆有之。

③ 唯读为虽。

④ 以涂之人无可知、可能之论为不然也。

⑤ 伏术，伏膺于术。孰察，精孰而察。加日，累日也。县久，县系以久长。

⑥ 虽性恶，若积习则可为圣人。《书》曰："惟狂克念作圣。"

⑦ 可以为而不可使为，以其性恶。

⑧ 事，业。

⑨ 工贾可以相为而不能相为，是可与能不同也。可与能既不同，则终不可以相为也。此明禹亦性恶，以能积伪为圣人，非禹性本善也。圣人异于众者，在化性也。

⑩ 引此亦以明性之恶。韩侍郎作《性原》曰："性也者，与生俱生也；情也者，接于物而生也。性之品有三，而其所以为性五；情之品有三，而其所以为情七。曰何也？曰：性之品有上、中、下三，上焉者善而已矣，中焉者可道而上下也，下焉者恶焉而已矣。其所以为性者五，曰仁、曰礼、曰信、曰义、曰智。上焉者之于五也，主于一而行于四；中焉者之于五也，一不少有焉，则少反焉，其于四也混；下焉者之于五也，反于一而悖于四。性之于情，视其品。情之品有上、中、下三，其所以为情者七，曰喜、曰怒、曰哀、曰惧、曰爱、曰恶、曰欲。上焉者之于七也，动而处其中；中焉者之于七也，有所甚，有所亡，然而求合其中者也；下焉者之于七也，亡与甚，直情而行者也。情之于性，视其品。孟子之言性曰'人之性善'，荀子之言性曰'人之性恶'，

扬子之言性曰'人之性善恶混'。夫始善而进恶,与始恶而进善,与始也混而今也善恶,皆举其中而遗其上下者也,得其一而失其二者也。叔鱼之生也,其母视之,知其必以贿死;杨食我之生也,叔向之母闻其号也,知必灭其宗;越椒之生也,子文以为大戚,知若敖氏之鬼不食也。人之性果善乎?后稷之生也,其母无灾,其始匍匐也,则岐岐然、嶷嶷然;文王之在母也,母不忧,既生也,傅不勤,既学也,师不烦。人之性果恶乎?尧之朱、舜之均、文王之管蔡,习非不善也,而卒为奸;瞽叟之舜、鲧之禹,习非不恶也,而卒为圣。人之性善恶果混乎?故曰:三子之言性也,举其中而遗其上下者也,得其一而失其二者也。曰:然则性之上下者,其终不可移乎?曰:上之性,就学而愈明;下之性,畏威而寡罪。是故上者可学而下者可制也,其品则孔子谓'不移'也。曰:今之言性者异于此,何也?曰:今之言者,杂老、佛而言也。杂老、佛而言之也者,奚言而不异?"

⑪ "文"谓言不鄙陋也。"类"谓其统类不乖谬也。虽终日议其所以,然其言千举万变,终始条贯如一,是圣人之知也。

⑫ 径,易也。"省"谓辞寡。"论而法"谓论议皆有法不放纵也。"论"或为"伦"。佚犹引也。佚以绳,言其直也。圣人经营事广,故曰"多言";君子止恭其所守,故曰"少言"也。

⑬ 言詥、行悖,谓言行相违也。

⑭ 齐,疾也。"给"谓应之速,如供给者也。"便"谓轻巧。敏,速也。无类,首尾乖戾。杂能,多异术也。旁魄,广博也。无用,不应于用。便,匹延反。魄音薄。

⑮ "折"谓折辞,若坚白之论者也。"速"谓发辞捷速。粹孰,所著论甚精孰也。"不急"言不急于用也。

⑯ 期于必胜人,惠施之论也。徒自劳苦争胜而不知礼义,故曰"役夫之知也"。

⑰ "中"谓中道。敢,果决也。"直其身"谓中立而不倚,无回邪也。

⑱ 言不疑也。

⑲ 循,顺从也。"俗"谓从其俗也。

㉑ 唯仁所在,谓富贵。《礼记》曰:"不祈多积多文以为富也。"

㉑ 得权位则与天下之人同休戚。"苦"或为"共"也。

㉒ 傀,傀伟,大貌也,公回反。或曰:傀与块同,独居之貌也。

㉓ 大,重也。"齐信"谓整齐于信也。

㉔ 尚,上也。援,牵引也。

㉕ 恬,安也。谓安于祸难也。而广自解说,言以辞胜人也。解,佳买反。

㉖ 繁弱,封父之弓,《左传》曰"封父之繁弱"。钜与拒同。"黍"当为"来"。《史记》苏秦说韩王曰"谿子、少府时力、距来",司马贞云:"言弓弩执劲,足以拒于来敌也。"

㉗ 排橄,辅正弓弩之器。橄,巨京反。

㉘ 葱、阙、录、曶,齐桓公、齐太公、周文王、楚庄王之剑名,皆朱详所出。葱,青色也;录与绿同,二剑以色为名。曹植《七启》说剑云"雕以翠绿",亦其类也。曶,剑光采慌忽难视,以形为名也。阙,未详。或曰:阙,缺也。剑至利则喜缺,因以为名,钜阙亦是也。干将、莫邪、钜阙,皆吴王阖闾剑名。辟闾,未详。《新序》闾丘卬谓齐宣王曰:"辟闾、钜阙,天下之良剑也。"或曰:辟闾即湛卢也。闾、卢声相近。卢,黑色也。湛卢,言湛然如水而黑也。又张景阳《七发》说剑曰"舒辟不常",李善云:"辟,卷也。言神剑柔,可卷而怀之,舒则可用。"辟闾或此义欤?

㉙ 皆周穆王八骏名。骥读为骐,谓青骊,文如博棋。《列子》作"赤骥",与此不同。纤离,即《列子》"盗骊"也。

㉚ "靡"谓相顺从也。或曰:靡,磨切也。

㉛ 污,秽行也。漫,诞漫欺诳也。《庄子》北人无择曰"舜以其辱行漫我"也。

君子篇第二十四①

天子无妻，告人无匹也。②四海之内无客礼，告无适也。③足能行，待相者然后进；口能言，待官人然后诏。④不视而见，不听而聪，不言而信，不虑而知，不动而功，告至备也。⑤天子也者，埶至重，形至佚，心至愈，⑥志无所诎，形无所劳，尊无上矣。《诗》曰："普天之下，莫非王土；率土之滨，莫非王臣。"此之谓也。⑦圣王在上，分义行乎下，则士大夫无流淫之行，百吏官人无怠慢之事，众庶百姓无奸怪之俗，无盗贼之罪，莫敢犯大上之禁。⑧天下晓然皆知夫盗窃之人不可以为富也，皆知夫贼害之人不可以为寿也，皆知夫犯上之禁不可以为安也，由其道则人得其所好焉，不由其道则必遇其所恶焉。⑨是故刑罚綦省而威行如流，世[1]晓然皆知夫为奸则虽隐窜逃亡之由不足以免也，故莫不服罪而请。⑩《书》曰"凡人自得罪"，此之谓也。⑪故刑当罪则威，不当罪则侮；爵当贤则贵，不当贤则贱。⑫古者刑不过罪，爵不逾德，故杀其父而臣其子，杀其兄而臣其弟。⑬刑罚不怒罪，爵赏不逾德，分然各以其诚通。⑭是以为善者劝，为不善者沮，刑罚綦省而威行如流，政令致明而化易如神。传曰："一人有庆，兆民赖之。"此之谓也。⑮乱世则不然，刑罚怒罪，爵赏逾德，以族论罪，以世举贤。⑯故一人有罪而三族皆夷，德虽如舜，不免刑均，是以族论罪也。⑰先祖当贤，后子孙必显，行虽如桀、

---

[1] "世"上原有"治"，据王念孙说删。

纣，列从必尊，此以世举贤也。⑱以族论罪，以世举贤，虽欲无乱，得乎哉？《诗》曰："百川沸腾，山冢崒崩，高岸为谷，深谷为陵。哀今之人，胡憯莫惩。"此之谓也。⑲论法圣王则知所贵矣，⑳以义制事则知所利矣。㉑论知所贵则知所养矣，事知所利则动知所出矣。㉒二者，是非之本，得失之原也。故成王之于周公也，无所往而不听，知所贵也；桓公之于管仲也，国事无所往而不用，知所利也。吴有伍子胥而不能用，国至于亡，倍道失贤也。故尊圣者王，贵贤者霸，敬贤者存，慢贤者亡，古今一也。故尚贤使能，等贵贱，分亲疏，序长幼，此先王之道也。故尚贤使能则主尊下安，贵贱有等则令行而不流，㉓亲疏有分则施行而不悖，㉔长幼有序则事业捷成而有所休。㉕故仁者，仁此者也；㉖义者，分此者也；㉗节者，死生此者也；㉘忠者，惇慎此者也。㉙兼此而能之，备矣。㉚备而不矜，一自善也，谓之圣。㉛不矜矣夫，故天下不与争能而致善用其功。㉜有而不有也夫，故为天下贵矣。㉝《诗》曰："淑人君子，其仪不忒，其仪不忒，正是四国。"此之谓也。㉞

① 凡篇名多用初发之语名之，此篇皆论人君之事，即"君子"当为"天子"，恐传写误也。旧第三十一，今升在上。

② 告，言也。妻者，齐也。天子尊无与二，故无匹也。

③ 适读为敌。《礼记》曰："天子无客礼，莫敢为主焉。君适其臣，升自阼阶，不敢有其室也。"

④ 官人，掌喉舌之官也。

⑤ 尽委于群下，故能至备也。

⑥ 愈读为愉。

⑦《诗·小雅·北山》之篇。率,循也。滨,涯也。

⑧ 大读为太。太上,至尊之号。

⑨ "道"谓政令。

⑩ 自请刑戮。

⑪ 言人人自得其罪,不敢隐也。与今《康诰》义不同,或断章取义与?

⑫ 不当则为下所侮贱。

⑬ 言当罪而用贤,归于至公也。谓若殛鲧兴禹,杀管叔、封康叔之比也。

⑭ 善恶分然,其忠诚皆得通达,无屈滞。

⑮《尚书·甫刑》之辞。

⑯《泰誓》所谓"罪人以族,官人以世"。《公羊》亦云:"尹氏卒,曷为贬?讥世卿也。"

⑰ 三族,父、母、妻族也。夷,灭也。均,同也。谓同被其刑也。

⑱ "当贤"谓身当贤人之号也。"列从"谓行列相从。"当"或为"尝"也。

⑲《诗·小雅·十月之交》之篇。毛云:"沸,出也。腾,乘也。山顶曰冢。崒者,崔嵬。'高岸为谷,深谷为陵'言易位也。"郑云:"憯,曾也。惩,止也。变异如此,祸乱方至,哀哉! 今在位之人,何曾无以道德止之。"

⑳ 论议法效圣王。

㉑ 以义制事则利博。

㉒ "养"谓自奉养。"所出"谓所从也。

㉓ 流,邪移也。各知其分,故无违令。

㉔ "施"谓恩惠。亲疏有分,则恩惠各亲其亲,故不乖悖。施,式豉反。分,扶问反。

㉕ 捷,速也。长幼各任其力,故事业速成,而亦有所休息之时也。

㉖ "仁"谓爱说也。"此"谓尚贤、使能、等贵贱、分亲疏、序长幼五者也。爱说此五者则为仁也。

㉗ 分别此五者使合宜则为义也。

㉘ 能为此五者死生则为名节也。

㉙ 慎读如顺。人臣能厚顺此五者则为忠也。

㉚ 兼此仁、义、忠、节而能之，则为德备也。

㉛ 一，皆也。德备而不矜伐于人，皆所以自善，则谓之圣人。夫众人之心，有一善则扬扬如也。圣人包容万物，与天地同功，何所矜伐为也？

㉜ 不矜而推众力，故天下不敢争能，而极善用于众功。矜则有敌，故不尊也。

㉝ 有能而不自有。

㉞《诗·曹风·尸鸠》之篇。言善人君子，其仪不忒，故能正四方之国。以喻正身待物则四国皆化，恃才矜能则所得者小也。

成相篇第二十五①

请成相，②世之殃，愚暗愚暗堕贤良。③人主无贤，如瞽无相何伥伥。④请布基，慎圣人，⑤愚而自专事不治。主忌苟胜，群臣莫谏必逢灾。⑥论臣过，反其施，⑦尊主安国尚贤义。拒谏饰非，愚而上同国必祸。⑧曷谓罢？国多私，⑨比周还主党与施。⑩远贤近谗，忠臣蔽塞主埶移。曷谓贤？明君臣，⑪上能尊主爱下民。主诚听之，天下为一海内宾。主之孽，谗人达，贤能遁逃国乃蠧。⑫愚以重愚、暗以重暗成为桀。⑬世之灾，妒贤能，飞廉知政任恶来。⑭卑其志意，大其园囿高其台。⑮武王怒，师牧野，纣卒易乡启乃下。⑯武王善之，封之于宋立其祖。⑰世之衰，谗人归，比干见刳箕子累。⑱武王诛之，吕尚招麾殷民怀。⑲世之祸，恶贤士，子胥见杀百里徙。⑳穆公任之，强配五伯六卿施。㉑世之愚，恶大儒，逆斥不通孔子拘。㉒展禽三绌，春申道缀基毕输。㉓请牧基，贤者思，㉔尧在万世如见之。谗人罔极，险陂倾侧此之疑。㉕基必施，辨贤罢，㉖文、武之道同伏戏。㉗由之者治，不由者乱何疑为？凡成相，辨法方，至治之极复后王。㉘慎[1]、墨、季、惠，百家之说诚不详。㉙治复一，修之吉，君子执之心如结。㉚众人贰之，

---

[1]　"慎"上原有"法"字，依句式此句为四字，故据删。

谗夫弃之形是诘。㉛水至平，端不倾，心术如此象圣人。㉜而有埶，直而用抴必参天。㉝世无王，穷贤良，㉞暴人刍豢仁[1]糟糠。礼乐灭息，圣人隐伏墨术行。治之经，礼与刑，君子以修百姓宁。明德慎罚，国家既治四海平。治之志，后埶富，㉟君子诚之好以待。㊱处之敦固，有深藏之能远思。㊲思乃精，志之荣，好而壹之神以成。㊳精神相反，一而不贰为圣人。㊴治之道，美不老，㊵君子由之佼以好。㊶下以教诲子弟，上以事祖考。㊷成相竭，辞不蹷，㊸君子道之顺以达。㊹宗其贤良，辨其殃孽。㊺

　　① 以初发语名篇，杂论君臣治乱之事以自见其意，故下云"托于成相以喻意"。《汉书·艺文志》谓之《成相杂辞》，盖亦赋之流也。或曰：成功在相，故作《成相》三章。旧第八，今以是荀卿杂语，故降在下。

　　② 请言成相之辞。

　　③ 世之殃由于愚暗，此愚暗以重，堕贤良也。堕，许规反。

　　④ 伥伥，无所往貌。相，息亮反。伥，丑羊反。

　　⑤ 慎读为顺。请说陈布基业在乎顺圣人也。

　　⑥ 主既猜忌，又苟欲胜人也。

　　⑦ 言论人臣之过，在乎不行施惠。施，式豉反。

　　⑧ 所以尊主安国在崇尚贤义，若拒谏饰非，以愚暗之性苟合于上，则必祸也。

　　⑨ 假设问答以明其义。罢读曰疲，谓弱不任事者也。所以弱者由于多私，《国语》曰"罢士无伍"，韦昭曰："罢，病也。无行曰病。"

　　⑩ 还，绕。

　　⑪ 明君臣之道则为贤。

––––––––––

[1] "仁"下原有"人"字，依郝懿行说及句式删。

⑫ 孽,灾也。蹶,颠覆也。

⑬ 久而愚暗愈甚,遂至于桀也。

⑭ 恶来,飞廉之子,秦之先也。《史记》曰"恶来有力,飞廉善走,父子俱以材力事纣"也。

⑮ "卑其志意"言无远虑,不慕往古。

⑯ 易乡,回面也,谓前徒倒戈攻于后。启,微子名。下,降也。乡读为向。

⑰ 立其祖,使祭祀不绝也。《左传》曰:"宋祖帝乙。"

⑱ 累读为缧。《书》曰:"释箕子之囚。"

⑲ 招麾,指挥也。

⑳ 子胥,吴大夫伍员字也,为夫差所杀。百里奚,虞公之臣。徙,迁也。谋不见用,虞灭系虏,迁徙于秦。

㉑ 穆公,秦穆公任好也。伯读曰霸。六卿,天子之制,春秋时大国亦僭置六卿。"六卿施"言施六卿也。

㉒ 逆拒斥逐大儒,不使通也。"拘"谓畏匡、厄陈也。

㉓ 展禽,鲁大夫无骇之后,名获,字子禽,谥曰惠,居于柳下。三绌,为士师三见绌也。春申,楚相黄歇,封为春申君。缀,止也,与辍同。毕,尽也。输,倾委也。言春申为李园所杀,其儒术、政治、道德、基业尽倾覆委地也。

㉔ 牧,治。

㉕ 陂与诐同。言当疑此谗人倾险也。

㉖ 罢读曰疲。

㉗ 文、武,周文王、武王。伏戏,古三皇太昊氏,始画八卦、造书契者。戏与羲同。

㉘ 后王,当时之王。言欲为至治,在归复后王。谓随时设教,不必拘于古法。

㉙ 慎到、墨翟、惠施。或曰:"季"即《庄子》曰"季真之莫为"者也,又曰"季子闻而笑之"。据此,则是梁惠王、犀首、惠施同时人也。韩侍郎云:"或曰季梁也。"《列子》曰:"季梁,杨朱之友。"言四子及百家好为异说,故不用心详明之。"详"或为"祥"。

㉚ 言坚固不解也。

㉛ 众人则不能复一,谀夫则兼弃之,但诘问治之形状,言侮嫚也。或曰:"形"当为"刑"。无德化,唯刑戮是诘,言苛暴也。

㉜ 圣人心平如水。

㉝ "而有埶"之上疑脱一字。言既得权埶,则度己以绳,接人用摡,功业必参天也。

㉞ 无王者兴,贤良穷困。

㉟ 为治之意,后权埶与富者,则公道行而货赂息也。

㊱ 君子必诚此意,好以待用。

㊲ 敦,厚也。有读为又。既处之厚固,又能深藏远虑。

㊳ 好而不二则通于神明也。

㊴ "相反"谓反覆不离散也。

㊵ 老,休息也。《庄子》曰:"佚我以老。"为治当日新,为美无休息也。

㊶ 佼亦好也,音绞。

㊷ 接下以仁,事亲以孝也。

㊸ 竭,尽也。论成相之事,虽终篇,无颠蹶之辞。蹶音厥。

㊹ 道,言说也。辞既不蹶,君子言之必弘顺而通达。

㊺ 君子寻成相之辞,必能宗其贤良以致治,辨其殃孽之为害也。

请成相,道圣王,①尧、舜尚贤身辞让。许由、善卷,重义轻利行显明。②尧让贤,以为民,③泛利兼爱德施均。辨治上下,贵贱有等明君臣。尧授能,舜遇时,尚贤推德天下治。虽有贤圣,适不遇世孰知之?④尧不德,舜不辞,⑤妻以二女任以事。大人哉舜,南面而立万物备。⑥舜授禹,以天下,⑦尚得推贤不失序。⑧外不避仇,内不阿亲贤者予。⑨禹劳力[1],尧有

---

[1] "力"上原有"心"字,依王引之说及句式删。

德，干戈不用三苗服。举舜畎亩，任之天下身休息。⑩得后稷，五谷殖，夔为乐正鸟兽服。⑪契为司徒，民知孝弟尊有德。禹有功，抑下鸿，⑫辟除民害逐共工。⑬北决九河，通十二渚疏三江。⑭禹傅土，平天下，⑮躬亲为民行劳苦。⑯得益、皋陶，横革、直成为辅。⑰契玄王，生昭明，⑱居于砥石迁于商。⑲十有四世，乃有天乙是成汤。⑳天乙汤，论举当，身让卞随举牟光。㉑道古贤圣基必张。㉒愿陈辞，世乱恶善不此治。㉓隐讳疾贤，长[1]用奸诈鲜无灾。㉔患难哉，阪为先，圣㉕知不用愚者谋。前车已覆，后未知更何觉时。㉖不觉悟，不知苦，迷惑失指易上下。中不上达，蒙揜耳目塞门户。㉗门户塞，大迷惑，悖乱昏莫不终极。㉘是非反易，比周欺上恶正直。㉙正直恶，心无度，邪枉辟回失道途。㉚己无邮人，我独自美岂独无故。㉛不知戒，后必有，恨㉜后遂过不肯悔。㉝谗夫多进，反覆言语生诈态。人之态，不如备，㉞争宠嫉贤利恶忌。㉟妒功毁贤，下敛党与上蔽匿。㊱上壅蔽，失辅埶，㊲任用谗夫不能制。郅公长父之难，㊳厉王流于彘。㊴周幽、厉，所以败，不听规谏忠是害。嗟我何人，独不遇时当乱世。㊵欲衷对，言不从，㊶恐为子胥身离凶。进谏不听，到而独鹿弃之江。㊷观往事，以自戒，治乱是非亦可识。托于成相以喻意。㊸

① 道亦言说。前章意未尽，故再论之也。

②《庄子》曰："尧让天下于许由，许由不受。又让于子州支父，子州支父曰：'予适有幽忧之病，方且治之，未暇治天下也。'"遂不受。"舜让天下

于善卷，善卷不受，遂入深山不知其处也。"

③ 为万民求明君，所以不私其子。

④ 盖以自叹。

⑤ 皆归至公。

⑥ 委任群下，无为而理。

⑦ 舜所以授禹，亦以天下之故也。

⑧ "得"当为"德"。

⑨ 谓殛鲧兴禹，又不私其子。予读为与。

⑩ 甽与畎同。

⑪ 谓"击石拊石，百兽率舞"，"笙镛以间，鸟兽跄跄"也。

⑫ 抑，遏也。"下"谓治水使归下也。鸿，即洪水也。《书》曰"禹，降水警予"也。

⑬ 今《尚书》舜"流共工于幽州"，此云"禹"，未详。

⑭ 案《禹贡》道弱、黑、漾、沇、淮、渭、洛七水，又有"潍、淄其道"，"伊、洛、瀍、涧既入于河"，数则不止于十二。此云"十二"者，未详其说也。

⑮ 傅读为敷。孔安国云"洪水泛溢，禹分布治九州之土"也。

⑯ 行读如字，谓所行之事也。

⑰ 横革、直成，未闻。韩侍郎云："此论益、皋陶之功，横而不顺理者革之，直者成之也。"

⑱《诗》曰"天命玄鸟，降而生商"，又曰"玄王桓拨"，皆谓契也。《史记》曰"契为尧司徒，封于商，赐姓子氏"，"契卒，子昭明立"也。

⑲ 砥石，地名，未详所在。或曰：即砥柱也。《左氏传》曰："阏伯居商丘，相土因之。"相土，昭明子也。言契初居砥石，至孙相土乃迁商丘也。

⑳《史记》曰"契卒，子昭明立。昭明卒，子相土立。相土卒，子昌若立。昌若卒，子曹圉立。曹圉卒，子冥立"，为夏司空，勤其官，死于水，殷人郊之。"冥卒，子振立。振卒，子微立。微卒，子报丁立。报丁卒，子报乙立。报乙卒，子报丙立。报丙卒，子主壬立。主壬卒，子主癸立。主癸卒，子乙立"。是十四世也。

㉑《庄子》曰："汤让天下于卞随、务光,二人不受,皆投水死。"牟与务同也。

㉒ 道说古之贤圣基业必张大也。

㉓ 不知治此世乱恶善之弊。

㉔ 隐讳过恶,疾害贤良,长用奸诈,少无灾也。

㉕ 阪与反同。反先圣之所为。

㉖ 前车已覆犹不知戒,更何有觉悟之时也。

㉗ 不能辟四门也。

㉘ 莫,冥寞,言暗也。不终极,无已时也。

㉙ 恶,乌路反,下同。

㉚ 辟读为僻。

㉛ 故,事也。不可尤责于人,自美其身,己岂无事,己亦有事而不知其过也。或曰:下无"独"字。

㉜ 恨,悔。

㉝ 不肯悔前之非。

㉞ "如"当为"知"。言人为诈态,上不知为备。

㉟ 利在恶忌贤者。

㊱ 敛,聚也。下聚党与则上蔽匿也。

㊲ 失辅弼之臣则埶不在上。

㊳ 埶公、长父,皆厉王之嬖臣,未详其姓名。《墨子》曰"厉王染于虢公长父、荣夷终","虢公"与"埶公"不同,未知孰是。或曰:"埶公长父"即《诗》所云"皇父"也。"埶"或为"郭"。

㊴ 彘,地名,在河东。《左传》晋大夫有彘子。言埶公长父奸邪,遂使难作,厉王流窜于彘。

㊵ 言自古忠良多有遇害,何独我哉?自慰勉之辞也。

㊶ 衷,诚也。欲诚意以对时君,恐言不从而遇祸也。

㊷ 独鹿,与属镂同,本亦或作"属镂",吴王夫差赐子胥之剑名。属,之欲反。镂,力朱反。《国语》里革曰:"鸟兽成,水虫孕,水虞于是禁罝、罜麗。"此当是自刿之后盛以罜麗,弃之江也。贾逵云:"罜麗,小罟也。"

㊸ 识如字,亦读为志也。

　　请成相,言治方,^①君论有五约以明。君谨守之,下皆平正国乃昌。^②臣下职,莫游食,^③务本节用财无极。事业听上,莫得相使一民力。^④守其职,足衣食,^⑤厚薄有等明爵服。^⑥利往卬上,莫得擅与孰私得?^⑦君法明,论有常,^⑧表仪既设民知方。进退有律,莫得贵贱孰私王?^⑨君法仪,禁不为,^⑩莫不说教名不移。^⑪修之者荣,离之者辱孰它师?^⑫刑称陈,守其银,^⑬下不得用轻私门。^⑭罪祸有律,莫得轻重威不分。^⑮请牧祺,明有基,^⑯主好论议必善谋。五听修领,莫不理续主执持。^⑰听之经,明其请,^⑱参伍明谨施赏刑。^⑲显者必得,隐者复显民反诚。^⑳言有节,稽其实,^㉑信诞以分赏罚必。下不欺上,皆以情言明若日。上通利,隐远至,^㉒观法不法见不视。^㉓耳目既显,吏敬法令莫敢恣。^㉔君教出,行有律,^㉕吏谨将之无铍滑。^㉖下不私请,各以宜舍巧拙。^㉗臣谨修,君制变,^㉘公察善思论不乱。以治天下,后世法之成律贯。^㉙

　　① 言为治之方术。
　　② 论为君之道有五,甚简约明白。谓"臣下职"一也,"君法明"二也,"刑称陈"三也,"言有节"四也,"上通利"至"莫敢恣"五也。
　　③ "游食"谓不勤于事,素飡游手也。
　　④ 所兴事业皆听于上,群下不得擅相役使,则民力一也。《礼记》曰"用民之力,岁不过三日"也。
　　⑤ 民不失职则衣食足矣。
　　⑥ 贵贱有别。
　　⑦ 利之所往,皆卬于上,莫得擅为赐与,则谁敢私得于人乎? 擅相赐

与,若齐田氏然。卬与仰同,宜亮反。

⑧ 君法所以明,在言论有常,不二三也。

⑨ 进人、退人皆以法律,贵贱各以其才,孰有私佞于王乎?

⑩ 为君之法仪,在自禁止不为恶。

⑪ 既能正己,则民皆悦上之教而名器不移也。说读为悦。

⑫ 孰敢以它为师,言皆归王道,不敢离贰也。

⑬ "称"谓当罪。当罪之法施陈,则各守其分限。称,尺证反。银与垠同。

⑭ 下不得专用刑法,则私门自轻。

⑮ 祸亦罪也。

⑯ 祺,祥也。请牧治吉祥之事,在明其所有之基业也。

⑰ 五听,折狱之五听也。"修领"谓修之使得纲领,莫不有文理相续,主自执持此道,不使权归于下。

⑱ "请"当为"情"。听狱之经在明其情。

⑲ 参伍犹错杂也。谓或往参之,或往伍之,皆使明谨,施其赏刑,言精研不使僭滥也。

⑳ 幽隐皆通,则民不诈伪也。

㉑ "节"谓法度。欲使民言有法及不欺诳,在稽考行实也。

㉒ 上通利不壅蔽,则幽隐遐远者皆至也。

㉓ 所观之法非法,则虽见不视也。

㉔ 此已上论君有五之事也。

㉕ 五论之教既出,则民所行有法,言知方也。

㉖ 将,持也。《诗》曰:"无将大车。"𫐉与披同。滑与汨同。言不使纷披汨乱也。

㉗ 请,谒。舍,止也。群下不私谒,各以所宜,不苟求也。如此则以道事君,巧拙之事亦皆止。

㉘ 臣职在谨修,君职在制变。

㉙ 律贯,法之为条贯也。

赋篇第二十六①

爰有大物，②非丝非帛，文理成章；③非日非月，为天下明。生者以寿，死者以葬，城郭以固，三军以强。粹而王，驳而伯，无一焉而亡。臣愚不识，敢请之王。④王曰：此夫文而不采者与？⑤简然易知而致有理者与？君子所敬而小人所不者与？性不得则若禽兽，性得之则甚雅似者与？⑥匹夫隆之则为圣人，诸侯隆之则一四海者与？致明而约，甚顺而体，请归之礼。⑦礼。

① 所赋之事，皆生人所切，而时多不知，故特明之。或曰：荀卿所赋甚多，今存者唯此言也。旧第二十二，今亦降在下。

② 爰，于也。言于此有大物。夫人之大者莫过于礼，故谓之大物也。

③ 丝帛能成黼黻文章，礼亦然也。

④ 言礼之功用甚大，时人莫知，故荀卿假为隐语问于先王云：臣但见其功，亦不识其名，唯先王能知，敢请解之。先王因重演其义而告之。

⑤ 先王为解说曰：此乃有文饰而不至华采者与？

⑥ 雅，正也。"似"谓似续古人。《诗》曰："维其有之，是以似之。"

⑦ 极明而简约，言易知也。甚顺而有体，言易行也。先王言唯归于礼，乃合此义也。

皇天隆物，以示下民，①或厚或薄，帝不齐均。②桀、纣以乱，汤、武以贤。涽涽淑淑，皇皇穆穆，③周流四海，曾不崇日。④君子以修，跖以穿室。⑤大参乎天，精微而无形。⑥行义以正，事业以成。⑦可以禁暴足穷，百姓待之而后宁泰。⑧臣愚不识,愿问其名。曰:此夫安宽平而危险隘者邪?⑨修洁之为亲而杂污之为狄者邪?⑩甚深藏而外胜敌者邪? 法禹、舜而能弇迹者邪?⑪行为动静待之而后适者邪? 血气之精也,志意之荣也,⑫百姓待之而后宁也,天下待之而后平也,明达纯粹而无疵也,夫是之谓君子之知。⑬知。

① 隆,犹备也。物,万物也。

② 言人虽同见,方所知或多厚、或寡薄,天帝或不能齐均也。

③ 湝湝,思虑昏乱也。淑淑,未详,或曰:美也。"皇皇穆穆"言绪之美也。言或愚或智也。

④ 崇,充也。言智虑周流四海,曾不充满一日而遍也。

⑤ 跖,柳下惠之弟,太山之盗也。君子用智以修身,跖用智以穿室,皆"帝不齐均"之意也。

⑥ 言智虑大则参天,小则精微无形也。

⑦ 皆在智也。行,下孟反。

⑧ "足穷"谓使穷者足也。百姓待君上之智而后安。"宁泰"当为"泰宁"也。

⑨ 言智常欲见利远害。

⑩ 智修洁则可相亲,若杂乱秽污,则与夷狄无异,言险诈难近也。

⑪ 弇,袭。

⑫ 精,灵。荣,华。

⑬ 此论君子之智,明小人之智不然也。

　　有物于此,居则周静致下,动则綦高以钜。①圆者中规,方者中矩。②大参天她,德厚尧、禹。③精微乎毫毛而大盈乎大寓,④忽兮其极之远也,攭兮其相逐而反也,⑤卬卬兮天下

之咸蹇也。⑥德厚而不捐，五采备而成文。⑦往来惽惫，通于
大神，⑧出入甚极，莫知其门。⑨天下失之则灭，得之则存。⑩
弟子不敏，此之愿陈，君子设辞，请测意之。⑪曰：此夫大而
不塞者与?⑫充盈大宇而不窕，入郤穴而不偪者与?⑬行远疾
速而不可託讯者与?⑭往来惽惫而不可为固塞者与?⑮暴至
杀伤而不亿忌者与?⑯功被天下而不私置者与?⑰托地而游
宇，友风而子雨，⑱冬日作寒，夏日作暑，⑲广大精神，请归之
云。⑳云。㉑

① "居"谓云物发在地时。周，密也。钜，大也。

② 言满天地之圆方也。

③ "参"谓天地相似。云所以致雨，生成万物，其德厚于尧、禹者矣。

④ 寓与宇同。言细微之时则如毫毛，其广大时则盈于大宇之内。宇，
覆也，谓天所覆。《三苍》云："四方上下为宇。"上"大参天地"，此又云"大盈
大宇"，言说云之变化或大或小，故重言之也。

⑤ 攇与劙同。攇兮，分判貌。言云或慌忽之极而远举，或分散相逐而
还于山也。攇音戾。

⑥ 卬卬，高貌。云高而不雨，则天下皆塞难也。

⑦ 捐，弃也。万物或美或恶，覆被之皆无捐弃也。

⑧ 惽惫犹晦暝也。"通于大神"言变化不测也。惫，困也。人困目亦昏
暗，故惽惫为晦暝也。

⑨ 极读为亟，急也。"门"谓所出者也。

⑩ 云所以成雨也。

⑪ 弟子，荀卿自谓。言弟子不敏，愿陈此事，不知何名，欲君子设辞，请
测其意。亦言云之功德，唯君子乃明知之也。

⑫ 云气无实，故曰"不塞"。

⑬ 窕读为𥥆，深貌也。言充盈则满大宇，幽深则入郤穴，而曾无偪侧不

容也。窱，它吊反。

⑭ 讯，书问也。行远疾速，宜于託讯，今云者虚无，故不可。本或作"託训"。或曰：与似续同也。言云行远疾速，不可依託继续也。

⑮ 虽往来晦暝，掩蔽万物，若使牢固蔽塞则不可。

⑯ "亿"谓以意度之。《论语》曰："亿则屡中。"或曰：与抑同。谓雷霆震怒，杀伤万物，曾不亿度疑忌，言果决不测也。

⑰ 天下同被其功，曾无所私置，又言无偏颇。

⑱ 风与云并行，故曰"友"；雨因云而生，故曰"子"。

⑲ 在冬而凝寒，在夏而蒸暑也。

⑳ 至精至神，通于变化，唯云乃可当此说也。

㉑ 云所以润万物人莫之知，故于此具明也。

有物于此，儵儵兮其状，屡化如神，①功被天下，为万世文。②礼乐以成，贵贱以分，养老长幼，待之而后存。名号不美，与暴为邻。③功立而身废，事成而家败。④弃其耆老，收其后世。⑤人属所利，飞鸟所害。⑥臣愚而不识，请占之五泰。⑦五泰占之曰：此夫身女好而头马首者与？⑧屡化而不寿者与？善壮而拙老者与？⑨有父母而无牝牡者与？⑩冬伏而夏游，食桑而吐丝，⑪前乱而后治，⑫夏生而恶暑，⑬喜湿而恶雨，⑭蛹以为母，蛾以为父，⑮三俯三起，事乃大已，⑯夫是之谓蚕理。⑰蚕。⑱

① 儵读如"其虫儵"之"儵"。儵儵，无毛羽之貌。变化，即谓三俯三起成蛾蛹之类也。

② 文，饰。

③ 侵暴者亦取名于蚕食，故曰"与暴为邻"也。

④ 茧成而见杀，是"身废"；丝穷而茧尽，是"家败"。

⑤ 耆老，蛾也。后世，种也。

⑥ 人属则保而用之，飞鸟则害而食之。

⑦ 占，验也。五泰，五帝也。五帝，少昊、颛顼、高辛、唐、虞，理皆务本，深知蚕之功大，故请验之也。

⑧ 女好，柔婉也。其头又类马首，《周礼》马质"禁原蚕者"，郑玄云："天文辰为马，故蚕书曰'蚕为龙精，月值大火则浴其种'，是蚕与马同气也。"

⑨ 壮得其养，老而见杀。

⑩ 为蚕之时未有牝牡也。

⑪ "游"谓化而出也。

⑫ 茧乱而丝治也。

⑬ 生长于夏，先暑而化。

⑭ "湿"谓浴其种。既生之后则恶雨也。

⑮ 互言之也。

⑯ "俯"谓卧而不食。"事乃大已"言三起之后事乃毕也，谓化而成茧也。

⑰ 五帝言此乃蚕之义理也。

⑱ 蚕之功至大，时人鲜知其本。《诗》曰："妇无公事，休其蚕织。"战国时此俗尤甚，故荀卿感而赋之。

　　有物于此，生于山阜，处于室堂。①无知无巧，善治衣裳；②不盗不窃，穿窬而行。日夜合离，以成文章。③以能合从，又善连衡。④下覆百姓，上饰帝王。功业甚博，不见贤良。⑤时用则存，不用则亡。⑥臣愚不识，敢请之王。王曰：此夫始生钜，其成功小者邪？⑦长其尾而锐其剽者邪？⑧头铦达而尾赵缭者邪？⑨一往一来，结尾以为事，⑩无羽无翼，反覆其极，⑪尾生而事起，尾遒而事已，⑫簪以为父，管以为母，⑬

既以缝表，又以连里，夫是之谓箴理。⑭箴。⑮

① 山阜，铁所生也。

② 知读为智。

③ "合离"谓使离者相合。文章亦待其连缀而成也。

④ 从，竖也，子容反。衡，横也。言箴亦能如战国合从、连横之人。南北为从，东西为衡也。

⑤ 见犹显也。不自显其功伐。见，贤遍反。

⑥ 顺时行藏。

⑦ 为铁则巨，为箴则小。

⑧ "长其尾"谓线也。剽，末也，谓箴之锋也。《庄子》曰："有实而无乎处者，宇也；有长而无本剽者，宙也。"剽，秒末之意，匹小反。

⑨ 重说长其尾而锐其剽。赵，读为掉。掉缭，长貌。言箴尾掉而缭也。掉，徒吊反。

⑩ 结其尾线，然后行箴。

⑪ 极读为亟，急也。

⑫ 尾遭回盘结，则箴功毕也。

⑬ 簪形似箴而大，故曰"为父"。言此者，欲状其形也。管所以盛箴，故曰"为母"。《礼记》曰"箴、管、线、纩"也。

⑭ 理，义理也。

⑮ 古者贵贱皆有事，故王后亲织玄纮，公侯夫人加之以紘綖，大夫妻成祭服，士妻衣其夫。末世皆不修妇功，故託辞于箴，明其为物微而用至重，以讥当世也。

天下不治，请陈㑃诗：①天地易位，四时易乡。②列星殒坠，旦暮晦盲，③幽晦登昭，日月下藏。④公正无私，反见从横；⑤志爱公利，重楼疏堂；⑥无私罪人，憼革贰兵。⑦道德纯备，谗口将将。⑧仁人绌约，敖暴擅强，⑨天下幽险，恐失世英。⑩螭龙为蝘蜓，鸱枭为凤皇。⑪比干见刳，孔子拘匡。昭昭乎其知之明也，郁郁乎其遇时之不祥也，拂乎其欲礼义之大行也。暗乎天下之晦盲也。⑫皓天不复，忧无疆也。千岁必反，古之常也。⑬弟子勉学，天不忘也。⑭圣人共手，时几将矣，⑮与愚以疑，愿闻反辞。⑯其小歌曰：⑰念彼远方，何其塞矣。⑱仁人绌约，暴人衍矣。⑲忠臣危殆，谗人服矣。⑳琁玉瑶珠，不知佩也。㉑杂布与锦，不知异也。㉒闾娵、子奢，莫之媒也。㉓嫫母、力父，是之喜也。㉔以盲为明，以聋为聪，以危为安，以吉为凶。呜呼上天，曷维其同。㉕

① 荀卿请陈俷异激切之诗，言天下不治之意也。

② 皆言贤愚易位也。乡犹方也。春夏秋冬皆不当其方，言错乱也。乡如字。

③ 列星，二十八宿有行列者。陨坠，以喻百官弛废。"旦暮晦盲"言无暂明时也。或曰：当时星辰陨坠，旦暮昏雾也。

④ 言幽暗之人登昭明之位，君子明如日月，反下藏也。"昭"或为"照"。

⑤ 言公正无私之人，反见谓从横反覆之志也。

⑥ 欲在上位行至公以利百姓，非谓重楼疏堂之荣贵也。

⑦ 憿与儆同，备也。贰，副也。谓无私罪人，言果于去恶也。言去邪嫉恶，乃以儆备增益兵革之道。言强盛也。

⑧ 将，去也。言以谗言相退送。或曰：将将读为锵锵，进貌。

⑨ 绌退穷约。

⑩ 天下幽暗凶险如此，必恐时贤不见用也。

⑪《说文》云："螭，如龙而黄，北方谓之地蝼。"蝘蜓，守宫。言世俗不知善恶，螭龙之圣反谓之蝘蜓，鸱枭之恶反以为凤皇也。

⑫ 郁郁，有文章貌。拂，违也。此盖误耳，当为"拂乎其遇时之不祥也，郁郁乎其欲礼义之大行"。"晦盲"言人莫之识也。

⑬ 皓与昊同。昊天，元气昊大也。呼昊天而诉之，云世乱不复，忧不可竟也。复自解释云：乱久必反于治，亦古之常道。"千"或为"卒"。

⑭ 言天道福善，故曰"不忘"。恐弟子疑为善无益而解惰，故以此勉之也。

⑮ 共读为拱。圣人拱手，言不得用也。几，辞也。将，送也、去也。言战国之时世事已去，不可复治也。

⑯ 反辞，反覆叙说之辞，犹《楚词》"乱曰"。弟子言当时政事既与愚反疑惑之人，故更愿以乱辞叙之也。

⑰ 此下一章即其反辞，故谓之"小歌"，总论前意也。

⑱ 远方犹大道也。

⑲ 衍，饶也。

⑳ 服，用也。本或作"谗人般矣"。般，乐也，音盘。

㉑《说文》云"琁，赤玉"，"瑶，美玉"也。孔安国曰："瑶，美石。"言不知以此四宝为佩。《说文》云："琁音琼。"

㉒ 杂布，粗布。

㉓ 闾娵，古之美女，《后语》作"明陬"。《楚词·七谏》谓闾娵为丑恶，盖一名明陬。《汉书音义》韦昭曰："闾娵，梁王魏婴之美女。""子奢"当为"子都"，郑之美人。《诗》曰："不见子都。"盖"都"字误为"奢"耳，《后语》作"子都"。"莫之媒"言无人为之媒也。娵，子于反。

㉔ 嫫母，丑女，黄帝时人。力父，未详。喜，悦也。

㉕ 言或乱如此，故叹而告上天。"曷维其同"言何可与之同也，《后语》作"曷其与同"。此章即遗春申君之赋也。

卷第十九

大略篇第二十七①

大略。②

① 此篇盖弟子杂录荀卿之语,皆略举其要,不可以一事名篇,故总谓之
"大略"也。旧第二十七。

② 举为标首,所以起下文也。

君人者,隆礼尊贤而王,重法爱民而霸,好利多诈而危。
欲近四旁,莫如中央。故王者必居天下之中,礼也。①

① 此明都邑居土中之意,不近偏旁,居中央,取其朝贡道里均。"礼也"
言其礼制如此。

天子外屏,诸侯内屏,礼也。外屏不欲见外也,内屏不
欲见内也。①

① 屏,犹蔽也。屏谓之树,郑康成云:"若今浮思也。"何休注《公羊》云:
"礼,天子、诸侯台门。天子外阙两观,诸侯内阙一观","礼,天子外屏,诸侯
内屏,大夫以帘,士以帷。"倞谓不欲见内外,不察泉中鱼之义也。

诸侯召其臣,臣不俟驾,颠倒衣裳而走,礼也。《诗》曰:"颠之倒之,自公召之。"天子召诸侯,诸侯辇舆就马,礼也。①《诗》曰:"我出我舆,于彼牧矣。自天子所,谓我来矣。"②

① "辇"谓人挽车。言不暇待马至,故辇舆就马也。

②《诗·小雅·出车》之篇。毛云:"出车就马于牧地。"郑云:"有人自天子所,谓我来矣,谓以王命召己也。"此明诸侯奉上之礼也。

天子山冕,诸侯玄冠,大夫裨冕,士韦弁,礼也。①

① "山冕"谓画山于衣而服冕,即衮冕也。盖取其龙则谓之衮冕,取其山则谓之山冕。郑注《周礼·司服》云:"古冕服十二章,衣五章,初一曰龙,次二曰山,次三曰华虫,次四曰火,次五曰宗彝,皆画;裳四章,次六曰藻,次七曰粉米,次八曰黼,次九曰黻,皆绣。"郑注《觐礼》云:"裨之言卑也。天子六服,大裘为上,其余为裨,以事尊卑服之。诸侯亦服焉。""上公衮无升龙,侯伯鷩,子男毳,孤絺,卿大夫玄。"郑云"大夫裨冕",盖亦言裨冕止于大夫,士已下不得服也。"韦弁"谓以爵韦为韠而载弁也,《玉藻》曰"韠,君朱,大夫素,士爵韦"也。

天子御珽,诸侯御荼,大夫服笏,礼也。①

① 御、服皆器用之名,尊者谓之御,卑者谓之服。"御"者,言臣下所进御也。珽,大珪,长三尺,杼上终葵首,谓剡上,至其首而方也。荼,古"舒"字,玉之上圆下方者也。郑康成云:"珽,挺然无所屈也。"荼读如舒迟之"舒",舒懦者,所畏在前也。

天子彤弓，诸侯彤弓，大夫黑弓，礼也。^①

① "彤"谓彤画为文饰。彤弓，朱弓。此明贵贱服御之礼也。

诸侯相见，卿为介，^①以其教出毕行，^②使仁居守。^③

① "相见"谓于郊地为会。介，副也。《聘义》："卿为上摈，大夫为承摈，君亲礼宾。"言主君见聘使则以卿为上摈，出会则以卿为上介也。

② "教"谓戒令。"毕行"谓群臣尽行从君也。

③ 使仁厚者主后事。《春秋传》："一子守，二子从。"此明诸侯出疆之礼。又《谷梁传》曰："智者虑，义者行，仁者守，然后可以会矣。"

聘人以珪，问士以璧，召人以瑗，绝人以玦，反绝以环。^①

① "聘人以珪"谓使人聘他国以珪璋也。"问"谓访其国事，因遗之也。卫侯使工尹襄问子贡以弓，是其类也。《说文》云："瑗者，大孔璧也。"《尔雅》："好倍肉谓之瑗，肉倍好谓之璧。"《礼记》曰："君召臣以三节。"《周礼》"珍圭以徵守"，郑云："以徵召守国之诸侯，若今徵郡守以竹使符也。"然则天子以珍珪召诸侯，诸侯召臣以瑗欤？玦如环而缺。肉好若一谓之环。古者臣有罪，待放于境，三年不敢去，与之环则还，与之玦则绝，皆所以见意也。"反绝"谓反其将绝者。此明诸侯以玉接人臣之礼也。

人主仁心设焉，知其役也，礼其尽也。故王者先仁而后礼，天施然也。^①

① 人主根本所施设在仁，其役用则在智，尽善则在礼。天施，天道之所

施设也。此明为国以仁为先也。

《聘礼》志曰:"币厚则伤德,财侈则殄礼。"礼云礼云,玉帛云乎哉![1]《诗》曰:"物其指矣,唯其偕矣。"不时宜,不敬交,不骧欣,虽指,非礼也。[2]

[1] 志,记也。言玉帛,礼之末也。《礼记》曰"不以美没礼"也。

[2]《诗·小雅·鱼丽》之篇。指与旨同,美也。偕,齐等也。"时"谓得时,"宜"谓合宜。此明聘好轻财重礼之义也。

水行者表深,使人无陷;治民者表乱,使人无失。礼者,其表也。先王以礼表天下之乱,今废礼者是去表也,故民迷惑而陷祸患,此刑罚之所以繁也。[1]

[1] 表,标志也。此明为国当以礼示人也。

舜曰:"维予从欲而治。"[1]故礼之生,为贤人以下至庶民也,非为成圣也,然而亦所以成圣也。不学不成。[2]尧学于君畴,舜学于务成昭,禹学于西王国。[3]

[1]《虞书》舜美皋陶之辞。言皋陶明五刑,故舜得从欲而治。引之以喻礼能成圣,亦犹舜赖皋陶也。

[2] 礼本为中人设,然圣人不学亦不成也。

[3] "君畴",《汉书·古今人表》作"尹寿"。又《汉·艺文志》小说家有《务成子》十一篇,昭,其名也。《尸子》曰:"务成昭之教舜曰:'避天下之逆,从天下之顺,天下不足取也;避天下之顺,从天下之逆,天下不足失也。'"西

王国,未详所说。或曰:大禹生于西羌,西王国,西羌之贤人也。《新序》子夏对哀公曰:"黄帝学于太填,颛顼学于录图,帝喾学于赤松子,尧学于尹寿,舜学于务成跗,禹学于西王国,汤学于成子伯,文王学于时子思,武王学于郭叔。"此明圣人亦资于教也。

五十不成丧,七十唯衰存。①

① 不成丧,不备哭踊之节。衰存,但服缞麻而已。其礼皆可略也。《礼记》曰"七十唯衰麻在身"也。

亲迎之礼,父南乡而立,子北面而跪,醮而命之:"往迎尔相,成我宗事,①隆率以敬,先妣之嗣,若则有常。"②子曰:"诺,惟恐不能,敢忘命矣!"③

① 郑云:"相,助也。宗事,宗庙之事也。"
②《仪礼》作"勖率",郑云:"勖,勉也。若,汝也。勉率妇道以敬其为先妣之嗣也。汝之行则当有常,深戒之。诗云:'大姒嗣徽音。'"
③ 子言惟恐不能勉率以嗣先妣,不敢忘父命也。

夫行也者,行礼之谓也。①礼也者,贵者敬焉,老者孝焉,长者弟焉,幼者慈焉,贱者惠焉。②

① 所以称行者,在礼也。
② 惠亦赐也。言行礼如此五者,则可为人之行也。

赐予其宫室,犹用庆赏于国家也;忿怒其臣妾,犹用刑罚于万民也。①

① 宫室,妻子也。此明能治家则以治国也。

君子之于子,爱之而勿面,使之而勿貌,导之以道而勿强。①

① "面"、"貌"谓以颜色慰悦之,不欲施小惠也。故《易·家人》曰:"有严君焉。"勿强,不欲使其愧也。此语出《曾子》。

礼以顺人心为本,故亡于礼经而顺人心者皆礼也。①

①《礼记》曰:"礼也者,义之实也。协诸义而协,则礼虽先王未之有,可以义起也。"

礼之大凡,事生,饰驩也;送死,饰哀也;军旅,饰威也。①

① 不可太质,故为之饰。

亲亲、故故、庸庸、劳劳,仁之杀也。①贵贵、尊尊、贤贤、老老、长长,义之伦也。②行之得其节,礼之序也。③仁,爱也,故亲;义,理也,故行;礼,节也,故成。④仁有里,义有门。⑤仁非其里而虚之,非礼也;义非其门而由之,非义也。⑥推恩而不理,不成仁;⑦遂理而不敢,不成义;⑧审节而不知,不成礼;⑨和而不发,不成乐。⑩故曰:仁义礼乐,其致一也。⑪君子处仁以义,然后仁也;⑫行义以礼,然后义也;⑬制礼反本成末,然后礼也。⑭三者皆通,然后道也。⑮

① 庸,功也。"庸庸、劳劳"谓称其功劳,以报有功劳者。杀,差等也。皆仁恩之差也。杀,所介反。

② 伦,理也。此五者非仁恩,皆出于义之理也。

③ 行仁义得其节,则是礼有次序。

④ 非仁不亲,非义不行,虽有仁义,无礼以节之亦不成。

⑤ 里与门,皆谓礼也。里所以安居,门所以出入也。

⑥ 虚读为居,声之误也。"仁非其里"、"义非其门"皆谓有仁义而无礼也。

⑦ 仁虽在推恩,而不得其理则不成仁。谓若有父子之恩而无严敬之义。

⑧ 虽得其理而不敢行,则不成义。义在果断,故曰"非知之艰,行之惟艰"。

⑨ 虽能明审节制,而不知其意也。"知"或为"和"。

⑩ 虽和顺积中,而英华不发于外,无以播于八音,则不成乐。

⑪ 言四者虽殊,同归于得中,故曰"其致一也"。

⑫ 仁而能断。

⑬ 虽能断而不违礼,然后为义也。

⑭ 反,复也。"本"谓仁义,"末"谓礼节。谓以仁义为本,终成于礼节也。

⑮ 通明三者,然后为道。

货财曰赙,舆马曰赗,衣服曰禭,玩好曰赠,玉贝曰唅。①赙赗所以佐生也,赠禭所以送死也。送死不及柩尸,吊生不及悲哀,非礼也。②故吉行五十,奔丧百里,赗赠及事,礼之大也。③

① 此与《公羊》、《穀梁》之说同。"玩好"谓明器琴、瑟、笙、竽之属。何休曰："此皆春秋之制也。赗犹覆也，赙犹助也，皆助生送死之礼。禭犹遗也，遗是助死者之礼也。知生则赙、赗，知死则禭、唅。"

② 皆谓葬时。

③ 既说吊赠及事，因明奔丧亦宜行远也。《礼记·奔丧》曰："日行百里，不以夜行。"

礼者，政之挽也。①为政不以礼，政不行矣。

① 如挽车然。

天子即位，上卿进曰："如之何忧之长也！能除患则为福，不能除患则为贼。"授天子一策。①中卿进曰："配天而有下土者，先事虑事，先患虑患。先事虑事谓之接，②接则事优成；先患虑患谓之豫，豫则祸不生；事至而后虑者谓之后，后则事不举；患至而后虑者谓之困，困则祸不可御。"授天子二策。③下卿进曰："敬戒无怠！庆者在堂，吊者在闾，④祸与福邻，莫知其门。⑤豫哉，豫哉，万民望之。"授天子三策。⑥

① 上卿于周若冢宰也。皆谓书于策，读之而授天子，深戒之也。言天下安危所系，其忧甚远长，问何以治之。能为天下除患则百福归之，不能则反为贼害。策，编竹为之，后易之以玉焉。

② 接读为捷，速也。中卿，若宗伯也。

③ 御，禁。二策，第二策也。

④ 下卿,若司寇也。庆者虽在堂,吊者已在门,言相袭之速。闬,门也。

⑤ 言同一门出入也。贾谊曰:"忧喜聚门。"

⑥ "豫哉"言可戒备也。三策,第三策。

禹见耕者耦立而式,过十室之邑必下。①

① 两人共耕曰耦。《论语》曰:"长沮、桀溺耦而耕。"十室之邑必有忠信,故下之也。

杀大蚤,朝大晚,非礼也。①治民不以礼,动斯陷矣。

① "杀"谓田猎禽兽也。《礼记》曰:"天子杀则下大绥,诸侯杀则下小绥,大夫杀则止佐车。""蚤"谓下先上也。又曰"朝,辨色始入"。杀大蚤,为陵犯也。朝大晚,为懈弛也。或曰:《礼记》曰"獭祭鱼,然后虞人入泽梁;豺祭兽,然后田猎",先于此为早也。又曰:"田不以礼,是暴天物也。"

平衡曰拜,下衡曰稽首,至地曰稽颡。①大夫之臣拜不稽首,非尊家臣也,所以辟君也。②

① "平衡"谓磬折,头与腰如衡之平。《礼记》"平衡"与此义殊。

② 辟读为避。

一命齿于乡,再命齿于族,三命,族人虽七十不敢先。①上大夫,中大夫,下大夫。②

① 一命,公侯之士;再命,大夫;三命,卿也。郑注《礼记》曰:"此皆乡饮

酒时齿，谓以年次坐若立也。"《礼记》曰："三命不齿，族人虽七十者不敢先。"言不唯不与少者齿，老者亦不敢先也。

② 此覆一命、再命、三命也。一命虽公侯之士，子男之大夫也，故曰"下大夫"也。

吉事尚尊，丧事尚亲。①

① 吉事，朝廷列位也。丧事，以亲者为主，《礼记》曰"以服之精粗为序"也。

君臣不得不尊，父子不得不亲，兄弟不得不顺，夫妇不得不驩。少者以长，老者以养，①故天地生之，圣人成之。

①"不得"谓不得圣人之礼法。驩与欢同。

聘，问也。享，献也。私觌，私见也。①

① 使大夫出，以圭璋。聘，所以相问也。聘、享，奉束帛加璧。享，所以有献也。享毕，宾奉束锦以请。觌，所以私见也。聘、享以宾礼见，私觌以臣礼见，故曰"私见"。郑注《仪礼》云："享，献也。既聘又献，所以厚恩意也。"

言语之美，穆穆皇皇；①朝廷之美，济济鎗鎗。②

①《尔雅》曰："穆穆，敬也。""皇皇，正也。"郭璞云："皇皇，自修止貌。""穆穆，容仪谨敬也。"皆由言语之美，所以威仪修饰。或曰：穆穆，美也。皇

327

皇,有光仪也。《诗》曰:"皇皇者华。"

②　鎗与跄同。济济,多士貌。跄跄,有行列貌。

为人臣下者,有谏而无讪,有亡而无疾,有怨而无怒。①

①　谤上曰讪。亡,去也。疾与嫉同,恶也。"怨"谓若公弟叔肸、卫侯之弟鱄,"怒"谓若庆郑也。

君于大夫,三问其疾,三临其丧;于士,一问、一临。诸侯非问疾吊丧,不之臣之家。①

①　之,往也。《礼记》曰"诸侯非问疾吊丧而入诸臣之家,是谓君臣为谑"也。

既葬,君若父之友,食之则食矣,不辟粱肉,有酒醴则辞。①

①　郑云:"尊者之前可以食美,变于颜色亦不可也。"

寝不逾庙,设衣不逾祭服,礼也。①

①　谓制度精粗。设,宴也。

《易》之《咸》,见夫妇。①夫妇之道,不可不正也,君臣、父子之本也。②咸,感也,以高下下,以男下女,柔上而刚下。③

①《易·咸》卦,艮下兑上。艮为少男,兑为少女,故曰"见夫妇"。

②《易·序[1]》卦曰"有天地然后有男女,有男女然后有夫妇,有夫妇然后有父子,有父子然后有君臣",故以夫妇为本。

③ 阳唱阴和,然后相成也。

聘士之义,亲迎之道,重始也。①

① "聘士"谓若安车束帛,重其礼也。迎,鱼敬反。

礼者,人之所履也,失所履必颠蹶陷溺。所失微而其为乱大者,礼也。

礼之于正国家也,如权衡之于轻重也,如绳墨之于曲直也。故人无礼不生,事无礼不成,国家无礼不宁。

和乐之声,①步中《武》、《象》,趋中《韶》、《护》。②君子听律习容而后士。③

① 此言珩珮之声和乐人心。

② 珮玉之声,缓则中《武》、《象》,速则中《韶》、《护》。《礼记》曰"古之君子必珮玉,右徵、角,左宫、羽,趋以《采茅》,行以《肆夏》",是其类也。或曰:此"和乐"谓在车和鸾之声,步骤之节也。

③ 君子,在位者之通称。《礼记》曰:"既服,习容,观玉声。""听律"谓听珮声使中音律也。言威仪如此,乃可为士。士者,修立之名也。

霜降逆女,冰泮杀内,十日一御。①

---

[1] 序:原作"说",据引文所出而改。

① 此盖误耳,当为"冰泮逆女,霜降杀内",故《诗》曰:"士如归妻,迨冰未泮。"杀,减也。"内"谓妾御也。十日一御,即"杀内"之义。"冰泮逆女"谓发生之时合男女也。"霜降杀内"谓闭藏之时禁嗜欲也。《月令》在十一月,此云"霜降",荀卿与吕氏所传闻异也。郑云:"归妻,谓请期也。冰未泮,正月中以前,二月可以成婚矣。"故云"冰泮逆女"。杀,所介反。

坐视膝,立视足,应对言语视面。① 立视前六尺而大之,六六三十六,三丈六尺。②

① 《仪礼·士相见》云"子视父则游目,无上于面,无下于带,若不言,立则视足,坐则视膝",郑云:"不言,则伺其行起而已。"

② 盖臣于君前视也。近视六尺,自此而广之,虽远视不过三丈六尺。《曲礼》曰:"立视五巂。"彼在车上,故与此不同也。

文貌情用,相为内外表里,① 礼之中焉。能思索谓之能虑。

① "文"谓礼物,"貌"谓威仪,"情"谓中诚,"用"谓语言。质文相成,不可偏用也。

礼者,本末相顺,终始相应。
礼者,以财物为用,以贵贱为文,以多少为异。①

① 并解于《礼论》篇。

下臣事君以货,中臣事君以身,上臣事君以人。①

①"货"谓聚敛及珍异献君。"身"谓死卫社稷。"人"谓举贤也。

《易》曰："复自道，何其咎。"①《春秋》贤穆公，以为能变也。②

①《易·小畜》卦初九之辞。复，返也。自，从也。本虽有失，返而从道，何其咎过也？

②《公羊传》曰："秦伯使遂来聘。遂者何？秦大夫也。秦无大夫，此何以书？贤穆公也。何贤乎穆公？以为能变也。"谓前不用蹇叔、百里之言，败于殽、函，而自变悔，作《秦誓》，询兹黄发是也。

士有妒友则贤交不亲，君有妒臣则贤人不至。蔽公者谓之昧，隐良者谓之妒，①奉妒昧者谓之交谲。②交谲之人，妒昧之臣，国之薉孽也。③

① 掩蔽公道谓之暗昧。

② 交通于谲诈之人，相成为恶也。

③ 薉与秽同。孽，妖孽，言终为国之灾害也。

口能言之，身能行之，国宝也；口不能言，身能行之，国器也；①口能言之，身不能行，国用也；②口言善，身行恶，国妖也。治国者敬其宝，爱其器，任其用，除其妖。

① 如器物虽不言而有行也。

② 国赖其言而用也。

不富无以养民情，^①不教无以理民性。^②故家五亩宅，百亩田，务其业而勿夺其时，所以富之也。^③立大学，设庠序，修六礼，明十教，所以道之也。《诗》曰："饮之食之，教之诲之。"王事具矣。^④

① 衣食足，知荣辱。

② 人性恶，故须教。

③ 宅，居处也。百亩，一夫田也。"务"谓劝勉之。《孟子》曰："五亩之宅，树之以桑，五十者可以衣帛矣。百亩之田，无失其时，八口之家可以无饥矣。"

④《礼记》曰："六礼，冠、昏、丧、祭、乡、相见。"十教，即十义也。《礼记》曰："父慈、子孝，兄良、弟悌，夫义、妇听，长惠、幼顺，君仁、臣忠，十者谓之人义。""道"谓教道之也。"十"或为"七"也。

武王始入殷，表商容之闾，释箕子之囚，哭比干之墓，天下乡善矣。^①

① 表，筑旌之。言武王好善，天下乡之。孔安国曰："商容，殷之贤人，纣所贬退也。"

天下国有俊士，世有贤人。^①迷者不问路，溺者不问遂，亡人好独。^②《诗》曰："我言维服，勿用为笑。先民有言，询于刍荛。"言博问也。^③

① 天下之国皆有俊士，每世皆有贤人。

② 以喻虽有贤俊不能用也。所以迷，由于不问路；溺，由于不问遂；亡，

由于好独。"遂"谓径隧,水中可涉之径也。"独"谓自用其计。

③《诗·大雅·板》之篇。毛云:"刍荛,薪者也。"郑云:"服,事也。我之所言,乃今之急事,汝无笑也。"

有法者以法行,无法者以类举。①以其本知其末,以其左知其右,凡百事异理而相守也。②

① 皆类于法而举之也。

② 其事虽异,其守则一。谓若为善不同,同归于理之类也。

庆赏刑罚,通类而后应;①政教习俗,相顺而后行。②

① 通明于类,然后百姓应之。谓赏必赏功,罚必罚罪,不失其类。

② 顺人心,然后可行也。

八十者一子不事,九十者举家不事,废疾非人不养者一人不事,父母之丧三年不事,齐衰大功三月不事,从诸侯不①与新有昏期不事。②

① "不"当为"来"。谓从他国来,或君之人入采地。

② 古者有丧、昏皆不事,所以重其哀戚与嗣续也。"事"谓力役。

子谓子家驹续然大夫,不如晏子;①晏子,功用之臣也,不如子产;②子产,惠人也,不如管仲;③管仲之为人,力功不力义,力知不力仁,④野人也,不可以为天子大夫。⑤

① 子,孔子。谓,言也。子家驹,鲁公子庆之孙,公孙归父之后,名羁,驹其字也。"续"言补续君之过。不能兴功用,故不如晏子也。

② 虽有功用,不如子产之恩惠也。

③ 虽有恩惠,不如管仲之才略也。

④ 虽九合诸侯、一匡天下,而不全用仁义也。

⑤ 言四子皆类郊野之人,未浸渍于仁义,故不可为王者佐。

孟子三见宣王不言事,门人曰:"曷为三遇齐王而不言事?"孟子曰:"我先攻其邪心。"①

① 以正色攻去邪心,乃可与言也。

公行子之之燕,①遇曾元于涂,曰:"燕君何如?"曾元曰:"志卑。"②志卑者轻物,③轻物者不求助。④苟不求助,何能举?⑤氏、羌之虏也。⑥不忧其系垒也,而忧其不焚也。⑦利夫秋豪,害靡国家,然且为之,几为知计哉?⑧

①《孟子》曰"公行子有子之丧,右师往吊",赵岐云:"齐大夫也。"子之,盖其先也。

② 言不求远大也。曾元,曾参之子。

③ 物,事。

④ 不求贤以自辅。

⑤ 既无辅助,必不胜任矣。

⑥ 谓见俘掠。

⑦ 垒读为爇。氏、羌之俗,死则焚其尸。今不忧虏获而忧不焚,是愚也。《吕氏春秋》曰:"忧其死而不焚。"

⑧ 靡，披靡也。利夫秋豪之细，其害遂披靡而来，及于国家。言不恤其大而忧其小，与氐、羌之虏何异？几，辞也。或曰：几读为岂。

今夫亡箴者，终日求之而不得，其得之，非目益明也，眸而见之也。心之于虑亦然。①

① "眸"谓以眸子审视之也。言心于思虑，亦当反覆尽其精妙，如眸子之求箴也。

义与利者，人之所两有也。虽尧、舜不能去民之欲利，然而能使其欲利不克其好义也；①虽桀、纣亦不能去民之好义，然而能使其好义不胜其欲利也。故义胜利者为治世，利克义者为乱世。上重义则义克利，上重利则利克义。故天子不言多少，诸侯不言利害，大夫不言得丧，②士不通货财，③有国之君不息牛羊，④错质之臣不息鸡豚，⑤冢卿不修币，大夫不为场园，⑥从士以上皆羞利而不与民争业，乐分施而耻积臧。然故民不困财，贫窭者有所窜其手。⑦

① 克亦胜也。
② 皆谓言货财也。
③ 士贱，虽得言之，亦不得贸迁如商贾也。
④ 息，繁育也。
⑤ 错，置也。质读为贽，《孟子》曰"出疆必载质"，盖古字通耳。置贽，谓执贽而置于君。《士相见礼》曰："士大夫奠贽于君，再拜稽首。"《礼记》曰："畜乘马者不察于鸡豚。"或曰：置质，犹言委质也。言凡委质为人臣则不得与下争利。

荀　子

⑥ 冢卿,上卿。"不修币"谓不修财币贩息之也。治稼穑曰场,树菜蔬曰园。谓若公仪子不夺园夫、工女之利也。

⑦ 宷,容也。谓容集其手而力作也。

文王诛四,武王诛二,周公卒业,至成、康则案无诛已。①

① 并解在《仲尼》篇。言周公终王业犹不得无诛伐,至成、康然后刑措也。重引此者,明不与民争利则刑罚省也。

多积财而羞无有,①重民任而诛不能,②此邪行之所以起,刑罚之所以多也。

① 羞贫。

② 使民不能胜任而复诛之。

上好羞则民暗饰矣,①上好富则民死利矣。二者,乱之衢也。②民语曰:"欲富乎? 忍耻矣,倾绝矣,绝故旧矣,与义分背矣。"③上好富则人民之行如此,安得不乱?

① 好羞贫而事奢侈,则民暗自修饰也。

② 衢,道。

③ 忍耻,不顾廉耻。"倾绝"谓倾身绝命而求也。分背,如人分背而行。

汤旱而祷曰:"政不节与,使民疾与? 何以不雨至斯极也。①宫室荣与,妇谒盛与? 何以不雨至斯极也。②苞苴行与,谗夫兴与? 何以不雨至斯极也。"③

336

① 疾,苦。

② 荣,盛。谒,请也。"妇谒盛"谓妇言是用也。

③ 货贿必以物苞裹,故总谓之"苞苴"。兴,起也。郑注《礼记》云"苞苴裹鱼肉者,或以苇,或以茅"也。

天之生民非为君也,天之立君以为民也。故古者列地建国,非以贵诸侯而已;列官职,差爵禄,非以尊大夫而已。①

① "差"谓制等级也。

主道知人,臣道知事。①故舜之治天下,不以事诏而万物成。②农精于田而不可以为田师,工贾亦然。

① "人"谓贤良,"事"谓职守。

② 不以事诏告,但委任而已。谓若使禹治水,不告治水之方略。

以贤易不肖,不待卜而后知吉。以治伐乱,不待战而后知克。①

① 无人御敌,故知必克。

齐人欲伐鲁,忌卞庄子,不敢过卞;①晋人欲伐卫,畏子路,不敢过蒲。②

① 卞,鲁邑。庄子,卞邑大夫,有勇者。

② 蒲,卫邑。子路,蒲宰。杜元凯云:"蒲邑在长垣县西南。"

不知而问尧、舜，①无有而求天府。②曰：先王之道则尧、舜已，③六贰之博则天府已。④

① 好问则无不知，故可比圣人也。
② 知无而求之，是有天府之富。
③ 问先王之道，则可为尧、舜。
④ 求财于六贰之博，得之不穷，故曰"天府"。天府，天之府藏。言六贰之博可以得货财，先王之道可以为尧、舜，故以喻焉。六贰之博，即六博也。王逸注《楚辞》云："投六箸，行六棋，故曰'六博'。"今之博局亦二六相对也。

君子之学如蜕，幡然迁之。①故其行效，其立效，其坐效，其置颜色、出辞气效。②无留善，③无宿问。④

① 如蝉蜕也。幡与翻同。
② 效，放也。置，措也。言造次皆学而不舍也。
③ 有善即行，无留滞。
④ 当时即问，不俟经宿。

善学者尽其理，善行者究其难。①

① 非知之艰，行之惟艰，故善行之者，是究其难。

君子立志如穷，①虽天子三公问正，以是非对。②

① 似不能通变。
② 至尊至贵，对之唯一，故曰"如穷"也。

君子隘穷而不失，[①]劳倦而不苟，[②]临患难而不忘细席之言。[③]岁不寒无以知松柏，事不难无以知君子无日不在是。[④]

① 不失道而陨获。

② 不苟免也。

③《尸子》子夏曰："君子渐于饥寒而志不僻，侉于五兵而辞不慑，临大事不忘昔席之言。"昔席，盖昔所践履之言。此"细"亦当读为昔。或曰：细席，讲论之席。临难不忘素所讲习忠义之言。《汉书》王吉谏昌邑王曰："广厦之下，细旃之上。"

④ 无有一日不怀道，所谓"造次必于是"也。

雨小，汉故潜。[①]夫尽小者大，积微者著，德至者色泽洽，行尽而声问远。[②]小人不诚于内而求之于外。

① 未详。或曰：《尔雅》云"汉为潜"，李巡曰："汉水溢流为潜。"今云"雨小，汉故潜"，言汉者本因雨小，水滥觞而成，至其盛也，乃溢为潜矣。言自小至大者也。

②"色泽洽"谓德润身。行，下孟反。

言而不称师谓之畔，[①]教而不称师谓之倍。[②]倍畔之人，明君不内，朝士大夫遇诸涂不与言。

① 畔者，倍之半也。

② 教人不称师，其罪重，故谓之倍。倍者，反逆之名也。

不足于行者说过，[①]不足于信者诚言。[②]故《春秋》善胥命,而《诗》非屡盟,其心一也。③

　　① 言说大过,故行不能副也。

　　② 数欲诚实其言,故信不能副,君子所以贵行不贵言也。

　　③《春秋》鲁桓公三年"齐侯、卫侯胥命于蒲",《公羊传》曰:"相命也。何言乎相命?近正也。古者不盟,结言而退。"又《诗》曰"君子屡盟,乱是用长",言其一心而相信,则不在盟誓也。

　　善为《诗》者不说,善为《易》者不占,善为礼者不相,其心同也。①

　　① 皆言与理冥会者也,至于无言说者也。"相"谓为人赞相也。

　　曾子曰:"孝子言为可闻,行为可见。①言为可闻所以说远也,行为可见所以说近也。近者说则亲,远者说则附。亲近而附远,孝子之道也。"②

　　① 发言使人可闻,不诈妄也;立行使人可见,不苟为,斯为孝子也。

　　② 说皆读为悦。近亲远附,则毁辱无由及亲也。

　　曾子行,晏子从于郊,曰:"婴闻之,君子赠人以言,庶人赠人以财。婴贫无财,请假于君子,赠吾子以言:①乘舆之轮,太山之木也,示诸檃栝,三月五月,为帱菜敝而不反其常。②君子之檃栝不可不谨也,慎之!③兰茝、稾本,渐于蜜醴,一佩易之。④正君渐于香酒可谗而得也,⑤君子之所渐不可不慎也。"

① 假于君子,谦辞也。晏子先于孔子,曾子之父犹为孔子弟子,此云送曾子,岂好事者为之欤?

② 此皆言车之材也。示读为寔。檃栝,矫揉木之器也。言寔诸檃栝,或三月或五月也。帱菜,未详。或曰:菜读为菑,谓毂与辐也。言矫揉直木为牙,至于毂辐皆敝,而规曲不反其初,所谓三材不失职。《周礼·考工记》曰"望其毂,欲其眼也;进而眡之,欲其帱之廉也",郑云:"帱,冒毂之革也。革急则裹[1]木廉隅见。"《考工记》又曰"察其菑蚤不齵,则轮虽敝不匡",郑云:"'菑'谓辐入毂中者。蚤读为爪,谓辐入牙中者。匡,刺也。"《晏子春秋》曰:"今夫车轮,山之直木,良匠揉之,其员中规,虽有槁暴,不复赢矣。"

③ 为移其性,故不可慢。

④ 虽皆香草,然以浸于甘醴,一玉佩方可易买之。言所渐者美而加贵也。"佩"或为"倍",谓其一倍也。渐,浸也,子廉反。此语与《晏子春秋》不同也。

⑤ 虽正直之君,其所渐染,如香之于酒,则谗邪可得而入。言甘醴变香草之性,甘言变正君之性,或为美,或为恶,皆在其所渐染也。

人之于文学也,犹玉之于琢磨也。《诗》曰:"如切如瑳,如琢如磨。"谓学问也。和之璧,井里之厥也,玉人琢之,为天子宝。① 子赣、季路,故鄙人也,被文学,服礼义,为天下列士。

① 和之璧,楚人卞和所得之璧也。井里,里名。厥也,未详。或曰:

---

[1] 裹:原脱,据《周礼》郑注补。

厥,石也。《晏子春秋》作"井里之困"也。

学问不厌,好士不倦,是天府也。①

① 言所得多。

君子疑则不言,未问则不立,道远日益矣。①

① 未曾学问,不敢立为论议,所谓"不知为不知"也。为道久远,自日有
所益,不必道听涂说也。此语出《曾子》。

多知而无亲,博学而无方,好多而无定者,君子不与。①

① 无亲,不亲师也。方,法也。此皆谓虽广博而无师法也。

少不讽,壮不论议,虽可,未成也。①

① "讽"谓就学讽《诗》、《书》也。言不学,虽有善质,未为成人也。

君子壹教,弟子壹学,亟成。①

① 壹,专壹也。亟,急也,己力反。

君子进则能益上之誉而损下之忧。①不能而居之,诬也;
无益而厚受之,窃也。②学者非必为仕,而仕者必如学。③

① 进,仕。损,减。

② 诬君,窃位。

③ 如,往。

　　子贡问于孔子曰:"赐倦于学矣,愿息事君。"①孔子曰:"《诗》云:'温恭朝夕,执事有恪。'事君难,事君焉可息哉!"②"然则赐愿息事亲。"孔子曰:"《诗》云:'孝子不匮,永锡尔类。'事亲难,事亲焉可息哉!"③"然则赐愿息于妻子。"孔子曰:"《诗》云:'刑于寡妻,至于兄弟,以御于家邦。'妻子难,妻子焉可息哉!"④"然则赐愿息于朋友。"孔子曰:"《诗》云:'朋友攸摄,摄以威仪。'朋友难,朋友焉可息哉!"⑤"然则赐愿息耕。"孔子曰:"《诗》云:'昼尔于茅,宵尔索绹,亟其乘屋,其始播百谷。'耕难,耕焉可息哉!"⑥"然则赐无息者乎?"孔子曰:"望其圹,皋如也,嵮如也,鬲如也,此则知所息矣。"⑦子贡曰:"大哉死乎! 君子息焉,小人休焉。"

① 息,休息。

②《诗·商颂·那》之篇。

③《诗·大雅·既醉》之篇。毛云:"匮,竭也。类,善也。"言孝子之养,无有匮竭之时,故天长赐以善也。

④《诗·大雅·思齐》之篇。刑,法也。寡有之妻,言贤也。御,治也。言文王先立礼法于其妻,以至于兄弟,然后治于家邦。言自家刑国也。

⑤ 亦《既醉》之篇。毛云:"言相摄佐者以威仪也。"

⑥《诗·豳风·七月》之篇。于茅,往取茅也。绹,绞也。亟,急也。乘屋,升屋治其敝漏也。

⑦ 圹,丘垄。"皋"当为"宰"。宰,冢也。宰如,高貌。嵮与填同,谓土

343

填塞也。"鬲"谓隔绝于上。《列子》作"宰如"、"坟如",张湛注云:"见其坟壤鬲异,则知息之有所也。"

《国风》之好色也,传曰:"盈其欲而不愆其止。①其诚可比于金石,其声可内于宗庙。"②《小雅》不以于污上,自引而居下,③疾今之政,以思往者,其言有文焉,其声有哀焉。④

① "好色"谓《关雎》乐得淑女也。"盈其欲"谓好仇"寤寐思服"也。止,礼也。欲虽盈满而不敢过礼求之。此言好色人所不免,美其不过礼也。故《诗序》云:"《关雎》乐得淑女以配君子,忧在进贤,不淫其色,哀窈窕,思贤才,而无伤善之心焉。是《关雎》之义也。"

② 其诚,以礼自防之诚也。"比于金石"言不变也。"其声可内于宗庙"谓以其乐章播八音,奏于宗庙。《乡饮酒礼》:"合乐,《周南》《关雎》、《葛覃》。"《诗序》云:"《关雎》,后妃之德,《风》之始也。所以风化天下,故用之乡人焉,用之邦国焉。"既云"用之邦国",是其声可内于宗庙者也。

③ 以,用也。污上,骄君也。言作《小雅》之人不为骄君所用,自引而疏远也。

④《小雅》多刺幽、厉而思文、武。"言有文"谓不鄙陋。"声有哀"谓哀以思也。

国将兴,必贵师而重傅,贵师而重傅则法度存;国将衰,必贱师而轻傅,贱师而轻傅则人有快,①人有快则法度坏。

① 人有肆意。

古者匹夫五十而士。①

① 礼,四十而士,五十而后爵。此云"五十而士",恐误。或曰：为卿士。

天子、诸侯子十九而冠,冠而听治,其教至也。①

① 十九而冠,先于臣下一年也。虽人君之子,犹年长而冠,冠而后听其政治,以明教至然后治事,不敢轻易。

君子也者而好之其人,①其人也而不教,不祥。②非君子而好之非其人也,③非其人而教之,赍盗粮、借贼兵也。④

① 有君子之质而所好得其人,谓得贤师也。
② 祥,善。
③ 既无君子之质,又所好非其人也。
④ 若使不善人教非君子,是犹资借盗贼之兵粮,为害滋甚,不如不教也。赍与资同。兵,五兵也。

不自嗛其行者言滥过。①古之贤人,贱为布衣,贫为匹夫,食则饘粥不足,衣则竖褐不完,然而非礼不进,非义不受,安取此?②

① 嗛,足也。谓行不足也。所以不足其行者,由于言辞泛滥过度也。
② 竖褐,僮竖之褐,亦短褐也。言贤人虽贫穷,义不苟进,安取此言过而行不副之事乎?

子夏贫,衣若县鹑,人曰："子何不仕?"曰："诸侯之骄我者，吾不为臣；大夫之骄我者，吾不复见。柳下惠与后门者同衣而不见疑，非一日之闻也。^①争利如蚤甲而丧其掌。"^②

① 柳下惠，鲁贤人公子展之后，名获，字禽，居于柳下，谥惠，季其伯仲也。后门者，君之守后门，至贱者。子夏言"昔柳下惠衣之敝恶与后门者同，时人尚无疑怪"者，言安于贫贱，浑迹而人不知也。"非一日之闻"言闻之久矣。

② 蚤与爪同。言仕乱世骄君，纵得小利，终丧其身。

君人者不可以不慎取臣，匹夫者不可以不慎取友。友者，所以相有也。^①道不同，何以相有也？均薪施火，火就燥；平地注水，水流湿。夫类之相从也如此之箸也，以友观人，焉所疑？^②取友善人，不可不慎，是德之基也。^③《诗》曰："无将大车，维尘冥冥。"言无与小人处也。^④

① 友与有同义。"相有"谓不使丧亡。

② 察其友，则可以知人之善恶不疑也。

③ 取友求善人，不可不慎，是德之基本。言所以成德也。

④《诗·小雅·无将大车》之篇。将，犹扶进也。将车，贱者之事。尘冥冥蔽人目明，令无所见，与小人处亦然也。

蓝苴路作，似知而非；^①偄弱易夺，似仁而非；^②悍戆好斗，似勇而非。^③

① 未详其义。或曰：苴读为姐，慢也。赵蕤注《长短经·知人》篇曰：

"姐者,类智而非智。"或读为狙,伺也。姐,子野反。

　②　仁者不争而与物,故偄弱易夺者似之。易夺,无执守之谓也。

　③　悍,凶戾也。戆,愚也,丁绛反。

仁、义、礼、善之于人也,辟之若货财、粟米之于家也,多有之者富,少有之者贫,至无有者穷。故大者不能,小者不为,是弃国捐身之道也。

凡物有乘而来,乘其出者,是其反者也。①

　①　反,复也。出,去也。凡乘埶而来、乘埶而去者,皆是物之还反也。言善恶皆所自取也。

流言灭之,货色远之。祸之所由生也,生自纤纤也,是故君子蚤绝之。①

　①　"流言"谓流转之言,不定者也。灭亦绝也。凡祸之所由,生自纤纤微细,故君子早绝其萌。此语亦出《曾子》。

言之信者,在乎区盖之间。①疑则不言,未问则不立。②

　①　区,藏物处。盖,所以覆物者。凡言之可信者,如物在器皿之间。言有分限,不流溢也。器名区者,与丘同义。《汉书·儒林传》:"唐生、褚生应博士弟子选,试诵说,有法,疑者丘盖不言。"丘与区同也。

　②　重引此两句以明之。

知者明于事,达于数,不可以不诚事也。①故曰:"君子难说,说之不以道不说也。"②

① 诚,忠诚。言不可以虚安事智者。

② 说并音悦。

语曰:"流丸止于瓯臾,流言止于知者。"①此家言邪学之所以恶儒者也。②是非疑则度之以远事,验之以近物,参之以平心,流言止焉,恶言死焉。③

① 瓯、臾,皆瓦器也。扬子云《方言》云:"陈、魏、楚、宋之间,谓甀为臾。""瓯臾"谓地之坳坎如瓯臾者也。或曰:瓯臾,窊下之地。《史记》曰"瓯窭满沟,污邪满车",裴骃云:"瓯窭,倾侧之地。污邪,下地也。"邪与臾声相近,盖同也。窭,力侯反。污,乌瓜反。

② "家言"谓偏见自成一家之言,若宋、墨者。

③ 参验之至则流言息。死犹尽也,郑康成云:"死之言澌。"澌犹消尽也。

曾子食鱼有余,曰:"泔之。"门人曰:"泔之伤人,不若奥之。"①曾子泣涕曰:"有异心乎哉!"伤其闻之晚也。②

① 泔与奥,皆烹和之名,未详其说。

② 曾子自伤不知以食余之伤人,故泣涕,深自引过,谢门人曰:"吾岂有异心故欲伤人哉?乃所不知也。"言此者,以讥时人饰非自是,耻言不知,与曾子异也。

无用吾之所短遇人之所长,①故塞而避所短,移而从所仕。疏知而不法,察辨而操辟,勇果而亡礼,君子之所憎恶也。②

① 遇,当也。言己才艺有所短,宜自审其分,不可强欲当人所长而辨争也。

② 塞,掩也。移,就也。仕与事同,事所能也。言掩其不善,务其所能也。疏,通也。“察辨而操辟”谓聪察其辨,所操之事邪僻也。操,七刀反。

多言而类,圣人也;①少言而法,君子也;多言无法而流喆然,虽辩,小人也。②

① 应万变,故多类。谓皆当其类而无乖越,此圣人也。

② “喆”当为“恓”。《非十二子》篇有此语,此当同。或曰:当为“楛”也。

国法禁拾遗,恶民之串以无分得也。①有夫分义则容天下而治,无分义则一妻一妾而乱。

① 串,习也,工患反。

天下之人,唯各特意哉,然而有所共予也。①言味者予易牙,言音者予师旷,言治者予三王。②三王既已定法度、制礼乐而传之,有不用而改自作,何以异于变易牙之和、更师旷之律?无三王之治,天下不待亡,国不待死。③饮而不食者蝉也,不饮不食者浮蝣也。④

① "特意"谓人人殊意。予读为与。

② 易牙,齐桓公宰夫,知味者。师旷,晋平公乐师,知音者。

③ 言不暇有所待而死亡,速之甚也。更,工衡反。

④ 浮蝣,渠略,朝生夕死虫也。言此者,以喻人既饮且食,必须求先王法略为治,不得苟且如浮蝣辈也。

　　虞舜、孝己孝而亲不爱,比干、子胥忠而君不用,仲尼、颜渊知而穷于世。劫迫于暴国而无所辟之,①则崇其善、扬其美,言其所长而不称其所短也。

① 辟读为避。圣贤者不遇时,危行言逊。

　　惟惟而亡者,诽也;①博而穷者,訾也;清之而俞浊者,口也。②

① 惟读为唯,以癸反。唯唯,听从貌。常听从人而不免亡者,由于退后即诽谤也。

② 已解于《荣辱》篇。

　　君子能为可贵,不能使人必贵己;能为可用,不能使人必用己。①

① 修德在己,所遇在命。

　　诰誓不及五帝,①盟诅不及三王,②交质子不及五伯。③

① 诰誓,以言辞相诫约也。《礼记》曰"约信曰誓",又曰"殷人作誓而民始畔"。

② 涖牲曰盟。谓杀牲歃血,告神以盟约也。

③ 此言后世德义不足,虽要约转深,犹不能固也。伯读曰霸。《穀梁传》亦有此语。

宥坐篇第二十八①

　　孔子观于鲁桓公之庙,有欹器焉。②孔子问于守庙者曰:"此为何器?"守庙者曰:"此盖为宥坐之器。"③孔子曰:"吾闻宥坐之器者,虚则欹,中则正,满则覆。"孔子顾谓弟子曰:"注水焉。"弟子挹水而注之,④中而正,满而覆,虚而欹。孔子喟然而叹曰:"吁,恶有满而不覆者哉!"子路曰:"敢问持满有道乎?"孔子曰:"聪明圣知,守之以愚;功被天下,守之以让;勇力抚世,守之以怯;⑤富有四海,守之以谦,此所谓挹而损之之道也。"⑥

　　① 此以下皆荀卿及弟子所引记传杂事,故总推之于末。

　　②《春秋》哀公三年"桓宫、僖宫灾",《公羊传》曰:"此皆毁庙也,其言灾何? 复立也。"或曰:三桓之祖庙欹器倾。欹,易覆之器。

　　③ 宥与右同。言人君可置于坐右以为戒也,《说苑》作"坐右"。或曰:宥与侑同,劝也。《文子》曰:"三王五帝有劝戒之器,名侑卮",注云:"欹器也。"

　　④ 挹,酌。

　　⑤ 抚,掩也,犹言盖世矣。

　　⑥ 挹亦退也。"挹而损之"犹言损之又损。

　　孔子为鲁摄相,朝七日而诛少正卯。①门人进问曰:"夫少正卯，鲁之闻人也，夫子为政而始诛之，得无失乎？"②孔子曰："居，吾语女其故。人有恶者五，而盗窃不与焉，一曰心达而险，二曰行辟而坚，三曰言伪而辩，四曰记丑而博，五曰顺非而泽。③此五者有一于人，则不得免于君子之诛，而少正卯兼有之。故居处足以聚徒成群，言谈足以饰邪营众，强足以反是独立，此小人之桀雄也，不可不诛也。④是以汤诛尹谐，文王诛潘止，周公诛管叔，太公诛华仕，管仲诛付里乙，子产诛邓析、史付，⑤此七子者，皆异世同心，不可不诛也。《诗》曰：'忧心悄悄，愠于群小。'小人成群，斯足忧矣。"⑥

① 为司寇而摄相也。"朝"谓听朝也。

② "闻人"谓有名为人所闻知者也。始诛，先诛之也。

③ "心达而险"谓心通达于事而凶险也。辟读曰僻。"丑"谓怪异之事。泽，有润泽也。

④ 营读为荧。荧众，惑众也。强，刚愎也。反是，以非为是也。独立，人不能倾之也。

⑤《韩子》曰："太公封于齐，东海上有居士狂矞、华仕昆弟二人立议曰：'吾不臣天子，不友诸侯，耕而食之，掘而饮之。吾无求于人，无上之名，无君之禄，不仕而事力。'太公使执而杀之，以为首诛。周公从鲁闻，急传而问之曰：'二子，贤者也，今日飨国杀之，何也？'太公曰：'是昆弟立议曰不臣天子，是望不得而臣也；不友诸侯，是望不得而使也；耕而食之，掘而饮之，无求于人，是望不得以赏罚劝禁也。且先王之所以使其臣民者，非爵禄则刑罚也。今四者不足以使之，则望谁为君乎？是以诛之。'"尹谐、潘止、付里乙、史付，事迹并未闻也。

⑥《诗·邶风·柏舟》之篇。悄悄，忧貌。愠，怒也。

孔子为鲁司寇，有父子讼者，孔子拘之，三月不别。①其父请止，孔子舍之。季孙闻之不说，曰："是老也欺予，^②语予曰'为国家必以孝'，今杀一人以戮不孝，又舍之。"冉子以告，孔子慨然叹曰："呜呼！上失之，下杀之，其可乎？不教其民而听其狱，杀不辜也。三军大败，不可斩也；狱犴不治，不可刑也，罪不在民故也。^③嫚令谨诛，贼也；^④今生也有时敛也无时，暴也；^⑤不教而责成功，虐也。已此三者，然后刑可即也。^⑥《书》曰：'义刑义杀，勿庸以即，予维曰未有顺事。'言先教也。^⑦故先王既陈之以道，上先服之；^⑧若不可，尚贤以綦之；若不可，废不能以单之，^⑨綦三年而百姓往矣。^⑩邪民不从，然后俟之以刑，则民知罪矣。^⑪《诗》曰：'尹氏大师，维周之氐。秉国之均，四方是维。天子是庳，卑民不迷。'^⑫是以威厉而不试，刑错而不用，此之谓也。^⑬今之世则不然，乱其教，繁其刑，其民迷惑而堕焉，则从而制之，是以刑弥繁而邪不胜。三尺之岸而虚车不能登也，百仞之山任负车登焉，何则？陵迟故也。^⑭数仞之墙而民不逾也，百仞之山而竖子冯而游焉，陵迟故也。今夫世之陵迟亦久矣，而能使民勿逾乎？《诗》曰：'周道如砥，其直如矢。君子所履，小人所视。眷焉顾之，潸焉出涕。'岂不哀哉！"^⑮

① 别犹决也。谓不辨别其子之罪。

② 老，大夫之尊称。《春秋传》曰"使围将不得为寡君老"也。

③ "狱犴不治"谓法令不当也。犴，亦狱也。《诗》曰："宜犴宜狱。""狱"字从二犬，象所以守者。犴，胡地野犬，亦善守，故狱谓之犴也。

④ 嫚与慢同。谨，严也。贼，贼害人也。

⑤ 言生物有时而赋敛无时，是陵暴也。

⑥ 已,止。即,就。

⑦《书·康诰》。言周公命康叔,使以义刑义杀,勿用以就汝之心,不使任其喜怒也。维刑杀皆以义,犹自谓未有使人可顺守之事,故有抵犯者。自责其教之不至也。

⑧ 服,行也。谓先自行之,然后教之。

⑨ 綦,极也,谓优宠也。单,尽也。"尽"谓黜削。"单"或为"殚"。

⑩ 百姓从化,极不过三年也。

⑪ 百姓既往,然后诛其奸邪也。

⑫《诗·小雅·节南山》之篇。氏,本也。庳读为毗,辅也。卑读为俾。

⑬ 厉,抗也。试,亦用也。但抗其威而不用也。错,置也。如置物于地不动也。

⑭ 岸,崖也。负,重也。任负车,任重之车也。迟,慢也。"陵迟"言丘陵之势渐慢也。王肃云:"陵迟,陂池也。"

⑮《诗·小雅·大东》之篇。言失其砥矢之道,所以陵迟,哀其法度堕坏。

《诗》曰:"瞻彼日月,悠悠我思。道之云远,曷云能来。"①子曰:"伊稽首,不其有来乎?"②

①《诗·邶风·雄雉》之篇。

② 稽首,恭敬之至。有所不来者,为上失其道而人散也。若施德化,使下人稽首归向,虽道远,能无来乎?

孔子观于东流之水。子贡问于孔子曰:"君子之所以见大水必观焉者是何?"孔子曰:"夫水[1],遍与诸生而无为也,似德;①其流也埤下,裾拘必循其理,似义;②其洸洸乎不淈

---

[1] "水"下原有"大",据王念孙说删。

尽，似道。③若有决行之，其应佚若声响，其赴百仞之谷不惧，似勇；④主量必平，似法；⑤盈不求概，似正；⑥淖约微达，似察；⑦以出以入、以就鲜絜，似善化；⑧其万折也必东，似志。⑨是故君子见大水必观焉。"

①"遍与诸生"谓水能遍生万物。为其不有其功，似上德不德者。《说苑》作"遍予而无私"。

②埤读为卑。裾与倨同，方也。拘读为钩，曲也。其流必就卑下，或方或曲，必循卑下之理，似义者无不循理也。《说苑》作"其流卑下，句倨皆循基理，似义"。

③洸读为滉。滉，水至之貌。涸读为屈，竭也。似道之无穷也。《家语》作"浩浩无屈尽之期，似道"也。

④决行，决之使行也。佚与逸同，奔逸也。"若声响"言若响之应声也。似勇者，果于赴难也。

⑤主读为注。"量"谓阬受水之处也。言所经阬坎，注必平之然后过，似有法度者均平也。

⑥概，平斗斛之木也。《考工记》曰："概而不税。"言水盈满则不待概而言平，如正者不假于刑法之禁也。

⑦"淖"当为"绰"。约，弱也。绰约，柔弱也。虽至柔弱，而侵淫通达于物，似察之见细微也。《说苑》作"绰弱微达"。

⑧言万物出入于水则必鲜絜，似善化者之使人去恶就美也。《说苑》作"不清以入，鲜絜以出"也。

⑨折，萦曲也。虽东西南北、千万萦折不常，然而必归于东，似有志不可夺者。《说苑》作"其折必东"也。

孔子曰："吾有耻也，吾有鄙也，吾有殆也。幼不能强学，老无以教之，吾耻之；①去其故乡，事君而达，卒遇故人，曾无旧言,吾鄙之;②与小人处者,吾殆之也。"

① 无才艺以教人也。

② 旧言,平生之言。卒,仓忽反。

孔子曰:"如垤而进,吾与之;如丘而止,吾已矣。"今学曾未如肬赘,则具然欲为人师。①

① 肬赘,结肉。《庄子》曰:"以生为负赘悬肬。"肬音尤。具然,自满足之貌也。

孔子南适楚,厄于陈、蔡之间,七日不火食,藜羹不糁,①弟子皆有饥色。子路进问之曰:"由闻之,为善者天报之以福,为不善者天报之以祸。今夫子累德、积义、怀美,行之日久矣,奚居之隐也?"②孔子曰:"由不识,吾语女。女以知者为必用邪?王子比干不见剖心乎。女以忠者为必用邪?关龙逢不见刑乎。女以谏者为必用邪?吴子胥不磔姑苏东门外乎。③夫遇不遇者,时也;贤不肖者,材也。君子博学深谋不遇时者多矣。由是观之,不遇世者众矣,何独丘也哉!且夫芷兰生于深林,非以无人而不芳。君子之学非为通也,④为穷而不困,忧而意不衰也,知祸福终始而心不惑也。⑤夫贤不肖者,材也;为不为者,人也;⑥遇不遇者,时也;死生者,命也。今有其人不遇其时,虽贤,其能行乎?苟遇其时,何难之有?故君子博学深谋、修身端行以俟其时。"孔子曰:"由,居!吾语女。昔晋公子重耳霸心生于曹,⑦越王勾践霸心生

于会稽,⑧齐桓公小白霸心生于莒,⑨故居不隐者思不远,身
不佚者志不广,⑩女庸安知吾不得之桑落之下?"⑪

① 糁与糁同,苏览反。

② "隐"谓穷约。

③ 磔,车裂也。姑苏,吴都名也。

④ 不为求通。

⑤ 皆为乐天知命。

⑥ 为善、不为善在人也。

⑦ 重耳,晋文公名。亡过曹,曹共公闻其骈胁,使其裸浴,薄而观之,公
因此激怒而霸心生也。

⑧ 谓以甲盾五千栖于会稽也。

⑨ 小白,齐桓公名。齐乱奔莒,盖亦为所不礼。

⑩ 佚与逸同,谓奔窜也。《家语》作"常逸者"。

⑪ 桑落,九月时也。夫子当时盖暴露居此树之下。

子贡观于鲁庙之北堂,出而问于孔子曰:"乡者赐观于
太庙之北堂,吾亦未辍,还复瞻被九盖皆继,被有说邪? 匠
过绝邪?"①孔子曰:"太庙之堂亦尝有说,②官致良工,因丽
节文,③非无良材也,盖曰贵文也。"④

① 北堂,神主所在也。辍,止也。"九"当为"北",传写误耳。"被"皆当
为"彼"。盖音盍,户扇也。"皆继"谓其材木断绝相接继也。子贡问:北盍
皆继续,彼有说邪? 匠过误而遂绝之邪?《家语》作"北盖皆断",王肃云:
"观北面之盖皆断绝也。"

② 言旧曾说,今则无也。

③ 致,极也。"官致良工"谓初造太庙之时官极其良工,工则因随其木

之美丽节文而裁制之，所以断绝。《家语》作"官致良工之匠，匠致良材，尽其功巧，盖贵文也"。

　④ 非无良材大木不断绝者，盖所以贵文饰也。此盖明夫子之博识也。

子道篇第二十九

　　入孝出弟，人之小行也；①上顺下笃，人之中行也；②从道不从君，从义不从父，人之大行也。若夫志以礼安，言以类使，则儒道毕矣，③虽舜不能加毫末于是矣。孝子所以不从命有三，从命则亲危，不从命则亲安，孝子不从命乃衷；④从命则亲辱，不从命则亲荣，孝子不从命乃义；从命则禽兽，不从命则修饰，孝子不从命乃敬。⑤故可以从而不从是不子也，未可以从而从是不衷也，明于从不从之义而能致恭敬、忠信、端悫以慎行之，则可谓大孝矣。传曰："从道不从君，从义不从父。"此之谓也。故劳苦彫萃而能无失其敬，⑥灾祸患难而能无失其义，则不幸不顺见恶而能无失其爱，⑦非仁人莫能行。《诗》曰："孝子不匮。"此之谓也。

　　① 弟与悌同，谓自卑如弟也。
　　② 上顺从于君父，下笃爱于卑幼。
　　③ 志安于礼，不妄动也；言发以类，不怪说也。如此，则儒者之道毕矣。
　　④ 衷，善也。谓善发于衷心矣。

⑤ 从命则陷身于禽兽之行，不从命则使亲为修饰，君子不从命，是乃敬亲。

⑥ 彫，伤也。萃与悴同。虽劳苦彫萃，不敢解惰失敬也。

⑦ 不幸以不顺于亲而见恶也。

　　鲁哀公问于孔子曰：“子从父命，孝乎？臣从君命，贞乎？”三问，孔子不对。①孔子趋出，以语子贡曰：“乡者君问丘也，曰：‘子从父命，孝乎？臣从君命，贞乎？’三问而丘不对，赐以为何如？”子贡曰：“子从父命孝矣，臣从君命贞矣。夫子有奚对焉？”孔子曰：“小人哉，赐不识也。昔万乘之国有争臣四人则封疆不削，千乘之国有争臣三人则社稷不危，百乘之家有争臣二人则宗庙不毁，父有争子不行无礼，士有争友不为不义。故子从父，奚子孝？臣从君，奚臣贞？审其所以从之之为孝、之谓贞也。”②

① 不敢违哀公之意，故不对。

② 审其可从则从，不可从则不从也。

　　子路问于孔子曰：“有人于此，夙兴夜寐，耕耘树艺，手足胼胝，以养其亲，然而无孝之名，何也？”①孔子曰：“意者，身不敬与？辞不逊与？色不顺与？古之人有言曰‘衣与，缪与，不女聊’，②今夙兴夜寐，耕耘树艺，手足胼胝，以养其亲，无此三者，则何[1]为而无孝之名也？”孔子曰：“由，志之，吾语女。虽有国士之力不能自举其身，非无力也，势不可也。③

[1]　“为”上原有“以”，据王念孙说及本节下文删。

故入而行不修，身之罪也；出而名不章，友之过也。故君子入则笃行，出则友贤，何为而无孝之名也？"

① 树，栽植。艺，播种。"胼"谓手足劳。骈，并也。胝，皮厚也，丁皮反。

② 缪，纰缪也。与读为欤。聊，赖也。言虽与之衣而纰缪不精，则不聊赖于汝也。或曰：缪，绸缪也。言虽衣服我，绸缪我，而不敬不顺，则不赖汝也。《韩诗外传》作"衣予教予"，《家语》云"人与己不顺欺也"，王肃云："人与己事实相通，不相欺也。"皆与此不同。

③ 国士，一国勇力之士。

子路问于孔子曰："鲁大夫练而床，礼邪？"孔子曰："吾不知也。"①子路出，谓子贡曰："吾以夫子为无所不知，夫子徒有所不知。"子贡曰："女何问哉？"子路曰："由问：'鲁大夫练而床，礼邪？'夫子曰：'吾不知也。'"子贡曰："吾将为女问之。"子贡问曰："练而床，礼邪？"孔子曰："非礼也。"子贡出，谓子路曰："女谓夫子为有所不知乎？夫子徒无所不知，女问非也。礼，居是邑不非其大夫。"②

① 练，小祥也。《礼记》曰"期而小祥，居垩室，寝有席；又期而大祥，居复寝，中月而禫，禫而床"也。

② 惧于讪上。

子路盛服见孔子，孔子曰："由，是裾裾何也？①昔者江出于岷山，其始出也，其源可以滥觞，及其至江之津也，不放舟、不避风则不可涉也，②非维下流水多邪？③今女衣服既盛,颜色充盈,天下且孰肯谏女矣?④由!"⑤子路趋而出,改服而入,盖犹若也。⑥孔子曰:"志之,吾语女。奋于言者华,奋于行者伐,色知而有能者,小人也。⑦故君子知之曰知之,不知曰不知,言之要也;能之曰能之,不能曰不能,行之至也。⑧言要则知,行至则仁,既知且仁,夫恶有不足矣哉!"

① 裾裾,衣服盛貌。《说苑》作"襜襜"也。

② 放读为方。《国语》曰"方舟设桁",韦昭曰:"方,并也。编木为桁。"《说苑》作"方舟,方桁"也。《诗》曰:"方之舟之。"

③ 维与唯同。言岂不以下流水多,故人畏之邪?言盛服色厉亦然也。《说苑》作"非下众水之多乎"。

④ 充盈,猛厉。

⑤ 告之毕又呼其名,丁宁之也。

⑥ 犹若,舒和之貌。《礼记》曰"君子盖犹犹尔"也。

⑦ 奋,振矜也;"色知"谓所知见于颜色;有能,自有其能,皆矜伐之意。

⑧ 皆在不隐其情。

子路入,子曰:"由,知者若何,仁者若何?"子路对曰:"知者使人知己,仁者使人爱己。"子曰:"可谓士矣。"①子贡入,子曰:"赐,知者若何,仁者若何?"子贡对曰:"知者知人,仁者爱人。"子曰:"可谓士君子矣。"颜渊入,子曰:"回,知者若何,仁者若何?"②颜渊对曰:"知者自知,仁者自爱。"子曰:"可谓明君子矣。"

① 士者,修立之称。

② 知者,皆读为智。

子路问于孔子曰："君子亦有忧乎?"孔子曰："君子其未得也则乐其意,①既已得之又乐其治,是以有终身之乐,无一日之忧。小人者,其未得也则忧不得,既已得之又恐失之,是以有终身之忧,无一日之乐也。"

① 乐其为治之意。

法行篇第三十①

公输不能加于绳,圣人莫能加于礼。②礼者,众人法而不知,圣人法而知之。③

① 礼义谓之法,所以行之谓之行。行,下孟反。
② 公输,鲁巧人,名班。虽至巧,绳墨之外亦不能加也。
③ 众人皆知礼可以为法,而不知其义者也。

曾子曰："无内人之疏而外人之亲,①无身不善而怨人,无刑已至而呼天。内人之疏而外人之亲,不亦远乎?②身不善而怨人,不亦反乎?③刑已至而呼天,不亦晚乎?《诗》曰:'涓涓源水,不雝不塞。毂已破碎,乃大其辐。事已败矣,乃重大息。'其云益乎?"④

①无，楚辞也。"内人之疏、外人之亲"谓以疏为内，以亲为外。《家语》曰："不比于亲而比于疏者，不亦远乎。"《韩诗外传》作"无内疏而无外亲"也。

②谓失之远矣。

③"反"谓乖悖。

④源水，水之泉源也。雝读为壅。"大其辐"谓壮大其辐也。重大息，嗟叹之甚也。三者皆言不慎其初，追悔无及也。

曾子病，曾元持足，曾子曰："元，志之，吾语汝。①夫鱼鳖鼋鼍犹以渊为浅而堀其中，②鹰鸢犹以山为卑而增巢其上，及其得也必以饵。故君子苟能无以利害义，则耻辱亦无由至矣。"

①曾元，曾子之子也。

②堀与窟同。

子贡问于孔子曰："君子之所以贵玉而贱珉者何也？①为夫玉之少而珉之多邪？"孔子曰："恶，赐是何言也！②夫君子岂多而贱之，少而贵之哉？夫玉者，君子比德焉。温润而泽，仁也；③缜栗而理，知也；④坚刚而不屈，义也；⑤廉而不刿，行也；⑥折而不挠，勇也；⑦瑕适并见，情也；⑧扣之，其声清扬而远闻，其止辍然，辞也。⑨故虽有珉之雕雕，不若玉之章章。⑩《诗》曰：'言念君子，温其如玉。'此之谓也。"⑪

①珉，石之似玉者。

②恶音乌，犹言乌谓此义也。

③郑康成云："色柔温润似仁。"

④ 郑云"栗,坚貌"也。理,有文理也。似智者处事坚固,又有文理。

⑤ 似义者刚直不回也。

⑥ 刿,伤也。虽有廉棱而不伤物,似有德行者不伤害人。

⑦ 虽摧折而不桡屈,似勇者。

⑧ 瑕,玉之病也。适,玉之美泽调适之处也。瑕适并见,似不匿其情者也。《礼记》曰:"瑕不掩瑜,瑜不掩瑕,忠也。"

⑨ 扣与叩同。似有辞辨,言发言则人乐听之,言毕更无繁辞也。《礼记》作"叩之,其声清越以长,其终屈然,乐也"。

⑩ "雕雕"谓雕饰文采也。章章,素质明著也。

⑪ 《诗·秦风·小戎》之篇。引之喻君子比德。

曾子曰:"同游而不见爱者,吾必不仁也;①交而不见敬者,吾必不长也;②临财而不见信者,吾必不信也。③三者在身,曷怨人?④怨人者穷,怨天者无识。⑤失之己而反诸人,岂不亦迂哉!"

① 仁者必能使人爱。

② 不长厚,故为人所轻。

③ 廉洁不闻于人。

④ 当反诸己。

⑤ 无识,不知天命也。

南郭惠子问于子贡曰:"夫子之门何其杂也?"①子贡曰:"君子正身以俟,欲来者不距,欲去者不止。且夫良医之门多病人,檃栝之侧多枉木,是以杂也。"

① 南郭惠子，未详其姓名，盖居南郭，因以为号。《庄子》有南郭子綦。夫子，孔子也。"杂"谓贤不肖相杂而至。

君子有三恕。有君不能事，有臣而求其使，非恕也；有亲不能报，有子而求其孝，非恕也；①有兄不能敬，有弟而求其听令，非恕也。士明于此三恕，则可以端身矣。

① 报，孝养也。《诗》曰："欲报之德。"

孔子曰："君子有三思，而不可不思也。少而不学，长无能也；老而不教，死无思也；①有而不施，穷无与也。②是故君子少思长则学，老思死则教，有思穷则施也。"

① 无门人思其德。
② 穷乏之时，无所往託。

哀公篇第三十一

鲁哀公问于孔子曰："吾欲论吾国之士与之治国，敢问何如取之邪？"孔子对曰："生今之世，志古之道，居今之俗，服古之服，①舍此而为非者，不亦鲜乎？"②哀公曰："然则夫章甫、绚屦、绅而搢笏者，此贤乎？"③孔子对曰："不必然。夫端衣、玄裳、絻而乘路者，志不在于食荤；④斩衰、菅屦、杖而啜粥者，志不在于酒肉。⑤生今之世，志古之道，居今之俗，服古之服，舍此而为非者，虽有，不亦鲜乎！"哀公曰："善。"

① 志，记识也。服古之服，犹若夫子服逢掖之衣、章甫之冠也。

② 舍，去。此谓古也。

③ 章甫，殷冠。王肃云："'绚'谓屦头有拘饰也。"郑康成云："绚之言拘也，以为行戒，状如刀衣鼻，在屦头。"绅，大带也，搢笏于绅者也。

④ 端衣、玄裳，即朝玄端也。絻与冕同。郑云："端者，取其正也。"士之衣袂，皆二尺二寸而广幅，是广袤等也。其祛尺二寸，大夫已上侈之。侈之者，盖半而益一焉，则袂三尺三寸，祛尺八寸。路，王者之车，亦车之通名。舍人注《尔雅》云："辂，车之大者。"荤，葱、薤之属也。

⑤《仪礼·丧服》曰："斩者何？不缉也。"衰长六尺、博四寸，三升布为之。郑注《丧服》云："上曰衰，下曰裳。"当心前有衰，后有负板，左右有辟领，孝子哀戚，无不在也。菅，菲也。此言服被于外，亦所以制其心也。

孔子曰："人有五仪，①有庸人，有士，有君子，有贤人，有大圣。"哀公曰："敢问何如斯可谓庸人矣？"孔子对曰："所谓庸人者，口不能道善言，心不知色色，②不知选贤人善士託其身焉以为己忧，③勤行不知所务，止交不知所定，④日选择于物不知所贵，⑤从物如流不知所归，⑥五凿为正，心从而坏，如此则可谓庸人矣。"⑦哀公曰："善。敢问何如斯可谓士矣？"孔子对曰："所谓士者，虽不能尽道术，必有率也；虽不能遍美善，必有处也。⑧是故知不务多，务审其所知；⑨言不务多，务审其所谓；⑩行不务多，务审其所由。⑪故知既已知之矣，言既已谓之矣，行既已由之矣，则若性命肌肤之不可易也。⑫故富贵不足以益也,卑贱不足以损也,⑬如此则可谓士矣。"⑭哀公曰:"善。敢问何如斯可谓之君子矣?"孔子对曰:"所谓君子者,言忠信而心不德,⑮仁义在身而色不伐,思虑明通而辞不争,故犹然如将可及者,君子也。"⑯哀公曰:"善。敢问何如斯可谓贤人矣?"孔子对曰:"所谓贤人者,行中规绳而不伤于本,言足法于天下而不伤于身,⑰富有天下而无怨财,⑱布施天下而不病贫,⑲如此则可谓贤人矣。"⑳哀公曰:"善。敢问何如斯可谓大圣矣?"孔子对曰:"所谓大圣者,知通乎大道,应变而不穷,辨乎万物之情性者也。㉑大道者,所以变化遂成万物也;情性者,所以理然不取舍也。㉒是故其事大辨乎天地,㉓明察乎日月,㉔总要万物于风雨。㉕缪缪肫肫,其事不可循,㉖若天之嗣,其事不可识,㉗百姓浅然不识其邻,㉘若此则可谓大圣矣。"哀公曰:"善。"

① 言人之贤愚,观其仪法有五也。

② "色色"谓以己色观彼之色,知其好恶也。《论语》曰:"色斯举矣。"

③ 不知託贤,但自忧而已。

④ "交"谓接待于物。皆言不能辨是非,伥伥失据也。

⑤ 不知可贵重者。

⑥ 为外物所诱荡而不返也。

⑦ 凿,窍也。"五凿"谓耳、目、鼻、口及心之窍也。言五凿虽似于正,而其心已从外物所诱而坏矣,是庸愚之人也。一曰:五凿,五情也。《庄子》曰"六凿相攘",司马彪曰:"六情相攘夺。"《韩诗外传》作"五藏为正"也。

⑧ 率,循也。虽不能尽遍,必循处其一隅。言有所执守也。

⑨ 《论语》曰:"子路有闻,未之能行,唯恐有闻。"

⑩ 止于辨明事而已矣。

⑪ 由，从也。谓不从不正之道。

⑫ 言固守所见，如爱其性命肌肤之不可以他物移易者也。

⑬ 皆谓志不可夺。

⑭ 士者，修立之称。一曰：士，事也。言其善于任事，可以入官也。

⑮ 不自以为有德。

⑯ 犹然，舒迟之貌，所谓"瞻之在前，忽然在后"。《家语》作"油然"，王曰肃："不进貌也。"

⑰ 本，亦身也。言虽广大而不伤其身也，所谓"言满天下无口过，行满天下无怨恶"。

⑱ "富有天下"谓王者之佐也。怨读为蕴。言虽富有天下而无蕴畜私财也。《家语》作"无宛"。《礼记》曰："事大积焉而不苑。"古蕴、苑通，此因误为"怨"字耳。

⑲ 言广施德泽，子惠困穷，使家给人足而上不忧贫乏，所谓"百姓与足，君孰不足"。

⑳ 贤者，亚圣之名。《说文》云："贤，多才。"

㉑ 辨别万物之情性也。

㉒ 辨情性，乃能理是非之取舍而不惑。

㉓ "其事"谓圣人所理化之事。言辨别万事如天地之别万物，各使区分。

㉔ 圣人之明，察如日月。

㉕ 总要，犹统领也。风以动之，雨以润之，言统领万物如风雨之生成也。

㉖ "缪"当为"膠"，相加之貌。《庄子》云"膠膠扰扰"。肫与讻同，杂乱之貌。《尔雅》云："讻讻，乱也。"言圣人治万物错杂，膠膠讻讻，然而众人不能循其事。讻，之旬反。

㉗ 嗣，继也。言圣人如天之继嗣，众人不能识其意。

㉘ 邻，近也。百姓浅见不能识其所近，况能识其深乎？所谓"日用而不知"者也。

　　鲁哀公问舜冠于孔子,孔子不对。^①三问,不对。哀公曰:"寡人问舜冠于子,何以不言也?"孔子对曰:"古之王者有务而拘领者矣,其政好生而恶杀焉,^②是以凤在列树,麟在郊野,乌鹊之巢可俯而窥也。君不此问而问舜冠,所以不对也。"

　　① 哀公不问舜德,徒问其冠,故不对也。

　　② 务读为冒。拘与句同,曲领也。言虽冠、衣拙朴而行仁政也。《尚书大传》曰"古之人,衣上有冒而句领者",郑康成注云:"言在德不在服也。古之人,三皇时也。冒,覆项也。句领,绕颈也。"礼,正服方领也。

　　鲁哀公问于孔子曰:"寡人生于深宫之中,长于妇人之手,寡人未尝知哀也,未尝知忧也,未尝知劳也,未尝知惧也,未尝知危也。"孔子曰:"君之所问,圣君之问也,丘小人也,何足以知之?"^①曰:"非吾子无所闻之也。"孔子曰:"君入庙门而右,登自阼阶,仰视榱栋,俯见几筵,其器存,其人亡,君以此思哀,则哀将焉而不至矣?^②君昧爽而栉冠,^③平明而听朝,一物不应,乱之端也,君以此思忧,则忧将焉而不至矣?君平明而听朝,日昃而退,诸侯之子孙必有在君之末庭者,君以此思劳,则劳将焉而不至矣?^④君出鲁之四门以望鲁四郊,亡国之虚则必有数盖焉,^⑤君以此思惧,则惧将焉而不至矣?且丘闻之,君者舟也,庶人者水也,水则载舟,水则覆舟,君以此思危,则危将焉而不至矣?"

　　① 美大其问,故谦不敢对也。

②谓祭祀时也。昨与胙同。槎亦橡也。哀将焉不至,言必至也。

③昧,暗。爽,明也。谓初晓尚暗之时。

④"诸侯之子孙"谓奔亡至鲁而仕者。自平明至日昃,在末庭而修臣礼,君若思其劳,则劳可知也。以喻哀公亦诸侯之子孙,不戒慎修德,亦将有此奔亡之劳也。

⑤虚读为墟。"有数盖焉"犹言盖有数焉,倒言之耳。《新序》作"亡国之虚列必有数矣"。

　　鲁哀公问于孔子曰:"绅、委、章甫有益于仁乎?"①孔子蹴然曰:"君号然也!②资衰、苴杖者不听乐,非耳不能闻也,服使然也;③黼衣黻裳者不茹荤,非口不能味也,服使然也。④且丘闻之,好肆不守折,长者不为市。窃其有益与其无益,君其知之矣。"⑤

①绅,大带也。委,委貌,周之冠也。章甫,殷冠也。郑注《仪礼》云:"委,安也。所以安正容貌。章,表明也。殷质,言所以表明丈夫也。"

②《庄子音义》:"崔譔云:'蹴然,变色貌。'"号读为胡,声相近,字遂误耳。《家语》作"君胡然也"。

③资与齐同。苴杖,竹也。"苴"谓苍白色自死之竹也。

④黼衣、黻裳,祭服也。白与黑为黼,黑与青为黻。礼,祭致齐,不茹荤。非不能味,谓非不能知味也。郑注《周礼·司服》云:"玄冕者,衣无文,裳刺黼而已。"

⑤好,喜也。言喜于市肆之人,不使所守货财折耗,而长者亦不能为此市井盗窃之事,长者不为市而贩者不为非。《家语》王肃注云:"言市肆弗能为廉,好肆则不折也。人为市估之行则不守折,人为长者之行则亦不为市买之事。""窃"宜为"察"。察其有益与其无益,以"窃"字属下句。

鲁哀公问于孔子曰:"请问取人。"① 孔子对曰:"无取健,② 无取诟,③ 无取口啍。④ 健,贪也;诟,乱也;口啍,诞也。⑤ 故弓调而后求劲焉,马服而后求良焉,士信悫而后求知能焉。士不信悫而有多知能,譬之其豺狼也,不可以身尒也。⑥ 语曰:'桓公用其贼,文公用其盗。'⑦ 故明主任计不信怒,暗主信怒不任计。⑧ 计胜怒则强,怒胜计则亡。"

① 问取人之术也。

② 健羡之人。

③ 未详。《家语》作"无取钳",王肃云:"谓妄对不谨诚者。"或曰:捷给,钳人之口者。

④ 啍与谆同。《方言》云:"齐、鲁凡相疾恶谓之谆憎。"谆,之闰反。王肃云:"啍啍,多言。"或曰:《诗》云:"诲尔谆谆。"口谆,谓口教诲,心无诚实者。谆,之伦反。

⑤ 健羡之人多贪欲,詀忌之人多悖乱,谆疾之人多妄诞。《说苑》曰:"哀公问于孔子曰:'人何若为可取也?'孔子曰:'无取拑,捷者必兼人,不可为法也。口叡者多诞而寡信,后恐不验也。'"《韩诗外传》云:"无取健,无取佞,无取口谗。健,骄也;佞,谄也;口谗,诞也。"皆大同小异也。

⑥ 有读为又。尒与迩同。

⑦ 谓管仲、寺人勃鞮也。盗亦贼也。以喻士信悫则仇雠可用,不信悫则亲戚可疏。

⑧ 信亦任也。

定公问于颜渊曰:"东野子之善驭乎?"① 颜渊对曰:"善则善矣,虽然,其马将失。"② 定公不悦,入谓左右曰:"君子固谗人乎?"三日而校来谒,曰:"东野毕之马失,③ 两骖列,两服入厩。"④定公越席而起曰:"趋驾召颜渊。"颜渊至,⑤定公曰:"前日寡人问吾子,吾子曰东野毕之驭'善则善矣,虽然,其马将失',不识吾子何以知之?"颜渊对曰:"臣以政知之。昔舜巧于使民而造父巧于使马,舜不穷其民,造父不穷其马,是舜无失民,造父无失马也。今东野毕之驭,上车执辔,衔体正矣;步骤驰骋,朝礼毕矣;⑥历险致远,马力尽矣。然犹求马不已,是以知之也。"定公曰:"善。可得少进乎?"⑦颜渊对曰:"臣闻之,鸟穷则啄,兽穷则攫,人穷则诈。自古及今,未有穷其下而能无危者也。"

① 东野氏也。驭与御同。

② 失读为逸,奔也,下同。《家语》作"马将佚"也。

③ 校人,掌养马之官也。

④ 两服马在中。两骖,两服之外马。列与裂同。谓外马擘裂,中马牵引而入厩。

⑤ 趋读为促,速也。

⑥ 衔体,衔与马体也。"步骤驰骋,朝礼毕矣"谓调习其马,或步骤驰骋,尽朝廷之礼也。

⑦ 定公更请少进其说。

尧问篇第三十二

尧问于舜曰:"我欲致天下,为之奈何?"①对曰:"执一无失,行微无怠,忠信无勌,而天下自来。②执一如天地,③行微如日月,④忠诚盛于内、贲于外、形于四海,⑤天下其在一隅邪? 夫有何足致也!"⑥

① 恐天下未归,故欲致而取之也。

② 执一,专意也。行微,行细微之事也。言精专不怠而天下自归,不必致也。

③ 如天地无变易时也。

④ 日月之行,人所不见,似于细微安徐,然而无怠止之时也。

⑤ 贲,饰也。形,见也。《礼记》曰"富润屋,德润身,心广体胖,故君子必诚其意"也。

⑥ 夫物在一隅者则可举而致之,今有道,天下尽归,不在于一隅,焉用致也? 有读为又。

魏武侯谋事而当,群臣莫能逮,退朝而有喜色。①吴起进曰:"亦尝有以楚庄王之语闻于左右者乎?"武侯曰:"楚庄王之语何如?"吴起对曰:"楚庄王谋事而当,群臣莫逮,退朝而有忧色。申公巫臣进问曰:'王朝而有忧色,何也?'②庄王曰:'不榖谋事而当,群臣莫能逮,是以忧也。其在中蘬之言也,③曰:诸侯自为得师者王,得友者霸,得疑者存,自为谋而莫己若者亡。④今以不榖之不肖而群臣莫吾逮,吾国几于亡乎! 是以忧也。'楚庄王以忧,而君以喜。"武侯逡巡再拜曰:"天使夫子振寡人之过也。"⑤

① 武侯,晋大夫毕万之后,文侯之子也。

② 巫臣,楚申邑大夫也。

③ 中虺与"仲虺"同,汤左相也。

④ "疑"谓博闻达识可决疑惑者。

⑤ 振,举。

伯禽将归于鲁,①周公谓伯禽之傅曰:"汝将行,盍志而子美德乎?"②对曰:"其为人宽,好自用,以慎。③此三者,其美德已。"周公曰:"呜呼! 以人恶为美德乎? 君子好以道德,故其民归道。④彼其宽也,出无辨矣,女又美之。⑤彼其好自用也,是所以窭小也。⑥君子力如牛,不与牛争力;走如马,不与马争走;知如士,不与士争知。⑦彼争者均者之气也,女又美之。⑧彼其慎也,是其所以浅也。⑨闻之曰:无越逾不见士。⑩见士,问曰:'无乃不察乎?'⑪不闻即物少至,少至则浅。⑫彼浅者,贱人之道也,女又美之。吾语女,我,文王之为子,⑬武王之为弟,成王之为叔父。⑭吾于天下不贱矣,然而吾所执贽而见者十人,⑮还贽而相见者三十人,⑯貌执之士者百有余人,⑰欲言而请毕事者千有余人,⑱于是吾仅得三士焉,以正吾身,以定天下。⑲吾所以得三士者,亡于十人与三十人中,乃在百人与千人之中。⑳故上士吾薄为之貌,下士吾厚为之貌。㉑人人皆以我为越逾好士,然故士至,㉒士至而后见物,㉓见物然后知其是非之所在。戒之哉! 女以鲁国骄人,几矣!㉔夫仰禄之士犹可骄也,㉕正身之士不可骄也。彼正身之士,舍贵而为贱,舍富而为贫,舍佚而为劳,颜色黎黑而不失其所,㉖是以天下之纪不息,文章不废也。"㉗

① 伯禽,周公子,成王封为鲁侯。"将归"谓初之国也。

②　将行，何不志记汝所傅之子美德以言我？

③　宽，宽弘也。自用，好自务其用也。慎，谨密也。

④　君子好以道德教人，故其民归道者众，非谓宽弘也。

⑤　彼伯禽既无道德，但务宽容，此乃出于善恶无别，汝何以为美也？孔子曰"宽则得众"，亦谓人爱悦归之也。

⑥　娄，无礼也。彼伯禽好自用而不咨询，是乃无礼骄人而器局小也。《书》曰："自用则小。"《尚书大传》曰："是其好自用也，以敛益之也。"

⑦　"士"谓臣下掌事者。不争，言委任。

⑧　好自用，则必不委任而与之争事，争事乃均敌者尚气之事，非人君之量也。

⑨　彼伯禽之慎密，不广接士，适所以自使知识浅近也。

⑩　周公闻之古也。"越逾"谓过一日也。

⑪　惧其壅蔽，故问无乃有不察之事乎？

⑫　物，事也。不见士则无所闻，无所闻则所知之事亦少，少则意自浅矣。"闻"或为"问"也。

⑬　为文王之子也。

⑭　周公先成王薨，未宜知成王之谥，此云"成王"，乃后人所加耳。

⑮　周公自执贽而见者十人。礼，见其所尊敬者，虽君亦执贽，故哀公执贽请见周丰。郑注《尚书大传》云："十人，公卿之中也。三十八，群大夫之中也。百人，群士之中也。"

⑯　礼，臣见君则不还贽，敌者不敢当则还之，礼尚往来也。《士相见礼》曰"主人复见之以其贽，曰'曏者吾子辱使某见，请还贽于将命者'"，郑康成云："贽者，所执以至也。君子见于所尊敬，必执贽以将其厚意也。"

⑰　执犹待也。以礼貌接待之士百余人也。

⑱　谓卑贱之士，恐其言之不尽，周公先请其毕辞也。《说苑》曰"周公践天子之位七年，布衣之士，所执贽而师见者十人，所见者十二人；穷巷白屋，所先见者四十九人；时进善者百人，教士千人，朝者万人"也。

⑲　于是千百人之中，仅乃得三士正身治国。

⑳ 十人与三十人,虽尊敬,犹未得贤,至百人、千人,然后乃得三人。以明接士不广,无由得贤也。

㉑ 上士,中诚重之,故可薄为之貌;下士既无执贽之礼,惧失贤士之心,故厚为之貌,尤加谨敬也。

㉒ 人不知则以为越逾,然士亦以礼貌之故而至也。

㉓ 物,事也。

㉔ 几,危也。周公言我以天下之贵犹不敢骄士,汝今以鲁国之小而遂骄人,危矣。

㉕ 仰,鱼亮反。

㉖ 黎读为梨,谓面如冻梨之色也。

㉗ 赖守道之士不苟徇人,故得纲纪文章常存也。

语曰:缯丘之封人①见楚相孙叔敖,曰:“吾闻之也,处官久者士妒之,禄厚者民怨之,位尊者君恨之。今相国有此三者而不得罪楚之士民,何也?”孙叔敖曰:“吾三相楚而心瘉卑,每益禄而施瘉博,位滋尊而礼瘉恭,是以不得罪于楚之士民也。”

① 缯与鄫同。鄫丘,故国。封人,掌疆界者。《汉书·地理志》缯县属东海也。

子贡问于孔子曰:“赐为人下而未知也。”①孔子曰:“为人下者乎,其犹土也。深抇之而得甘泉焉,②树之而五谷蕃焉,草木殖焉,禽兽育焉,生则立焉,死则入焉。多其功而不息。为人下者,其犹土也。”

① 下，谦下也。子贡问欲为人下，未知其益也。

② 扣，掘也，故没反。

昔虞不用宫之奇而晋并之，莱不用子马而齐并之，^①纣刳王子比干而武王得之。不亲贤用知，故身死国亡也。

① 宫之奇，虞贤臣，谏不从，以其族行。子马，未详其姓名。《左氏传》曰："襄二年，齐侯伐莱，莱人使正舆子赂夙沙卫，以索马牛，皆百匹。"又六年"齐侯伐莱，莱人使王湫帅师及正舆子军齐师，齐师大败之，遂灭莱。"或曰：正舆子字子马，其不用未闻。《说苑》诸御已谏楚庄王曰："曹不用僖负羁而宋并之，莱不用子猛而齐并之。"据年代，齐灭莱在楚庄王后，未详诸御已之谏也。

为说者曰："孙卿不及孔子。"是不然。孙卿迫于乱世，鳍于严刑，上无贤主，下遇暴秦，礼义不行，教化不成，仁者绌约，天下冥冥，行全刺之，诸侯大倾。当是时也，知者不得虑，能者不得治，贤者不得使。故君上蔽而无睹，贤人距而不受。然则孙卿怀将圣之心，蒙佯狂之色，视天下以愚。《诗》曰："既明且哲，以保其身。"此之谓也。是其所以名声不白，徒与不众，光辉不博也。今之学者，得孙卿之遗言余教，足以为天下法式表仪，所存者神，所过者化。观其善行，孔子弗过，世不详察，云非圣人，奈何！天下不治，孙卿不遇时也。德若尧、禹，世少知之；方术不用，为人所疑。其知至明，循道正行，足以为纪纲，呜呼贤哉，宜为帝王。天地不知，善桀、纣，杀贤良，比干剖心，孔子拘匡，接舆避世，箕子佯狂，田常为乱，阖闾擅强，为恶得福，善者有殃。今为说者又不察其实，乃信其名。时世不同，誉何由生？不得为政，功安能成？志修德厚，孰谓不贤乎！①

① 自"为说者"已下，荀卿弟子之辞。

附 录

孙卿书书录

刘　向

荀卿新书三十二篇

劝学篇第一	修身篇第二
不苟篇第三	荣辱篇第四
非相篇第五	非十二子篇第六
仲尼篇第七	成相篇第八
儒效篇第九	王制篇第十
富国篇第十一	王霸篇第十二
君道篇第十三	臣道篇第十四
致仕篇第十五	议兵篇第十六
强国篇第十七	天论篇第十八
正论篇第十九	乐论篇第二十
解蔽篇第二十一	正名篇第二十二
礼论篇第二十三	宥坐篇第二十四
子道篇第二十五	性恶篇第二十六
法行篇第二十七	哀公篇第二十八
大略篇第二十九	尧问篇第三十
君子篇第三十一	赋篇第三十二

护左都水使者、光禄大夫臣向言：所校雠中孙卿书凡三百二十二篇，以相校除复重二百九十篇，定箸三十二篇，皆以定杀青简，书可缮写。孙卿，赵人，名况。方齐宣王、威王之时，聚天下贤士于稷下，尊宠之，若邹衍、田骈、淳于髡之属甚众，号曰列大夫，皆世所称，咸作书刺世。是时，孙卿有秀才，年五十，始来游学诸子之事，皆以为非先王之法也。孙卿善为《诗》、《礼》、《易》、《春秋》，至齐襄王时，孙卿最为老师，齐尚修列大夫之缺，而孙卿三为祭酒焉。齐人或谗孙卿，孙卿乃适楚，楚相春申君以为兰陵令。人或谓春申君曰："汤以七十里，文王以百里。孙卿贤者也，今与之百里地，楚其危乎？"春申君谢之，孙卿去之赵。后客或谓春申君曰："伊尹去夏入殷，殷王而夏亡；管仲去鲁入齐，鲁弱而齐强。故贤者所在，君尊国安。今孙卿天下贤人，所去之国，其不安乎！"春申君使人聘孙卿，孙卿遗春申君书，刺楚国，因为歌、赋以遗春申君。春申君恨，复固谢孙卿，孙卿乃行，复为兰陵令。春申君死而孙卿废，因家兰陵。李斯尝为弟子，已而相秦。及韩非号韩子，又浮丘伯，皆受业，为名儒。孙卿之应聘于诸侯，见秦昭王，昭王方喜战伐，而孙卿以三王之法说之，及秦相应侯，皆不能用也。至赵，与孙膑议兵赵孝成王前，孙膑为变诈之兵，孙卿以王兵难之，不能对也，卒不能用。孙卿道守礼义，行应绳墨，安贫贱。孟子者亦大儒，以人之性善，孙卿后孟子百余年，孙卿以为人性恶，故作《性恶》一篇以非孟子。苏秦、张仪以邪道说诸侯，以大贵显，孙卿退而笑之曰："夫不以其道进者，必不以其道亡。"至汉兴，江都相董仲舒亦大儒，作书美孙卿。孙卿卒不用于世，老于兰陵，疾浊世之政，亡国乱君相属，不遂大道而营乎巫祝，信機祥，鄙儒小拘如庄周等又滑稽乱俗，于是推儒、墨、道德之行事，兴坏序列，箸数万言而卒，葬兰陵。而赵亦有公孙龙为坚白、同异之辞，处子之言，魏有李悝尽地力之教，楚有尸子、长卢子、芋子皆箸书，然非先王之法也，皆不循孔氏之术，唯孟轲、孙卿为能尊仲尼。兰陵多善为学，盖以孙卿也，长老至今称之曰："兰陵人喜字为卿，盖以法孙卿也。"孟子、孙卿、董先生皆小五伯，以为仲尼之门五尺童子皆羞称五伯。如人君能用孙卿，庶几于王，然世终莫能用，而六国之君残灭，秦国大乱卒以亡。观孙卿之书，其陈王道甚易行，疾世莫能用。其言凄怆，甚可痛也。呜呼！使斯人卒终于闾巷而功业不得见于世，哀哉！可为殞涕。其书比于记传，可以为法。谨第录。臣向昧死上言。

护左都水使者、光禄大夫臣向言，所校雠中孙卿书录。

荀子序

杨　倞

昔周公稽古三五之道，损益夏、殷之典，制礼作乐，以仁义理天下，其德化刑政存乎《诗》。至于幽、厉失道，始变风、变雅作矣。平王东迁，诸侯力政，逮五霸之后，则王道不绝如线。故仲尼定礼乐，作《春秋》，然后三代遗风弛而复张，而无时无位，功烈不得被于天下，但门人传述而已。陵夷至于战国，于是申、商苛虐，孙、吴变诈，以族论罪，杀人盈城，谈说者又以慎、墨、苏、张为宗，则孔氏之道几乎息矣，有志之士所为痛心疾首也。故孟轲阐其前，荀卿振其后。观其立言指事，根极理要，敷陈往古，掎挈当世，拨乱兴理，易于反掌，真名世之士、王者之师。又其书亦所以羽翼六经、增光孔氏，非徒诸子之言也。盖周公制作之，仲尼祖述之，荀、孟赞成之，所以胶固王道，至深至备，虽春秋之四夷交侵，战国之三纲弛绝，斯道竟不坠矣。

倞以末宦之暇，颇窥篇籍，窃感炎黄之风未洽于圣代，谓荀、孟有功于时政，尤所耽慕。而《孟子》有赵氏《章句》，汉氏亦尝立博士，传习不绝，故今之君子多好其书。独《荀子》未有注解，亦复编简烂脱，传写谬误，虽好事者时亦览之，至于文义不通，屡掩卷焉。夫理晓则惬心，文舛则忤意，未知者谓异端不览，览者以脱误不终，所以荀氏之书千载而未光焉。辄用申抒鄙思，敷寻义理，其所徵据则博求诸书。但以古今字殊，齐、楚言异，事资参考，不得不广；或取偏傍相近、声类相通，或字少增加、文重刊削，或求之古字，或徵诸方言。加以孤陋寡俦，愚昧多蔽，穿凿之责，于何可逃。曾未足粗明先贤之旨，适增其芜秽耳。盖以自备省览，非敢传之将来。以文字繁多，故分旧十二卷三十二篇为二十卷，又改《孙卿新书》为《荀卿子》，其篇第亦颇有移易，使以类相从云。时岁在戊戌，大唐睿圣文武皇帝元和十三年十二月也。

《国学典藏》丛书
已出书目

部分将出书目
（敬请期待）

仪礼	汉书	日知录
周礼	后汉书	坛经
公羊传	三国志	文选
穀梁传	淮南子	乐府诗集
说文解字	颜氏家训	杜甫诗集
史记	孔子家语	李白诗集